Romain Mielcarek

Yasuke, le samouraï africain

Aux origines du mythe

PLON
www.plon.fr

Les crédits des illustrations présentes dans cet ouvrage se trouvent en fin de volume.

92, avenue de France
75013 Paris
Tél. : 01 45 87 50 01
www.plon.fr
www.lisez.com

Mise en pages : Facompo
Dépôt légal : octobre 2024
ISBN : 978-2-259-31939-3

Note de l'auteur

Les noms japonais s'écrivent traditionnellement en commençant par le nom de famille, suivi du prénom. Nous garderons cette structure dans cet ouvrage. Ainsi, Oda Nobunaga, est un seigneur japonais dont le nom de famille est Oda et le prénom Nobunaga.

Les seigneurs japonais de cette époque avaient de plus, au cours de leur vie, plusieurs noms. Enfant, Oda Nobunaga s'appelait Kippōshi. À l'adolescence, il se fait appeler Oda Saburō Nobunaga, souvent réduit à Saburō. Il choisit plus tard Oda Kazusa no suke. Dans certaines situations diplomatiques en lien avec la cour impériale, il peut aussi se faire appeler Oda Danjyōnochū ou Oda Udaijin-Ukonnoetaishō. Ces différents noms sont des mélanges de jeux de mots, de références à des ancêtres et de titres de noblesse. Pour simplifier la lecture, nous utiliserons ici systématiquement les noms les plus connus des personnages, généralement portés sur la fin de leur vie. Oda Nobunaga, donc, dans cet exemple.

Le nom de naissance de Yasuke n'est pas connu. Nous l'appellerons tout au long de cet ouvrage selon le nom que lui ont attribué les Japonais, dont on peut supposer qu'il s'agit d'une transcription phonétique plus ou moins maladroite du nom d'origine de cet homme.

Le terme « samouraï » est anachronique. Lire à ce sujet le chapitre 6. Il ne s'impose pour qualifier les membres de la classe des guerriers que progressivement à partir du XVIIe siècle et surtout, dans la culture contemporaine, à partir du XXe siècle. Par facilité de lecture et de compréhension, nous l'utilisons dans cet ouvrage comme synonyme de guerrier et de son équivalent japonais *bushi*.

Liste des principaux personnages historiques évoqués dans cet ouvrage

➢ Les daimyos et généraux japonais que Yasuke aurait pu croiser

- **Oda Nobunaga** : l'un des « Trois Héros » qui unifièrent le Japon au cours de la seconde moitié du XVIe siècle. Dirigeant hégémonique qui conquit par la force, les alliances et la ruse une grande partie du centre de la principale île japonaise, Honshū. C'est une figure emblématique de l'histoire et du récit national japonais, incarnée dans de nombreuses œuvres de culture populaire. C'est lui qui prend Yasuke à son service, aux alentours de mars 1581, et le garde dans son proche entourage, jusqu'à sa mort en juin 1582.
- **Oda Nobutada** : fils aîné de Nobunaga, il est gouverneur de Gifu, principale base d'opérations du clan Oda sur le front oriental (se reporter à la carte, page 37). Il est l'un des principaux généraux commandant les campagnes militaires de son père.
- **Akechi Mitsuhide** : guerrier de basse extraction d'une province voisine de celle d'Oda Nobunaga, il devient l'un de ses principaux généraux à force de succès militaires. En juin 1582, il se retourne contre son suzerain et le trahit en l'attaquant à Kyoto.

- **Toyotomi Hideyoshi** : général d'Oda Nobunaga aux origines extrêmement modestes : il se fait remarquer à la guerre et se voit progressivement récompensé pour son grand sens de la stratégie. Surnommé « le singe » en raison d'un faciès atypique et de comportements originaux, il triomphe de Mitsuhide après son coup d'État. Il succède à Oda Nobunaga, devenant le deuxième des « Trois Héros » qui unifièrent le Japon.
- **Tokugawa Ieyasu** : principal allié d'Oda Nobunaga, il accède au pouvoir en 1603 et achève de sécuriser le Japon en 1615. Il est le dernier des « Trois Héros » et donne naissance à un régime dictatorial qui parviendra à maintenir la paix dans l'archipel pendant deux cent soixante-cinq ans, et qui se distingue par une fermeture aux étrangers.
- **Takeda Katsuyori** : clan extrêmement influent sur le flanc oriental des domaines contrôlés par Oda Nobunaga, les Takeda eurent comme lui l'ambition de prendre le contrôle du pays. Entre 1579 et 1582, Katsuyori représente la principale menace à l'est.
- **Mōri Terumoto** : chef du clan Mōri, Terumoto est le principal obstacle à l'unification sur le front occidental d'Oda Nobunaga.
- **Shibata Katsuie** : vassal du frère d'Oda Nobunaga, il commence sa carrière par un coup d'État contre ce dernier, sans succès. Malgré cela, Nobunaga le prend à son service et en fera l'un de ses principaux officiers.

➢ Les jésuites

- **Alexandro Valignano** : jésuite italien, il est nommé père visiteur des missions en Asie de la Compagnie de Jésus. Il arrive au Japon en 1579 pour évaluer les progrès de ses confrères avec, à son service, un Africain. C'est ce dernier qui sera plus tard connu sous le nom de Yasuke.

- **Luís Fróis** : missionnaire portugais arrivé au Japon en 1563, il est l'auteur de quantité de textes et de courriers documentant la mission jésuite dans ce pays. Il sert d'interprète aux supérieurs en visite et à Valignano.
- **Organtino Gnecchi-Soldo** : missionnaire italien, il arrive au Japon en 1570. Il coordonne la construction des églises à Kyoto et à Azuchi. Maîtrisant la langue, c'est lui qui accompagne Yasuke lors de sa rencontre avec Nobunaga.
- **Lourenço Mexia** : missionnaire portugais, il arrive au Japon en 1579. Guide et interprète de Valignano lors de son séjour au Japon, il est en réalité également chargé par le père général de la Compagnie de Jésus de surveiller le visiteur.
- **Francisco Cabral** : jésuite portugais. Il arrive au Japon en 1570, comme père supérieur. Important contributeur à l'évangélisation de l'archipel, Valignano et lui s'opposent sur les méthodes pour poursuivre cet effort. Il quitte le pays en 1581, après plusieurs années à demander de rentrer en Europe.
- **Gaspar Coelho** : jésuite portugais arrivé au Japon en 1570, il fut l'un des artisans du prosélytisme sur l'île de Kyūshū, aboutissant au baptême de plusieurs seigneurs japonais. En 1581, il est nommé père supérieur de la mission dans l'archipel, en remplacement de Francisco Cabral.

Prologue

Sur les traces du mystérieux samouraï africain

La fumée est devenue beaucoup trop âcre. Le bâtiment semble totalement encerclé. Au bout d'un couloir, les derniers samouraïs en état de combattre tentent de contenir l'avancée des hommes d'Akechi Mitsuhide, le traître. Son nom est hurlé par les survivants comme une injure, comme une malédiction. Au sol, Takeda Kitarō et Imagawa Magojirō baignent dans leur sang. Bretteurs d'exception, ils ont emporté avec eux au moins une dizaine des assaillants. Derrière, le seigneur Oda Nobunaga semble résigné, un petit rictus sardonique à peine caché par son élégante moustache. Il a reposé son arc, dont la corde a lâché après quelques flèches tirées. Comme si le fil du destin ne pouvait plus que se rompre pour celui qui devait unir le Japon.

« Il faut y aller. Maintenant ! Ou nous serons, nous aussi, pris par les flammes ! »

La servante tire Yasuke par la manche de son kimono. La jeune fille n'a jamais été impressionnée par l'immense colosse à la peau noire. C'est elle et le fidèle Mōri Ranmaru qui ont eu l'idée : il faut que quelqu'un rejoigne le fils du seigneur, Oda Nobutada, pour sonner l'alerte et tenter de sauver le clan. Mais l'Africain aurait préféré se battre, défendre l'honneur de son maître, comme ses frères d'armes. Ranmaru a coupé court à ses protestations. Avec son habituelle douceur, mâtinée de sensualité et de détermination, l'éphèbe de 17 ans a su le faire taire sans un mot. Nobunaga a acquiescé, avant de glisser à son amant et garde du corps : « Ran, ne les laisse pas entrer. »

Yasuke eut à peine le temps de voir son maître disparaître dans une chambre isolée, rabattant derrière lui les *shōji*, ces cloisons de papier qui lui garantiraient la paix de l'esprit malgré le vacarme et les hurlements. Normalement destinée à la cérémonie du thé, elle allait accueillir la mort d'Oda Nobunaga, sanctuaire au milieu du chaos de la bataille qui faisait désormais rage dans tout Kyoto. Le samouraï africain pouvait presque voir son maître : agenouillé face à la nuit étincelante des braises du temple enflammé, déposant son katana, son sabre, à l'écart, il se préparait à dégainer la lame courte, le *wakizashi*, pour s'ouvrir le ventre. Il choisissait sa mort lui-même et périrait de sa propre main, plutôt que de celle d'un félon. Sa tête ne serait pas exhibée par les rustauds aux ordres du renégat.

« Dépêchez-vous ! Ils ne feront pas de mal aux femmes ! » Plusieurs serviteurs se sont alors glissés dans la petite foule de celles qui fuient le temple du Honnō-ji, résidence de Nobunaga. L'Africain profite de cette agitation pour se faufiler, lui aussi, entre les rangs encore lâches des parjures. Le fils de Nobunaga est dans un autre quartier, à quelques centaines de mètres. Entre le manque de coordination des assaillants et la panique, il devrait pouvoir l'atteindre.

Mais il est déjà trop tard. Le bâtiment brûle, lui aussi. Plusieurs soldats ennemis courent en tous sens en annonçant la nouvelle. Oda Nobutada, l'héritier de Nobunaga, ainsi que sa garde ont déjà tous mis fin à leurs jours. Cerné, conscient que son père n'était plus, il l'a suivi dans l'autre monde, escorté par ses plus fidèles lieutenants. Yasuke tombe à genoux face à cette scène tragique.

En l'espace de quelques dizaines de minutes, tout s'est effondré. Il pensait accompagner ses maîtres dans la naissance de leur rêve d'un Japon uni et stabilisé. Il assiste à sa mort.

Les larmes aux yeux, son propre katana abandonné à même le sol, le titan sanglote tandis que plusieurs guerriers ennemis prennent conscience de sa présence. Ils brandissent leurs armes pour maintenir en respect celui qu'ils prennent pour un démon à la peau noire, écartant d'un coup de pied un sabre qui n'aura jamais servi. Mais Yasuke n'est déjà plus là. Plongé dans ses songes, il revoit le deuil fondateur de son enfance : la mort de son père au moment de sa capture, tout là-bas, au fin fond du royaume de Kongo.

***

Attendez… je ne peux pas faire référence au Kongo. En fait, nous ne savons pas si le samouraï noir venait de l'actuelle région du fleuve éponyme. C'est une hypothèse parmi d'autres, proposée par certains historiens en observant les réseaux du commerce d'esclaves à la fin du XVIe siècle. D'autres Africains pourraient préférer que Yasuke vienne de leur pays à eux. D'Angola ? Du Mozambique[1] ? Je ne vois pas comment résoudre ce dilemme. J'ai l'impression que la licence créative, en autorisant un arrangement avec la réalité, floue tous ceux qui pourraient revendiquer une autre mémoire de ces événements.

Cette histoire de Yasuke, c'est un peu celle que j'aurais aimé vous raconter. J'ai découvert l'existence de ce

1. Ces pistes sont inspirées de l'un des plus anciens articles académiques sur Yasuke : LOCKLEY Thomas, « The story of Yasuke: Nobunaga's African retainer », in *Ōmon Ronsō*, Nihon Daigaku Hōgakubu, 2016.

personnage il y a dix ans. En errant sur la toile, je suis tombé sur cette anecdote, à la façon des fausses révélations de personnes qui pompent et recyclent à l'infini les contenus d'Internet. Histoire vraie : le premier samouraï étranger était un Africain. Je suis moi-même passionné par l'histoire féodale du Japon depuis des années, biberonné aux mangas, aux séries d'animation et aux jeux vidéo. Je trouve l'information géniale.

Tout jeune journaliste, j'ai envie de partager cette découverte qui me paraît dingue, tant elle brise les stéréotypes, les évidences, les idées reçues. À l'époque, je suis pigiste, indépendant, rémunéré à la journée, pour le site web de Radio France Internationale (RFI). En conférence de rédaction, je lance l'idée, sûr de moi : le premier samouraï étranger est un Africain ! Il faut absolument en parler ! Pour l'important lectorat de ce média sur le continent, c'est un chouette récit. Le succès est garanti. Yasuke, comme on l'appelle, s'est retrouvé intégré dans le plus proche entourage de l'un des seigneurs les plus importants de l'histoire du Japon, Oda Nobunaga. L'équivalent d'un Charlemagne ou d'un Napoléon en France ! L'équivalent d'un Ramsès II en Égypte[1], d'un Shaka Zoulu en Afrique du Sud[2] ou d'un Soundiata Keïta au Mali[3].

Réponse de la rédactrice en chef : « Mouais… Bof. »

Je profite finalement du vide intersidéral de l'actualité pendant les vacances de fin d'année pour placer mon article[4]. C'est un petit carton. À l'époque, aucun grand

1. Pharaon emblématique de la XIXe dynastie égyptienne, au règne exceptionnellement long, connu à la fois pour avoir été un grand guerrier et un grand bâtisseur du XIIIe siècle avant notre ère.

2. Roi zoulou du XIXe siècle, qui révolutionne les arts militaires de son peuple et contribue à étendre massivement son territoire.

3. Grand chef mandingue dont la tradition orale rapporte qu'il fut le fondateur de l'empire du Mali, au XIIIe siècle.

4. MIELCAREK, Romain, « Yasuke : le premier samouraï étranger était africain », RFI.fr, 2 janvier 2015.

journal français n'a encore traité de cette affaire. C'est presque un mini-scoop. En réalité, ce papier est terriblement mauvais. Je n'ai pas vérifié grand-chose dans son contenu et je me suis probablement laissé emporter par mon enthousiasme, en vagabondant de sources anglophones en pages d'encyclopédies en ligne plus ou moins fiables. J'y colporte quelques-unes des rumeurs les plus tenaces sur ce personnage. En le relisant, aujourd'hui, j'ai franchement honte. Peut-on vraiment qualifier Yasuke de samouraï, d'ailleurs ? Le terme n'est même pas employé à cette époque !

Je dois en être déjà conscient sur le moment car je ne veux pas m'arrêter là. Mais il n'y a quasiment aucun matériau sur cet homme. Peu d'archives, des lettres rédigées par des contemporains jésuites, des journaux et des chroniques tenus par quelques samouraïs, qui confirment tous qu'il a existé. Mais ils en disent très peu : personne ne trouve grand intérêt à enregistrer la vie d'un homme qui ne fait pas partie des puissants. Tout aussi atypique soit-il dans un Japon qui n'a croisé qu'une poignée d'hommes noirs, il reste un grouillot.

Les mystères autour de ce personnage commencent à me fasciner de plus en plus. Comment lui rendre hommage ? Longtemps, j'envisage d'écrire un roman. Je me plonge dans les biographies des trois grands seigneurs qui ont unifié le Japon à la fin du XVIe siècle, Oda Nobunaga, Toyotomi Hideyoshi et Tokugawa Ieyasu. J'essaie de comprendre comment fonctionne une société en pleine transformation, à une période où la dictature militaire du shogunat comme la cour impériale sont totalement dépassées par d'ambitieux chefs de clans et des ligues armées anarchiques. J'entends les observations tantôt séduites, tantôt atterrées, de ces premiers Européens qui parcourent l'archipel. Je veux coller le plus possible aux faits, à la réalité.

Et puis les années passent. Une multitude d'autres créateurs s'intéressent à Yasuke. Le mystérieux samouraï africain inspire des journalistes, des historiens, des rappeurs, des cinéastes, des danseurs, des auteurs de bande dessinée, des studios de jeux vidéo et même des cuisiniers. Des jeunes et des vieux. Des Blancs et des Noirs, des Asiatiques, partout à travers le monde.

Et moi, qu'est-ce que je vais bien pouvoir apporter de plus à tout cela ?

« Notre équipe a été fascinée par Yasuke », partage Jonathan Dumont, directeur créatif du jeu Assassin's Creed Shadows, attendu en novembre 2024. Cette licence, l'une des plus importantes de l'industrie du jeu vidéo, fait découvrir ce personnage à des centaines de milliers de joueurs. C'est la première œuvre aussi importante à lui confier le premier rôle. « Nous essayons la plupart du temps d'avoir de grands moments d'histoire, connus, poursuit le responsable du projet. Et ensuite, d'y trouver l'histoire cachée, sur laquelle nous construisons notre fiction. Yasuke pose tellement de questions. Il y a des fragments, des suppositions… Mais comment mettre les pièces du puzzle autour[1] ? » « C'est une machine à fantasmes, sourit Julien Peltier, essayiste spécialisé sur l'histoire du Japon féodal. Ce destin est tellement romanesque que cela inspire[2]. »

« Ce qui m'a inspiré chez lui, je dirais que c'est de l'admiration et de l'étonnement face à sa volonté de survivre et aux épreuves qu'il a traversées, raconte Kenneth Trotter Jr., un marine américain rêvant de devenir auteur de fantasy qui profite du mois de l'histoire des Noirs pour écrire un court article sur Yasuke[3] alors qu'il est affecté

1. Entretien avec l'auteur le 28 mai 2024.
2. Entretien avec l'auteur le 22 mars 2024.
3. TROTTER JR. Keneth, « The Legend of Yasuke », DVIDS, 18 février 2013.

au Japon. Nous avons ici un homme noir, qui était esclave [...], arraché de force à son foyer et placé devant l'une des figures politiques les plus puissantes de son époque. Et qui, d'une manière ou d'une autre, s'est vu accorder un niveau de respect et de privilèges qu'il n'avait probablement pas connu en tant qu'esclave[1]. »

« La première fois que j'ai vu cette histoire, je n'y ai pas cru, relate Craig Shreve, auteur canadien d'un roman inspiré de son parcours[2]. C'était dans une vidéo YouTube, en 2017, dans laquelle il y avait assez peu de détails. J'ai commencé à creuser, pour voir si c'était un faux. Et non seulement c'était vrai, mais en plus, son histoire est exceptionnelle. Dès que je l'ai entendue, j'ai eu envie de travailler avec[3]. » Au Japon, c'est un personnage qui apparaît dans de nombreuses œuvres traitant de la vie d'Oda Nobunaga. Kenzaburo Akechi, auteur japonais d'un manga historique[4], fait régulièrement apparaître Yasuke dans ses pages. Pour lui, l'Africain est plus qu'un simple figurant : « Je veux faire savoir qu'une personne qui a été négligée sur le plan historique était en réalité un témoin important de l'histoire[5]. »

La relation est parfois beaucoup plus ancienne, beaucoup plus intime, comme dans le cas de Floyd Webb : « J'étais harcelé tout le temps, quand j'étais enfant, donc je me suis mis aux arts martiaux. La ségrégation était encore très forte aux États-Unis. C'était avant que le judo ne soit à la mode. Pour moi, c'était un refuge. Je me suis rendu dans l'un des deux quartiers de Chicago où vivaient

1. Échange avec l'auteur en ligne le 20 mai 2024.
2. SHREVE Craig, *The African Samurai. From Slave to Warrior*, Canelo Adventure, 2023.
3. Entretien avec l'auteur le 10 avril 2024.
4. AKECHI Kenzaburo et TODO Yukata, *L'homme qui tua Nobunaga*, Delcourt, 2021.
5. Échange avec l'auteur par mail le 4 mai 2024.

les Japonais, pour acheter mon premier kimono. Une fois, je parle de samouraï avec la vendeuse. Elle me dit : 'Tu savais qu'il y a un célèbre samouraï japonais qui est noir ?' Longtemps, Yasuke était juste une histoire que j'avais dans un coin de ma tête. Les gens le connaissaient, mais n'avaient pas les détails[1]. » Aujourd'hui, après une carrière dans l'industrie du cinéma, principalement comme producteur, il espère contribuer à la réalisation de l'un des trois projets de films ou de série destinés à être diffusés sur Netflix.

« Il faisait la même taille que moi[2], s'amuse Njo Daniel Lobé, doublure française de Yasuke dans un animé diffusé en 2021, déjà sur cette même plateforme Netflix. Lorsque j'ai visité le Japon, j'ai senti que j'étais un peu à part. Ce n'est pas du racisme. C'est un rapport à l'autre qui est différent. Imaginez ce que cela a dû être pour lui. Je me demande comment on se construit une identité dans sa situation[3]. » « Quand j'ai décidé d'ouvrir mon restaurant, en 2020, je cherchais des ponts entre l'Afrique et le Japon, se souvient le chef étoilé Mory Sacko, qui baptise son établissement, Mosuke, en mêlant son nom à celui du samouraï africain, en écho au mélange des gastronomies qu'il propose. C'est comme cela que je l'ai découvert. Pour moi, le déclic est immédiat : il représente l'acceptation entre deux peuples[4]. »

« Je l'ai découvert par hasard, en faisant des recherches sur William Adams[5], se souvient Thomas Lockley, auteur du livre le plus complet sur le samouraï africain. En traînant

1. Entretien avec l'auteur le 11 mai 2024.

2. Une archive d'époque lui attribue une taille d'un mètre quatre-vingt-dix. Considérable pour les Japonais qui le croisèrent.

3. Entretien avec l'auteur le 15 mai 2024.

4. Entretien avec l'auteur le 22 mai 2024.

5. Un navigateur anglais qui fut nommé samouraï au début du XVIIe siècle, quelques décennies après Yasuke.

sur Wikipédia, je suis tombé sur un lien vers une page au sujet de Yasuke. C'était en 2009. J'ai commencé par une nouvelle. Puis j'ai écrit un article scientifique. Et enfin mon livre[1]. » Thomas et moi, nous avons échangé pour la première fois sur cette anomalie historique il y a près de dix ans, lors d'une discussion sur Skype. En 2023, nous sommes toujours aussi enthousiastes, alors que nous débattons de nos divergences d'interprétations, en errant dans les rues de Tokyo, canettes de bières citronnées et brochettes *yakitori* en mains. Peut-on affirmer qu'il était un esclave des jésuites ? Qu'il a été donné comme un présent à Oda Nobunaga ? Qu'il a combattu ou qu'il a fui ? Quelques mois plus tard, il fait l'objet de harcèlements massifs venus du monde entier de personnes agacées de voir notre personnage devenir le héros du jeu vidéo Assassin's Creed. Il se voit accusé de vouloir falsifier l'histoire du Japon. Des hordes d'Internautes n'ayant pas lu son travail passent un temps inimaginable à dénigrer l'Africain. Pas question d'accepter qu'il soit qualifié de samouraï. Le sujet devient politique. L'écrivain est obligé de fermer ses réseaux sociaux pour échapper aux vagues de haine. « Yasuke s'est volatilisé en 1594[2], écrit Thomas en conclusion de son ouvrage. Son histoire ne fait que commencer[3]. »

***

Je suis un journaliste de terrain et d'investigation. L'intérêt n'est pas de vous partager ce que m'inspire mon

1. Entretien avec l'auteur le 20 octobre 2023.

2. Thomas Lockley considère que d'autres Noirs vivant au Japon, repérés entre 1582 et 1594, pourraient probablement être Yasuke. Les documents connus ne confirment le parcours de Yasuke au Japon qu'entre 1579 et 1582. Voir chapitres 2 et 11.

3. LOCKLEY Thomas et GIRARD Geoffrey, *Yasuke. The True Story of the Legendary African Samurai*, Hanover Square Press, 2019.

petit cœur tendre. C'est de recouper et de confronter les sources, d'enquêter, de trouver des preuves pour exposer des faits. D'être suffisamment pugnace pour faire parler les jésuites et les *bushi*, les guerriers du XVIe siècle. Pour que chacun puisse comprendre qui était Yasuke. Une enquête au cœur des archives et de l'Histoire. Pour s'assurer que quiconque ne puisse pas raconter n'importe quoi au prétexte d'un « inspiré de faits réels » commode pour imposer ses propres poncifs et ses propres idéaux. Le parcours de cet homme est suffisamment exceptionnel pour mériter que vous puissiez percevoir qui il était vraiment. Comment il s'est retrouvé au Japon, entre 1579 et 1582, témoin de faits historiques fondateurs de l'histoire de ce pays. S'il était un esclave, un garde du corps, une bête de foire ou un grand soldat.

Une enquête à travers les œuvres et la culture, aussi. Car au-delà du destin de Yasuke, ce qu'il inspire à de grands artistes, d'IAM à Omar Sy en passant par le jeu vidéo Assassin's Creed, est un élément fondamentalement important de cette fresque mémorielle, qui se poursuit par-delà la mort d'un homme, et à travers les siècles, du XVIe à nos jours. Il fut d'ailleurs, avant d'être redécouvert par nos stars contemporaines, un symbole de la gauche japonaise pour illustrer la proximité des luttes avec les jeunes États africains indépendants, un exemple pour dénoncer le racisme qui imprègne le pays dans les années 1960, puis, de temps en temps, une originalité voire une curiosité dans les films, les séries ou les jeux retraçant l'épopée de Nobunaga… À moins qu'il ne soit qu'un étendard ou un argument marketing pour vendre jeux, mangas et autres goodies à des fans trop heureux de vider leur porte-monnaie pour découvrir un personnage qui leur ressemble, dans la mythologie de l'archipel.

Il s'agit également de répondre aux conservateurs, racistes ou étroits d'esprit, qui profitent de l'intérêt que suscitent les sorties d'œuvres sur Yasuke pour tâcher de nier l'exception qu'il représente. Des rabat-joie agacés de voir un Noir au parcours hors du commun en tête d'affiche de grands jeux vidéo ou de grands films et qui, sans avoir jamais ouvert les archives des jésuites ou un livre d'histoire, se sentent légitimes à affirmer, de manière péremptoire, que cet homme ne fut rien de plus qu'un larbin. Des aigris qui souffrent de lire et d'entendre que le premier étranger à porter les armes de la si prestigieuse classe des guerriers japonais était africain, bien avant des Européens, des Chinois ou des Coréens.

La façon dont Yasuke est actuellement en train de devenir un objet de pop culture, le rendant peu à peu connu dans le monde entier, est particulièrement originale et intéressante. Elle interroge : de quoi Yasuke est-il le nom ? Que nous dit-il de nos sociétés ? Rarement, si ce n'est jamais, un personnage historique, dénué de tout pouvoir à son époque, est soudainement réapparu pour devenir l'objet d'un mythe. Plus encore, il est pour beaucoup d'Africains et d'Afro-descendants le symbole d'une révélation, qui aurait dû nous paraître évidente à tous : sur ce continent aussi, des hommes ont eu un destin extraordinaire. Et cela alors que l'on ne sait presque rien de lui, sinon qu'il a existé et qu'il a croisé la route d'un personnage aussi marquant de l'histoire que Oda Nobunaga.

Comment expliquer ce phénomène ? Il y a un intertitre de mon article originel dont je reste toutefois satisfait : « Yasuke et Nobunaga, rencontre entre deux exceptions. »

Pour le comprendre, il faut que nous commencions par rassembler les éléments de l'enquête.

1

La croisée des chemins

Lorsque Yasuke débarque sur l'île de Kyūshū, en 1579, le Japon est un pays en pleine transformation. Une mutation violente, massive, qui fournit une toile de fond inspirante pour de nombreux artistes. L'Africain accompagne Alessandro Valignano, le père « visiteur » envoyé de Rome pour visiter, c'est-à-dire inspecter, les missions en Asie et s'assurer de l'avancée de l'évangélisation en Inde, en Chine et au Japon. Les premiers Européens, arrivés trente-cinq ans plus tôt sur le sol japonais, observent sans toujours bien comprendre les bouleversements politiques dont ils sont témoins. Ils mettront des années à déchiffrer les pratiques culturelles et les rapports d'influence de ce pays.

L'archipel est plongé dans la guerre civile, trois régimes politiques différents sont en train de se disputer le pouvoir. Un conflit d'autant plus complexe à appréhender qu'il se mène sur le champ de bataille comme dans les couloirs feutrés des grands palais. Celui que l'on appelle traditionnellement l'empereur[1], dont la cour siège à Kyoto, semble ne plus être doté que d'un pouvoir symbolique. Il a depuis

1. Le terme *tennō* est souvent traduit par « empereur ». Certains historiens estiment qu'il vaut mieux garder le mot dans sa langue originelle, pour ne pas induire un sens maladroit en comparaison avec les empereurs européens.

la fin du XIIe siècle été remplacé de fait dans la gestion réelle du pays par un régime militaire, le *bakufu*[1], dirigé par le *seii-taishōgun*, littéralement le « grand général pacificateur des barbares », raccourci en shogun. L'influence de celui-ci s'effrite cependant au profit de chefs de provinces plus ou moins puissants qui prennent de plus en plus d'autonomie, partout à travers le Japon. Parmi eux, Oda Nobunaga, un petit daimyo, un seigneur local émergé de la région d'Owari[2], a massivement étendu son territoire et domine tout le centre du pays, dont la capitale.

Certains commencent à croire que Nobunaga pourrait parvenir à unir le Japon et à mettre fin aux divers conflits. Tout au moins dans l'essentiel des deux îles principales, Honshū et Kyūshū. Le chef du clan Oda, appuyé par plusieurs très grands généraux, est en train d'écraser les deux dernières menaces, les Takeda à l'est et les Mōri à l'ouest. C'est lui qui permettra à Yasuke d'avoir une destinée exceptionnelle. Les chrétiens, eux, trouvent en ce chef de guerre un mécène qui accepte de les laisser répandre leur foi dans l'archipel, au détriment des grandes sectes bouddhistes, honnies par Nobunaga. Tous ces acteurs ont des objectifs qui leur sont propres et qui s'opposent les uns aux autres. Yasuke a dû trouver comment appréhender ces rapports de force et comment s'y faire une place. Reste à savoir s'il fut talentueux au point de trouver comment manœuvrer dans les courants agités du destin. Ou simplement happé par les événements. Malgré lui.

1. Le *bakufu*, le « gouvernement shogunal », est un terme largement employé dans la culture et dans la littérature contemporaine. Il est discuté par les historiens, dont certains considèrent qu'il est anachronique : la formule n'est pas employée couramment au XVIe siècle.

2. Owari correspond à l'actuelle province d'Aichi. Le château familial historique d'Oda Nobunaga, à Kiyosu, a été détruit. Une reconstruction partielle datant de la fin des années 1980 est ouverte à la visite.

Divin empire

Bien avant que n'arrive l'Africain, le Japon hérite donc de trois civilisations protohistoriques, les Jômon, les Yayoi et les Kofun, qui développent l'artisanat, l'agriculture et un embryon d'État dans une province appelée le Yamato, au centre de la plus grande île, Honshū. Des sources plus mythologiques qu'historiques datent l'origine de la lignée impériale à partir de l'empereur Jinmu, au XVIIIe siècle avant notre ère. La légende nationale veut qu'il ait été le fils de la déesse shintoïste du soleil Amaterasu. Au VIIe siècle après notre ère, la cour du Yamato impose le cadre impérial qui va unifier les princes et les rois de différents royaumes autonomes. À sa tête, le *tennō*, l'« empereur céleste », est celui autour duquel s'anime la vie sociale et culturelle : il célèbre les récoltes et les saisons à travers toute une série de rituels[1]. Pour ses contemporains, il n'est plus vraiment un homme. Il est un esprit, un *kami*, au même titre que n'importe quelle rivière, montagne ou forêt que les populations saluent et respectent. À partir de cette époque, la cour s'organise pour s'approprier l'ensemble du pouvoir politique. L'empereur arbore toutes sortes de titres qui ont également pour but de contester la suprématie chinoise dans la région, en se faisant par exemple nommer « grand roi dirigeant le territoire sous le ciel ».

L'empereur est à la fois un élément central du folklore pour les populations, une divinité et le symbole de la grandeur civilisationnelle du Japon. Il est d'autant plus complexe de comprendre l'ampleur de son pouvoir que son rôle politique est partagé avec des régents et des empereurs

1. OHNUKI-TIERNEY Emiko, « The Emperor of Japan as Deity (Kami) », *Ethnology*, vol. 30, n° 3, 1991.

« retirés », des aînés qui continuent d'exercer depuis leurs lieux de retraite. La noblesse de cour développe une exigence culturelle, à travers les arts et la littérature, faisant de Kyoto un centre de la vie intellectuelle. Lorsque l'aristocratie va céder le pouvoir réel à la classe des guerriers qui, à partir du XIIe siècle, s'impose à travers le Japon, elle continuera d'exercer une influence réelle. Dans l'imaginaire collectif, notamment européen, persiste l'impression que ces derniers ont remplacé la cour impériale et l'ont privée de tout pouvoir. Ce n'est pas tout à fait vrai : l'art du sabre est encore loin d'être aussi admiré que l'art des lettres. Longtemps, les samouraïs sont complexés par leurs lacunes culturelles face à cette élite quasi divine.

À la fin du XVIe siècle, pour Oda Nobunaga, la maîtrise de la cour impériale est un moyen d'exercer un pouvoir symbolique. Certains historiens considèrent que l'ambitieux seigneur a souhaité faire du personnage du souverain un « outil » à son service, Neil McMullin[1] estimant par exemple qu'il a « *souhaité emprunter l'autorité de l'empereur et l'utiliser à son propre avantage* ». Une manière de lire les événements qui donne aux grands seigneurs de la guerre une dimension omnipotente, comme s'ils étaient capables d'imposer leurs vues à une aristocratie et à une population qui ne chercheraient pas des moyens de s'adapter. Cette lecture sans nuances des rapports de force de cette période est aussi le fruit d'une manière de comprendre et d'étudier l'histoire longtemps portée par les universitaires et intellectuels japonais eux-mêmes, dans l'idée de valoriser, voire de mythifier certaines figures politico-militaires, dont Oda Nobunaga.

Nobunaga consacre une part de son patrimoine à restaurer et à augmenter les moyens de subsistance de la

1. McMULLIN Neil, *Buddhism and the State in Sixteenth-Century Japan*, Princeton University Press, 1984.

cour impériale. À Kyoto, il finance la reconstruction et l'entretien de bâtiments, dont le palais impérial, usés par le temps. Il fait restituer des terres à la noblesse, auxquelles sont joints les revenus associés. Régulièrement, il envoie des cadeaux à l'empereur et aux princes. Sans être aussi généreux que ses successeurs, l'essentiel de ses ressources étant mobilisé par la guerre et la construction de son propre château, son soutien à la cour est salué par les grandes familles de la capitale. Il troque ainsi un petit peu de sa richesse économique et financière, accumulée grâce à ses conquêtes, contre un petit peu de patrimoine symbolique et culturel.

L'historien Lee Butler propose une observation subtile des interactions entre ces acteurs. « À l'origine, l'attitude de la cour envers Nobunaga diffère peu de celle envers tous les autres daimyos de l'ère Sengoku, écrit-il[1]. Sa victoire surprise contre Imagawa Yoshimoto en 1560 lui a donné de l'importance et il a obtenu l'attention de la cour. Il est devenu membre d'un petit groupe de daimyos avec lesquels la cour décida de créer des relations. La politique de la cour envers Nobunaga était directe et simple. Elle l'encourageait dans ses efforts militaires tout en encourageant à le soutenir financièrement. »

Ce qu'explique Butler, c'est que l'empereur et son entourage, loin d'être aussi impuissants qu'on le décrit souvent, représentaient un groupe d'influence parmi d'autres, qui manœuvrait pour servir ses propres intérêts, et qu'il n'était pas judicieux d'ignorer ou de sous-estimer. Lorsque la cour comprend que Nobunaga est en passe de devenir la plus grande puissance militaire du centre du Japon, elle cherche à s'en faire un allié. Il peut être un moyen de restaurer la grandeur d'antan. Mais Nobunaga,

1. BUTTLER Lee, *Emperor and Aristocracy in Japan – 1467-1680*, Harvard University Asia Center, 2002.

lui, sait que sans avoir de légions à lui opposer sur le champ de bataille, l'empereur pourrait nuire à son image et saper de précieux soutiens en coulisses en ruinant sa réputation. N'oublions pas que pour beaucoup, l'empereur est alors l'héritier d'êtres à moitié divins.

La cour impériale joue régulièrement un rôle de médiateur entre les différents belligérants. Elle est au-dessus de la mêlée et se révèle, en cela, utile et même précieuse pour tous les chefs de guerre. Ses représentants peuvent faire office de négociateurs, de messagers ou d'arbitres. En 1580, Oda Nobunaga remercie dans un courrier l'envoyé de l'empereur, Konoe Sakihisa, de ses tractations pour conclure une paix entre lui et les moines guerriers du temple du Hongan-ji d'Ishiyama après une décennie d'affrontements et un siège meurtrier : « Récemment, vous m'avez rendu un grand service en agissant comme émissaire à Osaka. Il est tout naturel pour eux d'être hautement suspicieux. Cependant, je demande que l'empereur et vous, Sakihisa, poursuiviez vos médiations. Je n'ai pas la moindre intention de tromperie, je vous encourage donc à les convaincre de mettre de côté leurs inquiétudes[1]. » Les derniers défenseurs de cette communauté religieuse indépendante déposent les armes et se rendent. Nobunaga, habituellement enclin à massacrer ses opposants sans pitié[2], épargne la plupart d'entre eux.

À cette époque, le prestige associé aux grandes lignées impériales revêt un poids conséquent dans l'imaginaire et dans la crédibilité d'un acteur politique. Seuls les nobles ont des noms de famille et la plupart des guerriers sont socialement à peine supérieurs à de simples paysans. Certains chefs militaires vont jusqu'à s'inventer des ancêtres pour justifier leur montée en puissance. Oda

1. Cité dans BUTTLER, *op. cit.*
2. Voir chapitre 3.

Nobunaga, dès sa jeunesse, en 1549, rédige par exemple un document administratif concernant la gestion de plusieurs villages dans le respect le plus strict du protocole impérial et le signe « Fujiwara Nobunaga », du nom de l'une des plus anciennes familles de régents impériaux[1]. Il évolue dans les années 1570 pour adopter le nom des Taira, se faisant ainsi l'avatar de l'ancien ennemi juré du shogun[2]. Il s'agit, chaque fois, de montrer à la majorité qu'il est rendu légitime grâce à des aïeux à la parenté divine. Y croit-il lui-même ? Peut-être pas. Probablement pas. Peu importe, en réalité, tant que cela lui permet de profiter des superstitions et du capital symbolique de son temps.

Shogun de paille

Cet empereur divin se voit donc contester son pouvoir, sans remise en question de sa légitimité, à partir du XIIe siècle. Dans les provinces, notamment les plus éloignées du centre de l'île de Honshū, des dirigeants locaux commencent à estimer que c'est à eux de lever l'impôt et de décider des investissements. La cour est trop éloignée pour avoir son mot à dire. Ces hommes sont des chefs militaires qui mettent en place d'influentes familles régnant sur des territoires et des clans de plus en plus importants. À l'issue de la guerre de Genpei, devenue mythique à travers *Le Dit des Heiké*[3], à mi-chemin entre histoire et

1. Cité dans BUTTLER, *op. cit.*

2. CARRÉ Guillaume, « Les généalogies truquées dans le Japon prémoderne (XVIe-XIXe siècle) », in *Extrême-Orient*, vol. 32.

3. Le *Heike monogatari* est une chronique poétique qui conte la guerre entre les Minamoto et les Taira, au XIIe siècle. D'abord transmis à l'oral, ce récit est progressivement retranscrit à l'écrit un siècle après les événements. Il est à la fois source documentaire pour les historiens

fresque romantique, Minamoto no Yoritomo reprend le titre ancien de gouverneur militaire « shogun » pour en faire la position du véritable dirigeant du pays. Un titre qu'il rend héréditaire, assurant à sa famille de garder la main sur le pouvoir et de devenir une nouvelle lignée multimillénaire, à la manière de celle de l'empereur.

Ce dictateur militaire prend de fait l'ascendant sur l'empereur, qui n'exerce plus qu'une autorité protocolaire. C'est le début du règne de ceux que l'on appellera plus tard les samouraïs. Les guerriers, qui n'étaient jusque-là que des exécutants, subalternes de la noblesse de cour, deviennent la structure du pouvoir partout à travers le pays. Le shogunat s'installe sur les terres de Minamoto no Yoritomo, à Kamakura, à plus de 400 kilomètres à l'est de Kyoto. Les provinces japonaises deviennent relativement autonomes et sont sous la tutelle d'un *shugo*, un gouverneur militaire, chargé d'exercer les fonctions déléguées par le shogun.

Ce *shugo* va devenir de plus en plus puissant et va progressivement gagner en autonomie. « Au XIIIe siècle, il n'est encore que le représentant du shogun dans la province, écrit l'historien français Pierre-François Souyri[1]. Aux XIVe et XVe siècle, il devient le suzerain des vassaux de la province qui, elle-même, tend à devenir un véritable fief. » Cette décentralisation va nourrir une bascule significative dans l'esprit des guerriers de cette époque : leur fidélité envers leur suzerain direct, leur chef de clan, va devenir plus importante que celle envers les autorités centrales, l'empereur à Kyoto et le shogun à Kamakura. Sur leurs terres, ils sont responsables de la conscription pour les guerres, de la police, de la justice, de la levée

et œuvre mythologique, son interprétation demandant une certaine prudence.

1. SOUYRI Pierre-François, *Histoire du Japon médiéval*, Perrin, collection « Tempus », 2013.

de l'impôt et du développement de l'économie. De plus, ces guerriers sont proches de la terre. Ils connaissent les paysans et veillent à ce que la production agricole prospère : elle est un élément clef de leur richesse.

Au milieu du XVIe siècle, lorsque Oda Nobunaga commence à gagner sérieusement en puissance, la lignée de shogun Ashikaga, au pouvoir depuis deux cents ans, est très affaiblie. Partout, son autorité est contestée. En 1565, Ashikaga Yoshiteru meurt de maladie, alors qu'il peinait à négocier la paix avec les grands chefs de guerre du pays, toujours plus récalcitrants à obéir. Trois ans s'écoulent avant que l'un de ses cousins, Ashikaga Yoshihide, ne s'arroge cette fonction en 1568. Oda Nobunaga décide d'appuyer un autre prétendant de la famille, Yoshiaki, le frère du précédent shogun. Il marche sur Kyoto au prétexte de permettre au détenteur légitime – en tout cas selon lui – du titre de prendre sa place. Yoshiaki se retrouve dans la capitale, encadré par les armées de Nobunaga. Le nouveau shogun n'a aucune autorité réelle. Nobunaga, lui, peut continuer d'étendre son propre pouvoir en se faisant passer pour son représentant.

Ashikaga Yoshiaki se rend compte qu'il n'est qu'une marionnette entre les mains de Nobunaga. Au début des années 1570, il cherche des alliés, opposés à Nobunaga, pour échapper à l'emprise de celui-ci. L'humiliation atteint son paroxysme en 1572 quand Oda Nobunaga publie des « Remontrances », dix-sept articles dans lesquels il dénonce la mauvaise conduite du shogun. Le dernier est particulièrement dur : « Vous semblez avare de nombreuses choses et ne donnez pas l'impression de vous soucier des conséquences pour votre réputation. En conséquence, même les plus simples cultivateurs de la terre vous appellent "le mauvais shogun". [...] Pourquoi le peuple dit-il des choses aussi horribles dans le dos de Sa

Seigneurie ? Il serait peut-être temps d'y penser[1]. » S'agit-il alors de convaincre le shogun de rester gentiment à sa place ou de le pousser à l'action ? Yoshiaki fait ce second choix et tente de prendre les armes. Il est écrasé et, avec lui, disparaît le shogunat[2].

Sengoku, les provinces en guerre

Lorsque Yasuke arrive au Japon, le pays est plongé dans ce que l'on appelle l'époque Sengoku, l'époque « des provinces en guerre[3] ». Elle se caractérise par une implosion généralisée de toutes les formes de pouvoir. « Il se dit souvent qu'un mot résume l'atmosphère de cette nouvelle période, écrit l'historienne Nathalie Kouamé. Celui de Gekokujō, qui signifie littéralement "le bas l'emporte sur le haut" et renvoie à un renversement des positions sociales et, plus généralement, à un bouleversement de l'ordre politique[4]. » Chacun se bat pour obtenir sa part d'indépendance, d'autonomie, tant vis-à-vis de l'empereur à Kyoto que du shogun déchu, désormais reclus dans un temple. Beaucoup de dirigeants locaux s'attaquent à leurs voisins pour élargir leurs propres sphères d'influence. Quelques-uns, les plus gourmands, envisagent de marcher sur la

1. « Ikensho », la « Remontrance », citée dans LAMERS Jeroen, *Japonius Tyrannus*, Hotei Publishing, Leiden, 2000.

2. Cette disparition est temporaire. Tokugawa Ieyasu, l'un des principaux alliés de Nobunaga, restaure le shogunat lors de son ascension au pouvoir en 1603. Le shogunat Tokugawa perdure jusqu'en 1868, instaurant un régime particulièrement autoritaire – et stable – sur l'ensemble du Japon pendant près de trois siècles.

3. Selon les auteurs, le Sengoku-jidai (l'époque Sengoku) prend fin entre 1568, lorsque Nobunaga prend le contrôle de Kyoto, et le début du XVIIe siècle, quand son ancien vassal, Tokugawa Ieyasu, parvient effectivement à unifier le Japon.

4. KOUAMÉ Nathalie, *Naissance et affirmation du Japon moderne*, Presses universitaires de France, 2024.

capitale. C'est un temps d'anarchie et de guerre civile généralisée auquel Oda Nobunaga cherche à mettre fin, en unifiant l'ensemble du pays… sous sa bannière à lui.

L'agitation se manifeste à tous les niveaux de la société. Dans les campagnes, une classe de notables émerge et structure la vie locale. Elle négocie avec le shogunat pour réduire les impôts, elle mobilise les paysans et, dans certains cas, commence à prendre les armes pour imposer par la force ses décisions. Au cours du XVe siècle, ces samouraïs-paysans fondent de véritables réseaux de solidarité revendiquant droits et privilèges… allant parfois jusqu'à se révolter. Ces soulèvements, ligues ou coalitions baptisées *ikki*, se multiplient. Cas emblématiques pour les personnages qui nous intéressent ici : les cantons d'Iga et de Kôga, qui inspireront le mythe des ninjas, vont décréter être les seuls bénéficiaires de leurs terres. Plusieurs dizaines de samouraïs issus du cru s'y partagent le pouvoir sous la forme d'assemblées, sans que les autorités centrales puissent y faire quoi que ce soit[1]. Il faudra attendre les campagnes brutales d'Oda Nobunaga pour mettre fin en 1581 à ces communautés autonomes qui ont été parmi ses plus rudes adversaires.

Des ligues comparables vont s'organiser autour de certains grands temples bouddhistes, suivant la même logique. Pour échapper aux taxes et à l'autorité du pouvoir militaire, des populations entières s'en remettent aux moines, qui représentent eux aussi des forces armées significatives, alignant parfois plusieurs dizaines de milliers d'hommes qui remportent des batailles à l'échelle locale contre des daimyos.

Ces derniers restent les plus significatifs et les plus menaçants acteurs de l'immense guerre civile qui agite le Japon. Plusieurs d'entre eux sont à la tête d'armées colossales et cherchent à étendre leurs domaines. Lorsque Yasuke

1. KATSUMATA Shizuo, *Ikki. Coalitions, ligues et révoltes dans le Japon d'autrefois*, CNRS éditions, 2011.

débarque, Oda Nobunaga passe pour être celui qui pourrait imposer son joug à toutes et tous. Mais bien d'autres sont tout aussi incontournables, et la plupart deviendront de véritables figures de l'imaginaire japonais, qu'ils aient triomphé ou qu'ils soient tombés dans les guerres les opposant.

Pour ne citer que quelques-uns des plus influents, Oda Nobunaga peut compter sur son principal allié, Tokugawa Ieyasu, à l'est, dans le Mikawa. Leur principal ennemi sur ce front est le clan Takeda, dont le daimyo Takeda Shingen est respecté, encore aujourd'hui, comme un très grand stratège et chef de guerre. Il tente comme Nobunaga de prendre l'ascendant par d'audacieuses campagnes militaires. Et comme Nobunaga, il est pris entre deux ennemis majeurs puisque son autre flanc est menacé par Uesugi Kenshin, « le dragon d'Echigo », commandant fort pieu qui, plutôt que de s'en réjouir, pleure en 1573 la mort de Shingen, son adversaire. Encore plus au nord-est, Masamune Date mettra plus de temps à se lancer dans la course généralisée au pouvoir. Sur le front occidental, les armées du clan Oda font face au clan Mōri, dans la province d'Aki, finalement défait après une immense bataille navale en 1579. Sur l'île de Shikoku, si la menace est plus lointaine, le seigneur Chōsokabe Motochika s'est taillé un imposant bastion, d'autant mieux protégé qu'il faut traverser la mer pour l'attaquer. Même problématique à l'extrême sud-ouest, sur l'île de Kyūshū, où les marins de la famille Shimazu, ouverts sur le reste de l'Asie, demeurent épris de liberté. Les jésuites les plus érudits, après des décennies à tenter de s'y retrouver, peinent encore à se repérer dans cet imbroglio politico-stratégique. Alors mettez-vous à la place de Yasuke, lorsqu'il arrive au milieu de tout cela.

Ces hommes, en plus d'avoir mobilisé des troupes nombreuses et d'avoir multiplié les batailles entre 1550 et 1615, ont en commun d'avoir été suivis par des chroniqueurs qui ont permis de préserver leur mémoire, y associant prestige et grands succès, pour les siècles à venir. Leurs noms sont connus de la plupart des Japonais aujourd'hui, habitués à les croiser comme héros de mangas, de séries ou de jeux vidéo, même si rares sont ceux à pouvoir situer réellement qui était qui et se battait contre quel clan. Et, surtout, où s'arrête la réalité et où commence la légende. Les jeux d'alliances et de trahisons sont dignes des séries modernes à succès dont la complexité fait le charme, des *Tudors* à *Game of Thrones*.

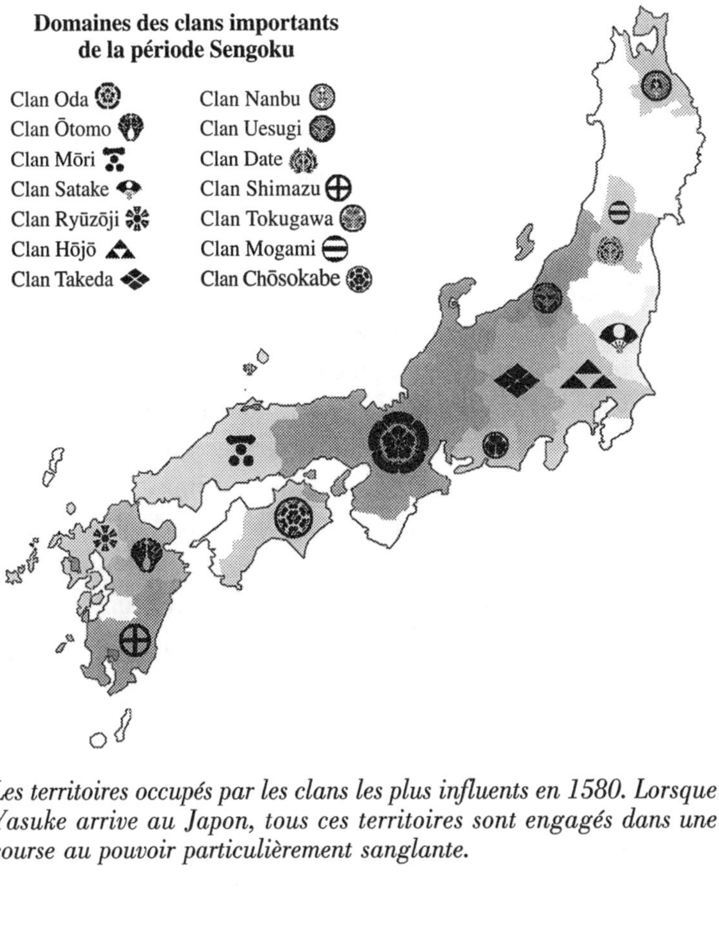

Les territoires occupés par les clans les plus influents en 1580. Lorsque Yasuke arrive au Japon, tous ces territoires sont engagés dans une course au pouvoir particulièrement sanglante.

Pionniers européens

Les premiers Européens à poser le pied dans l'archipel japonais, justement, ne sont arrivés qu'une petite quarantaine d'années plus tôt, en 1543. Et encore, ils n'ont abordé qu'une île relativement éloignée des principales terres du pays : Tanegashima. Un orage pousse une jonque chinoise jusque sur la côte avec à son bord deux Portugais. La population est tellement sidérée par les étonnants faciès et les tout aussi curieux attirails de ces hommes que l'information remonte immédiatement jusqu'au seigneur de l'île, Tanegashima Tokitaka. Il demande à rencontrer ceux que l'on nomme alors les « barbares du Sud » et manifeste immédiatement sa curiosité pour d'étranges objets qu'ils transportent avec eux. Les Japonais découvrent, en même temps que les Blancs, des arquebuses qui vont transformer l'art de la guerre dans l'ensemble du pays[1]. Tokitaka achète ces armes nouvelles une petite fortune et emploie son meilleur forgeron à les dupliquer. Très rapidement, l'ensemble de l'archipel entend parler de ces impressionnantes arquebuses[2].

Les visiteurs mettent un peu plus de cinq mois pour réparer leur navire et reprendre la mer en sens inverse, direction Ningbo, port d'attache de la communauté portugaise en Chine. Convaincus d'avoir découvert une nouvelle route commerciale prometteuse vers une terre jusque-là inconnue – en tout cas d'eux –, les Portugais commencent à multiplier les allers-retours. Certains tragiques, d'autres plus chanceux, les menant jusque sur l'île de Kyūshū,

1. À grande échelle, en tout cas. Il n'est pas impossible que des voyages et échanges avec la Chine aient déjà permis de croiser armes à feu et explosifs auparavant.

2. LIDIN Olof G., *Tanegashima. The Arrival of Europe in Japan*, NIAS Press, 2002.

plus au nord. Ce qu'ils ont à proposer intéresse grandement les Japonais, qui rendent compte par écrit de ces premières rencontres : « Il y avait deux dirigeants parmi les commerçants, appelés Murashukusha et Kirishita da Mota[1]. Ils avaient en leur possession un objet qui faisait environ deux ou trois shaku de longueur. Sa forme, droite à l'extérieur, avec un passage à l'intérieur, fabriquée d'un matériau lourd. [...] À l'usage, une mystérieuse poudre médicinale est mise à l'intérieur et un petit palet en métal est ajouté. [...] L'explosion ressemble à un éclair et le son à un roulement de tonnerre[2]. »

Une poignée d'aventuriers et de marchands commencent à entreprendre régulièrement ce voyage. Leurs témoignages parviennent jusqu'en Europe, où l'on se montre rapidement curieux de ce pays mystérieux. Les commerçants, cependant, n'ont guère d'intérêt à pénétrer en profondeur les terres du Japon et à en étudier les coutumes. Ce sont d'autres hommes qui vont entreprendre cette quête : des jésuites, convaincus d'avoir trouvé une terre de mission où sauver les âmes. En 1547, le père François Xavier entend parler de l'archipel et décide de s'y rendre.

Il débarque à Kagoshima, sur l'île de Kyūshū, en 1549, accompagné de deux autres frères portugais, de trois disciples, deux Japonais et un Chinois, pour les guider, et d'une poignée de servants originaires de plusieurs pays asiatiques. Les locaux commencent par les prendre pour une nouvelle secte bouddhiste, venue d'Inde. Shimazu Takahisa, le daimyo de la province de Satsuma, enthousiaste à l'idée de développer le commerce

1. Ces noms japonais sont probablement des transcriptions des noms d'origine de ces deux hommes. D'autres sources portugaises évoquent trois hommes, dont les noms ne correspondent pas forcément. LIDIN Olof G., *op. cit.*

2. TANEGASHIMA Hisatoki, « Teppōki », traduit et cité par LIDIN Olof G., *op. cit.*

avec les étrangers, autorise ses vassaux à se convertir à cette nouvelle religion.

François Xavier passe environ un an à Kagoshima. Il peine à convaincre les foules, faute de parler la langue. Le prêche, par l'intermédiaire d'un interprète et sans traduction écrite des textes, est des plus laborieux. À peine une centaine d'âmes conçoivent d'embrasser la parole du Christ, sans qu'on puisse affirmer qu'ils aient bien compris dans quoi ils s'engageaient. Le missionnaire décide de viser plus haut : il veut se rendre à Kyoto pour tenter de convertir l'empereur lui-même. Il se rend à Honshū, la plus grande île de l'archipel, vient frapper aux portes du palais dans la capitale, puis du grand temple bouddhiste au mont Hiei. Chaque fois, les autorités sont en vadrouille, et personne ne daigne le recevoir. Les Européens peinent à assimiler les rapports de pouvoirs de ce mystérieux pays : une multitude de daimyos semblent pour eux autant de rois dont ils ne comprennent pas la hiérarchie.

D'autres prendront le relais après lui, notamment l'Italien Gnecchi-Soldo Organtino ainsi que les Portugais Francisco Cabral, Gaspar Coelho, Luís Fróis et Lourenço Mexia. Ils vont apprendre la langue et tâcher de décrypter la culture locale, estimant que ce sont autant de clefs pour accéder au cœur de la culture japonaise et aux âmes de ses habitants. En 1579, Alessandro Valignano vient enfin vérifier l'avancée des efforts de ces hommes. François Solier, un historien jésuite français qui a documenté les travaux de ses frères au Japon, dresse un portrait qui ne doit pas aider beaucoup à décrypter les réseaux d'influence de l'archipel. Il parle de « soixante et dix royaumes » et il pose l'ambiance : « Il [ne faut pas] imaginer ces Roys du Japon, non comme autant de barons, comptes, marquis et ducs en France, ainsi comme vrais Roys et seigneurs absolus, indépendants l'un de l'autre, tant que la force l'emporte[1]. » Pour Valignano, l'envoyé du pape, il faut trouver qui, parmi tous ces chefs de guerre, qui de l'empereur ou du shogun, qui des daimyos, pourra lui garantir de moissonner les âmes avec la plus grande efficacité. Les missionnaires jésuites vont le guider et lui ouvrir les premières portes. À lui, et à son serviteur, Yasuke, le premier Africain à aller au-delà des quais des principaux ports du Japon, pour pénétrer à l'intérieur même du pays.

1. SOLIER François, *Histoire ecclésiastique des îles et royaume du Japon*, Hachette Livre/BNF, 2018 (édition originale 1627-1629).

2

Retour aux sources

Maintenant que le décor est planté, revenons à Yasuke. Sommes-nous certains, comme l'imaginent de nombreux artistes, qu'un esclave africain s'est bien retrouvé samouraï dans le cercle intime d'Oda Nobunaga, entre 1579 à 1582 ? C'est un tout petit peu plus compliqué que cela car les historiens et ceux qui s'intéressent à ce personnage sont confrontés à un gros problème : à cette époque, il est très rare que l'on prenne des notes sur ce que fait un simple serviteur. Les chroniqueurs racontent les actes mémorables des grands seigneurs dont il s'agit de vanter les mérites. Les échanges épistolaires, pour lesquels il faut attendre des mois voire des années une réponse, impliquent de se focaliser sur les informations ou les requêtes les plus importantes. Et le petit personnel n'en fait clairement pas partie. À moins que celui-ci ne soit hors du commun. C'est ce qui s'est passé avec Yasuke. Quatre témoins[1], deux Japonais et deux Européens, ont trouvé à différents moments que les scènes auxquelles ils assistaient étaient suffisamment marquantes pour que cela justifie de les poser par écrit et d'en informer leurs lecteurs. Pour dénicher ces maigres indices, il faut se plonger

1. Le cinquième, que nous allons également évoquer ici, François Solier, n'a pas été directement témoin de ce dont il parle par écrit. Il a travaillé à partir des témoignages et des éléments envoyés par ses collègues sur place.

dans des archives longues de centaines de pages… afin d'en expurger les quelques lignes qui confirment que Yasuke a foulé le sol du Japon et qu'il a croisé la route d'Oda Nobunaga, qui fit le choix de le prendre à son service.

Ceux qui s'intéressent à ce personnage espèrent encore et toujours trouver un petit peu plus que ces quelques indices. Nous aimerions savoir quel était le caractère de cet homme ou quel était son vrai nom[1]. Nous aimerions être certains de ses origines ou de ce qu'il est devenu au crépuscule de sa vie. Mais rien de nouveau n'émerge depuis des années et les chercheurs connaissent ces témoignages depuis longtemps. Il n'est pas rare, au Japon, que l'on retrouve des archives passionnantes sur le plan historique en vidant une vieille maison dans un domaine familial. « En réalité, il y en a plus que je n'aurais pensé[2] », se réjouit tout de même l'historien Thomas Lockley. Il est le premier à avoir creusé en profondeur la piste du samouraï africain. Il est l'auteur du livre le plus complet sur le sujet[3]. Cela fait une dizaine d'années que nous sommes en contact et il ne semble pas se lasser de cette chasse au trésor. « Ce que j'ai fait, c'est de mettre toutes les données ensemble pour prendre de la hauteur », résume-t-il.

Car au-delà des maigres témoignages qui ont traversé les siècles, il faut savoir lire entre les lignes pour comprendre qui pouvait être Yasuke. Il faut, par exemple, préciser les objectifs des auteurs de ces différents écrits.

---

1. Yasuke est un nom japonais, probablement approchant de son nom d'origine. Les deux sources japonaises le mentionnent, mais pas les jésuites.
2. Échange par mail le 20 mai 2024.
3. LOCKLEY Thomas et GIRARD Geoffrey, *op. cit.* À la suite des polémiques liées au jeu Assassin's Creed en 2023, certains lui reprochent le recours à la fiction. Cet ouvrage est en effet rédigé dans un style d'histoire narrative qui laisse beaucoup de place à la mise en scène. L'auteur est cependant parfaitement clair sur les sources, les interprétations qu'il en fait et la limite de nos connaissances.

Les missionnaires jésuites cherchaient à démontrer à leurs interlocuteurs sur le continent européen et notamment à Rome que leur mission en Extrême-Orient était un succès : ils se montrent enthousiastes sur la portée des conversions des Japonais, dont ils vantent les qualités et la capacité à suivre les enseignements de la Bible. Ils expliquent leurs stratégies pour augmenter leur efficacité. Ils notent ce qui fonctionne et, parfois, ce qui fonctionne moins bien. Le Portugais Luís Fróis, présent dans l'archipel depuis 1563, couche sur le papier ses connaissances et sa compréhension de ce pays, pour permettre à d'autres de prendre le relais. Le Portugais Lourenço Mexia est l'un des compagnons de l'Italien Alexandro Valignano, le père visiteur, venu évaluer les avancées de la mission. Ses courriers sont autant de comptes rendus des premières observations de son chef. Le Français François Solier, enfin, n'a jamais mis les pieds au Japon mais a synthétisé les travaux de ses coreligionnaires afin d'en tirer une connaissance utile aux futures générations de missionnaires. Nous apporte-t-il des renseignements complémentaires sur Yasuke et le Japon, ou transforme-t-il déjà les observations de première main auxquelles il a eu accès ?

Du côté des sources japonaises, la première est Gyūichi Ōta, un vassal d'Oda Nobunaga, qui a participé à plusieurs batailles mais qui est surtout connu pour avoir chroniqué dans le détail la vie de son maître. Son *Shinchō kōki*, s'il est considéré comme précieux et globalement fiable par les historiens, vise à l'origine à témoigner des prouesses d'Oda Nobunaga. Le texte est publié après la mort de ce dernier. Différentes versions sont connues, avec des variations de certains passages qui peuvent s'expliquer par une volonté de ne donner que les informations les plus intéressantes pour le lecteur… mais aussi par une forme de diplomatie envers le successeur de son ancien chef. Ce document a vocation à entretenir le prestige de Nobunaga et souffre probablement d'une certaine autocensure. La seconde source est Matsudaira Ietada, un vassal de Tokugawa Ieyasu, le principal allié de Nobunaga. Il note dans son journal personnel, l'*Ietada nikki*, des informations pratiques et importantes de son quotidien : mouvements de troupes, nominations d'officiers, visites d'autorités.

Yasuke et Nobunaga, une rencontre animée

Sur les deux premières années passées au Japon, entre 1579 et 1581, nous ne savons pas ce que fait Yasuke. Son maître, Alessandro Valignano, visite plusieurs daimyos chrétiens, en particulier sur l'île de Kyūshū, où la mission est le mieux implantée. L'Africain l'accompagne-t-il dans tous ses déplacements ? C'est assez probable mais personne n'a semblé relever cette présence. Le fait est que dans ces territoires où transitent les marchands européens depuis des années, on est peut-être moins surpris par la présence d'étrangers.

Le premier témoignage connu de l'existence de Yasuke est une lettre écrite par le père Luís Fróis, le 14 avril 1581. Il y raconte le voyage d'Alessandro Valignano vers Kyoto, la capitale. Ce dernier a comme objectif de rencontrer Oda Nobunaga, qui est pour lui un seigneur extrêmement influent qui a facilité l'implantation de deux églises, à Kyoto et à Azuchi, son propre siège. Sur le chemin, le groupe suscite la curiosité des foules, d'autant plus excitées qu'elles sont en pleines célébrations. « En quittant la ville de Sacáy[1], il y avait une infinité de gens dans les rues qui attendaient de voir l'extraordinaire stature du père Visiteur,

1. Écriture des missionnaires pour désigner l'actuelle ville de Sakaï, à proximité d'Osaka. Il s'agit d'une ville portuaire, à une soixantaine de kilomètres à pied de Kyoto, soit deux bonnes journées de marche.

et la couleur du cafre[1] qui était avec nous. Il y avait tant de monde, et tant de nobles, que bien que Sacáy soit très ouverte, en raison de la foule, nous ne pouvions passer sans renverser quelques tentes dans les rues étroites[2]. »

Le cafre, l'homme noir qui accompagne Valignano, apparaît comme un objet de surprise pour les Japonais. Mais à en croire Luís Fróis, ce n'est pas seulement ce serviteur mais l'ensemble de la petite troupe qui suscite la curiosité. Le père visiteur est en effet à la tête de près d'une quarantaine de porteurs, autant de bêtes de somme et le même nombre de chevaux pour transporter les missionnaires et leurs guides. Il s'agit notamment pour eux d'offrir aux croyants fraîchement convertis une opportunité de participer aux rites chrétiens dans les règles de l'art. Fróis raconte que « *la noblesse chrétienne et de nombreux païens y étaient présents* », escortant les prêtres, les autels et des reliques, profitant ici et là d'opportunités de suivre la messe, la vraie, comme on la pratique en Europe.

Lourenço Mexia fait le même récit[3] : « Tous les chrétiens de la région de Miáco[4] furent extrêmement heureux

1. Terme utilisé pour désigner les Noirs, dans les courriers des jésuites. Dérivé de l'arabe *kafir*, incroyant, il désigne plus spécifiquement les habitants de la région du Mozambique actuel, du centre et du sud de l'Afrique, notamment les victimes de la traite arabe. Les Portugais ont cependant tendance à mélanger la plupart des communautés africaines, distinguant plus généralement les populations noires, cafres, et les populations arabo-maghrébines, maures.

2. Lettre de Luís Fróis du 14 avril 1581. Consultée dans la compilation d'échanges épistolaires baptisée « Cartas », volume 2 ; ainsi que dans sa traduction japonaise, disponible dans les archives numériques de la Bibliothèque nationale de la Diète japonaise.

3. Lettre de Lourenço Mexia au père Pedro da Fonseca, 8 octobre 1581. Traduction comparée à partir de la traduction en japonais sur les archives numériques de la Bibliothèque nationale de la Diète japonaise, et d'une retranscription en portugais des Cartas : SIMOES Catarina, « Para uma análise do conceito de "exótico" O Interesse Japonês na Cultura Europeia (1549-1598) », Université des sciences humaines de Lisbonne, 2012.

4. Les missionnaires appellent Kyoto, la capitale, « Meaco ». Il s'agit d'une transcription de son ancien nom, Miyako.

lorsqu'ils nous virent, car cela faisait longtemps qu'ils nous attendaient. Plus de soixante-dix hommes à cheval sortirent à notre rencontre sur le chemin, nous accompagnant avec beaucoup d'amour et de courtoisie. Nous avons célébré la semaine sainte à Tacaçúqui[1], qui est la terre de Justo, où presque tous sont chrétiens. » Il fait ici référence à Ukon Takayama, Justo de son nom de baptême, daimyo de la province du Yamato et vassal de Nobunaga, qui est à cette époque l'un des convertis les plus puissants. Les missionnaires ont joué un rôle important dans son ralliement au clan Oda, qui leur a valu d'être aussi appréciés de Nobunaga[2]. « La Passion fut dite en chant avec l'orgue, poursuit le missionnaire. Pour la Résurrection, il y eut beaucoup de feux et d'innombrables lanternes de différentes couleurs et formes. Le père Visiteur célébra la messe avec diacre, sous-diacre et deux assistants. Les orgues que nous emportions pour Miáco furent joués, ce qui émerveilla les chrétiens car ils n'avaient jamais rien vu de semblable. Le soir du jour de Pâques, nous arrivâmes à Miáco, et sept jours plus tard, ce fut la fête de Nobunánga[3], appelée sanguixo, où nous étions présents pour montrer notre bienveillance et que des gens d'Europe le voyaient dans une telle fête. Ce fut un spectacle impressionnant, car des gens vinrent de très loin, couvrant les champs, et je ne me souviens pas avoir vu une telle affluence. Là, Nobunánga sortit avec cinq cents seigneurs à cheval, tous très brillants et richement vêtus, faisant des escarmouches jusqu'à l'après-midi. »

L'enthousiasme que suscite la procession du père Valignano manque de dégénérer. « Un grand nombre de gens s'est réuni devant notre foyer pour voir le cafre,

1. Takatsuki, château proche d'Osaka.
2. Voir chapitre 5.
3. Les jésuites orthographient ainsi le nom de Nobunaga.

créant un tel tumulte que des gens ont été blessés et certains ont presque été tués par des projections de pierres, poursuit Luís Fróis. Malgré la présence de nombreux gardes à la porte, il était difficile d'empêcher les gens de la défoncer. Ils ont tous dit que si nous le montrions pour de l'argent, nous gagnerions facilement entre 8 000 et 10 000 *cruzados*[1] en peu de temps. » L'Africain est pour les Japonais une attraction exceptionnelle : aucun Noir n'est alors allé à l'intérieur des terres. Ceux qui ont pu circuler, *via* les navires de commerce européens et asiatiques, sont jusqu'alors restés dans les ports et même généralement à bord de leurs bateaux.

Il convient cependant de noter que si Yasuke est probablement le clou du spectacle, c'est bien l'ensemble de la procession qui fait réagir les Japonais. Rien de plus normal, estime Lourenço Mexia : « La curiosité, et en particulier la curiosité envers l'autre, est en effet une caractéristique de l'être humain. Rappelons à ce propos que, lorsqu'ils ont aperçu un Noir pour la première fois, les Japonais ont montré exactement la même surprise et méfiance que les Noirs en voyant pour la première fois un Blanc. » Il aurait pu ajouter : la même surprise et la même méfiance que les Japonais en voyant pour la première fois des Blancs. Dans les années 1540, l'arrivée des premiers Européens à Tanegashima fut un événement tout aussi marquant, largement raconté par les habitants de cette île, étonnés par les drôles de têtes et les drôles de tenues des nouveaux venus.

Ces violences finissent par alerter Nobunaga, maître de Kyoto, qui séjourne alors dans la capitale. Il demande à voir l'objet de toute cette agitation. « Nobunaga l'a fait chercher, alors le père Organtino[2] lui a amené,

1. Nom donné aux monnaies portugaises, entre le XVe et le XIXe siècle.
2. Organtino Gnecchi-Soldo est un missionnaire jésuite présent au Japon depuis 1570. Il est l'un des rares à maîtriser la langue japonaise.

raconte Fróis. Avec beaucoup d'agitation, ne pouvant croire que c'était sa couleur naturelle et non un trucage, il le fait déshabiller au-dessus de la ceinture. » Pour en venir à de telles extrémités, nul doute que c'est la première fois que ce seigneur de guerre croise un Africain.

Cette scène est également racontée par Ōta Gyūichi, le chroniqueur de Nobunaga. « Le 23e jour du 2e mois[1], un serviteur noir est venu des pays chrétiens, écrit-il. Il a l'air d'avoir environ 26 ou 27 ans et tout son corps est noir comme un bœuf. Il a une solide carrure et une bonne conduite. Son immense force surpasse celle de dix hommes. Le chrétien l'a amené avec lui pour présenter ses hommages à Nobunaga. Évidemment, c'est du fait de la puissance de Nobunaga et de sa gloire que des choses dont nous n'avions jamais entendu parler, des trésors des Trois Pays et des curiosités de ce type peuvent ainsi être vues. Une bénédiction[2]. » La mention du chroniqueur des « Trois Pays » montre qu'il associe ici Yasuke aux autres bienfaits et présents apportés par les chrétiens et les autres visiteurs de son maître. Cette référence bouddhiste fait allusion aux trois terres sous influence de cette foi : le Japon, l'Inde et la Chine. Les missionnaires apportent en effet avec eux des objets venus d'Europe, mais aussi d'Asie. Pour Gyūichi, si un personnage aussi étonnant que Yasuke arrive jusqu'à Kyoto, ce n'est pas tellement du fait des Européens que de la grandeur de Nobunaga.

1. Correspond au 27 mars 1581 du calendrier julien, celui des Européens.

2. Traduction comparée à partir de la version du *Shinchō kōki* disponible sur les archives en ligne de la Bibliothèque nationale de la Diète japonaise, et de sa traduction en anglais : ŌTA Gyūichi, *The Chronicle of Lord Nobunaga*, traduction LAMERS Jeroen et ELISONAS Jurgis, Brill, 2011.

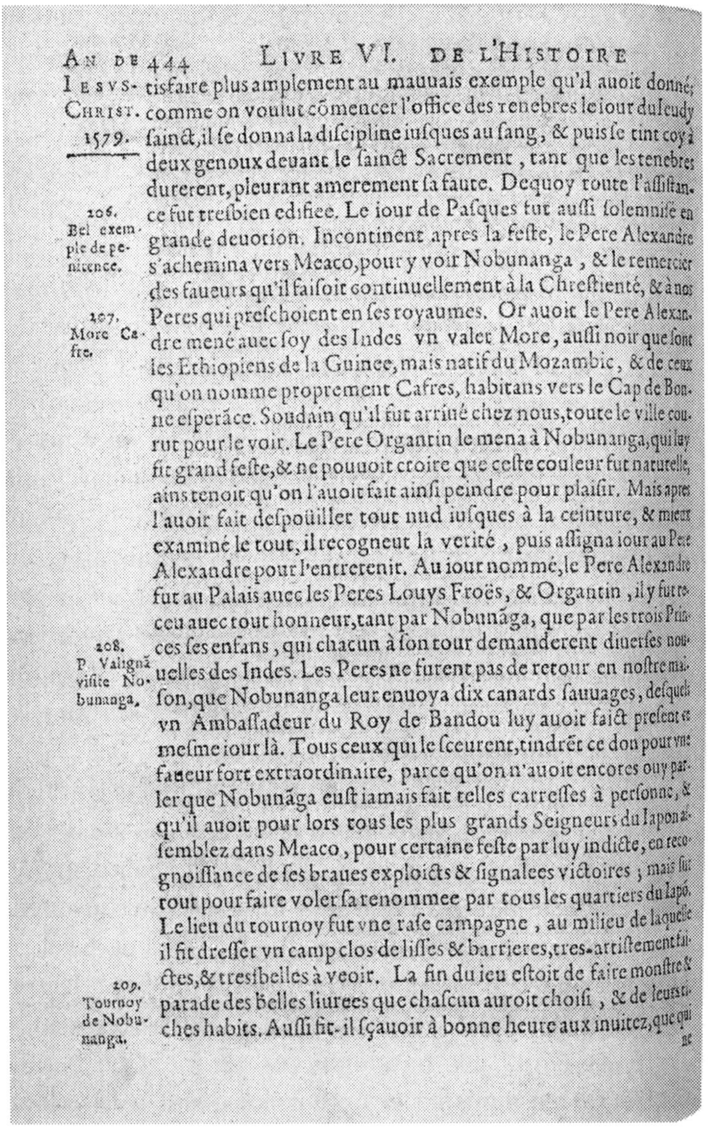

AN DE 444 LIVRE VI. DE L'HISTOIRE
IESVS- tisfaire plus amplement au mauuais exemple qu'il auoit donné;
CHRIST. comme on voulut cōmencer l'office des tenebres le iour du Ieudy
1579. ſainct, il ſe donna la diſcipline iuſques au ſang, & puis ſe tint coy à
deux genoux deuant le ſainct Sacrement, tant que les tenebres
durerent, pleurant amerement ſa faute. Dequoy toute l'aſſiſtan-
206. Bel exemple de penitence. ce fut treſbien edifiee. Le iour de Paſques fut auſſi ſolemniſé en
grande deuotion. Incontinent apres la feſte, le Pere Alexandre
s'achemina vers Meaco, pour y voir Nobunanga, & le remercier
des faueurs qu'il faiſoit continuellement à la Chreſtienté, & à nos
207. More Cafre. Peres qui preſchoient en ſes royaumes. Or auoit le Pere Alexan-
dre mené auec ſoy des Indes vn valet More, auſſi noir que ſont
les Ethiopiens de la Guinee, mais natif du Mozambic, & de ceux
qu'on nomme proprement Cafres, habitans vers le Cap de Bon-
ne eſperāce. Soudain qu'il fut arriué chez nous, toute le ville cou-
rut pour le voir. Le Pere Organtin le mena à Nobunanga, qui luy
fit grand feſte, & ne pouuoit croire que ceſte couleur fut naturelle,
ains tenoit qu'on l'auoit fait ainſi peindre pour plaiſir. Mais apres
l'auoir fait deſpoüiller tout nud iuſques à la ceinture, & mieux
examiné le tout, il recogneut la verité, puis aſſigna iour au Pere
Alexandre pour l'entretenir. Au iour nommé, le Pere Alexandre
fut au Palais auec les Peres Louys Froës, & Organtin, il y fut re-
ceu auec tout honneur, tant par Nobunāga, que par les trois Prin-
208. P. Valignā viſite Nobunanga. ces ſes enfans, qui chacun à ſon tour demanderent diuerſes nou-
uelles des Indes. Les Peres ne furent pas de retour en noſtre mai-
ſon, que Nobunanga leur enuoya dix canards ſauuages, deſquels
vn Ambaſſadeur du Roy de Bandou luy auoit faict preſent ce
meſme iour là. Tous ceux qui le ſceurent, tindrēt ce don pour vne
faueur fort extraordinaire, parce qu'on n'auoit encores ouy par-
ler que Nobunāga euſt iamais fait telles carreſſes à perſonne, &
qu'il auoit pour lors tous les plus grands Seigneurs du Iapon aſ-
ſemblez dans Meaco, pour certaine feſte par luy indicte, en reco-
gnoiſſance de ſes braues exploicts & ſignalees victoires; mais ſur
tout pour faire voler ſa renommee par tous les quartiers du Iapō.
Le lieu du tournoy fut vne raſe campagne, au milieu de laquelle
il fit dreſſer vn camp clos de liſſes & barrieres, tres-artiſtement fai-
209. Tournoy de Nobunanga. ctes, & treſbelles à veoir. La fin du ieu eſtoit de faire monſtre &
parade des belles liurees que chaſcun auroit choiſi, & de leurs ri-
ches habits. Auſſi fit-il ſçauoir à bonne heure aux inuitez, que qui
ne

*Page de l'*Histoire ecclésiastique des îles et royaumes du Japon *de François Solier où il évoque Yasuke, un « valet maure aussi noir que sont les Éthiopiens de la Guinée ».*

Un autre jésuite, le père François Solier, parle de cette rencontre. Il n'y a pas assisté et se base donc sur des témoignages rapportés. Il apporte des nuances dont on peut se demander si elles sont des précisions… ou des approximations. Il confirme en tout cas l'enthousiasme des missionnaires envers Nobunaga[1], qui justifie pour Valignano de rencontrer ce dernier : « Le père Alexandre s'achemina vers Meaco, pour y voir Nobunanga et le remercier des faveurs qu'il faisait continuellement à la chrétienté et à nos pères, qui prêchaient en les royaumes, rapporte-t-il. Or le père Alexandre a amené avec lui des Indes un valet maure[2] aussi noir que sont les Éthiopiens de la Guinée, mais natif du Mozambique, et de ceux qu'on nomme proprement Cafres, habitants vers le Cap de Bonne-Espérance. Soudain qu'il fut arrivé chez nous, toute la ville courut pour le voir. Le père Organtino le mena à Nobunanga, qui lui fit une grande fête et ne pouvait croire que cette couleur fût naturelle, ainsi tenant qu'on l'aurait fait ainsi peindre pour le plaisir. Mais après l'avoir fait dépouiller tout nu jusqu'à la ceinture, et mieux examiné le tout, il reconnut la vérité, puis assigna un jour au père Valignano pour l'entretenir. »

Certains auteurs, aujourd'hui, estiment que les chrétiens auraient marchandé l'Africain, en faisant un cadeau destiné à obtenir les bonnes grâces de Nobunaga. Solier montre qu'en réalité le daimyo était déjà favorable aux jésuites : lui et son fils visitent régulièrement les églises de Kyoto et d'Azuchi, pour s'entretenir avec les Européens. Ils sont curieux de leur foi et de leurs connaissances du monde. Dans leurs écrits, les missionnaires alternent en permanence entre pessimisme et optimisme quant à la volonté de la noblesse japonaise de suivre le Christ. Il ne faut pas pour autant sous-estimer leur capacité à manœuvrer

1. Voir chapitre 5.

2. Si le terme « maure » qualifie plutôt des populations d'Afrique du Nord, il est ici utilisé pour désigner les Noirs en général.

politiquement : ils ont très bien pu se dire que la présence de Yasuke dans l'entourage de Nobunaga servirait efficacement leur cause, en relayant la bonne parole ou en récoltant des informations à leur profit, par exemple. Plus qu'un présent, Yasuke a pu être envisagé comme un intéressant agent de renseignement au profit de la mission jésuite.

Yasuke, page d'Oda Nobunaga

À un moment indéfini, après cette rencontre en mars 1581, l'Africain passe au service d'Oda Nobunaga. Nous ne savons précisément ni comment ni pourquoi. Mais Fróis explique que dès cette première rencontre, tout l'entourage du seigneur de guerre s'enthousiasme largement. Après avoir réalisé que la couleur de peau de cet homme n'était pas un trucage, Nobunaga fait venir sa famille pour lui présenter cet homme hors du commun : « Les fils de Nobunaga sont appelés et tout le monde était très content. Un neveu de Nobunaga, alors commandant d'Osaka, l'a aussi vu et était tellement heureux qu'il lui a donné 10 000 pièces[1]. » Gyūichi Ōta précise que les héritiers de Nobunaga sont en réalité arrivés « *plusieurs jours plus tard* » et qu'ils ont aussi souhaité rencontrer l'Africain. Le père comme les fils offrent à ce dernier des cadeaux, sans que la nature de ceux-ci soit précisée. La temporalité de ces échanges peut laisser penser que Yasuke est resté avec Nobunaga dès leur rencontre.

Pourquoi Nobunaga souhaite-t-il garder l'Africain avec lui ? Nombreux sont ceux qui hésitent sur l'interprétation de ces événements. Peut-être le daimyo, avide d'objets rares, a-t-il voulu ajouter une bête de foire à son exotique

1. Il n'est pas clair de quelle monnaie parle ici Fróis. Qu'il raisonne en *koku* japonais ou en *cruzados* portugaises, la somme n'est pas anodine.

collection. Cette thèse reste peu probable car un jésuite témoigne d'un vrai engouement du seigneur de guerre pour Yasuke. Lourenço Mexia, dans un courrier daté du 8 octobre 1581, soit plusieurs mois après cette première rencontre, raconte également que son arrivée avec Valignano a suscité un grand intérêt. « Nobunaga lui-même a été surpris et a cru qu'il était peint, ne pouvant croire qu'il était noir de naissance, écrit-il. Il le voit de temps en temps et il connaît un peu de japonais. Il ne se lasse donc jamais de parler avec lui. Il était fort et connaissait des tours[1] donc Nobunaga était très heureux. Il est désormais son puissant protecteur et laisse tout le monde voir qu'il l'accompagne. Les gens disent que Nobunaga pourrait faire de lui un Tòno[2]. » Il termine sa lettre en évoquant un autre aspect de la relation entre les jésuites et Nobunaga : l'enrôlement par les Européens de vingt-cinq jeunes Japonais « talentueux » qui ont appris à lire et écrire le latin.

Tòno, c'est une distinction de noblesse. La formule pourrait se traduire par seigneurie, en français, même si au Japon féodal, elle correspond plus à une politesse qu'à un réel statut ou à un patrimoine. L'histoire ne dit pas si cette annonce faite à Lourenço Mexia a eu le temps de se réaliser. Elle aurait valu au concerné qu'on s'adresse à lui en l'appelant « Seigneur Yasuke ». Quoi qu'il en soit, l'Africain n'est pas resté en bas de l'échelle sociale et a continué de fréquenter Nobunaga, comme le confirme le second témoin japonais qui écrit à son sujet. Ietada Matsudaira le croise en mai 1582, alors que la campagne militaire contre les Takeda arrive à son terme[3]. « Il pleut, note-t-il dans

1. Parle-t-il ici de tours de passe-passe destinés à amuser Nobunaga ? Ou de prouesses physiques et martiales cherchant à l'impressionner ? Les deux interprétations sont possibles.

2. Lettre de Lourenço Mexia au père Pedro da Fonseca, 8 octobre 1581, précédemment citée.

3. Voir chapitre 7.

son journal. Il a l'homme noir avec lui. Son corps est noir comme de l'encre et il fait 6,2 pieds de haut. Ils disent que son nom est Yasuke. Sa Seigneurie lui a donné un traitement. Ils disent que les chrétiens lui ont présenté[1]. »

Ce vassal de Tokugawa Ieyasu découvre alors probablement pour la première fois ce fameux vassal noir de Nobunaga. En a-t-il entendu parler avant ? La rumeur d'un compagnon de Nobunaga à la peau sombre circule-t-elle ? Impossible à savoir. Toujours est-il que c'est lui qui nous apprend son nom japonais et qu'il touche un traitement, c'est-à-dire un salaire, comme les autres samouraïs servant sous les ordres des daimyos[2]. Il nous permet surtout de savoir que Nobunaga emmène Yasuke sur un déplacement important, à portée militaire et politique, au cours duquel il aurait pu y avoir des affrontements. Même si lorsqu'il arrive sur place, les combats sont déjà largement terminés[3].

Citons enfin une version non publiée du *Shinchō kōki* de Gyūichi Ōta. Il existe plusieurs de ces manuscrits. Celui qui nous intéresse est conservé par la Maeda Ikukokukai, fondation de préservation de l'héritage culturel du clan Maeda, héritier de l'un des officiers compagnons de la première heure de Nobunaga, Maeda Toshiie. Le chroniqueur écrit : « L'homme noir appelé Yasuke s'est vu offrir un traitement, une résidence privée, etc., ainsi qu'un sabre court avec un fourreau décoré. Il est parfois vu dans le rôle de porteur d'armes[4]. » Le samouraï africain semble avoir rempli certains des rôles du cercle de pages issus de familles prestigieuses, qui accompagnait

1. Consulté dans les archives nationales japonaises.
2. Nobunaga accorde également de tels traitements à certains personnages, comme des navigateurs ou des lutteurs réalisant de grandes performances dans les tournois de sumo qu'il organise.
3. Voir chapitre 7.
4. Cité dans LOCKLEY Thomas et GIRARD Geoffrey, *op. cit.*

Nobunaga dans tous ses déplacements. Il n'est pas un simple soldat logé dans un baraquement collectif. Il est suffisamment apprécié et reconnu pour qu'on lui remette des armes, un logement et un salaire, avant de l'emmener en opérations.

La chute

Reste enfin un dernier témoignage, de nouveau sous la plume de Luís Fróis, qui raconte la fin de cette histoire dans un courrier du 5 novembre 1582. « Le cafre que le Visiteur a donné à Nobunaga à sa demande, après sa mort, s'est rendu à la résidence de son fils et s'est battu là pendant un long moment, mais quand un des vassaux d'Akechi s'est approché et lui a demandé de déposer son katana, il l'a donné. Les vassaux ont demandé à Akechi quoi faire du cafre. Il a dit que le cafre était un animal et ne savait rien, qu'il n'était pas japonais. Et donc de ne pas le tuer et de le remettre à l'église du père d'Inde[1]. Cela nous a un peu soulagés[2]. »

Et ensuite ? Ensuite, on ne sait pas. Plus personne ne donne de nouvelles de Yasuke. Tous ces indices peuvent donc paraître assez maigres. Et en même temps, ils sont d'une grande richesse. Ils nous apprennent que cet Africain a bien accompagné Oda Nobunaga pendant un an et trois mois, au cours desquels il s'est retrouvé intégré dans son premier cercle et a eu de vraies interactions avec son

1. La mission au Japon dépend de l'autorité de Goa, en Inde.

2. Rapport de Luís Fróis à la Compagnie de Jésus du 5 novembre 1582. Traduction comparée à partir de la traduction en japonais sur les archives numériques de la Bibliothèque nationale de la Diète japonaise, et d'une retranscription en portugais des Cartas : SIMOES Catarina, « Para uma análise do conceito de "exótico" O Interesse Japonês na Cultura Europeia (1549-1598) », Université des sciences humaines de Lisbonne, 2012.

entourage. En plus de porter les armes de son maître, il était lui-même doté d'un katana, futur symbole essentiel de l'identité des samouraïs[1]. C'est en contextualisant tous ces éléments que l'on peut comprendre qui était Yasuke et remonter la trace du samouraï africain.

Au-delà de l'écrit, le témoignage des images

Une autre piste intéressante pour suivre la trace de Yasuke est l'étude d'œuvres picturales. Thomas Lockley, notamment, insiste sur l'intérêt de ces supports. Il est totalement convaincu qu'une peinture datée de 1605[2] représente Yasuke en train de lutter avec plusieurs hommes, devant Nobunaga, selon les traditions du sumo tant apprécié du chef de guerre. Pour l'historien, la proximité temporelle fait que soit l'auteur a lui-même été témoin de cette scène, soit quelqu'un la lui a décrite. À peu près à la même époque, au premier quart du XVIIe siècle, deux pièces de six écrans peints et ornés de feuille d'or[3], décrivent l'arrivée des Européens. On y voit des missionnaires jésuites et plusieurs Africains. Ces derniers sont figurés dans des rôles et des tenues qui laissent penser à de vrais écarts de statuts sociaux entre eux, allant du probable esclave manutentionnaire à des hommes bien habillés guidant des chevaux et tenant les comptes de ce qui semble être une activité commerciale. Une série d'œuvres similaires attribuées à Kano Naizen[4], peintre au service de Toyotomi Hideyoshi,

1. À cette époque, nombreux sont ceux à être armés, même dans la population civile. Ce n'est que plus tard que les autorités instaurent un contrôle des armes puis une codification forte des symboles du statut de samouraï. Voir chapitre 6.

2. Artiste inconnu, « Sumō yūrakuzu byōbu », musée de la ville de Sakai, 1605.

3. Artiste inconnu, « L'arrivée des Européens », Fondation Mary et Jackson Burke, Metropolitan Museum of Art.

4. NAIZEN Kanô, « Namban Screens », dont notamment « L'arrivée des barbares du Sud », musée de Kobe.

qui fut l'un des grands vassaux de Nobunaga, montre plusieurs hommes noirs accompagnant les jésuites. Des hommes noirs apparaissent par ailleurs sur diverses vasques et meubles laqués.

Gros plan d'une peinture de 1605 figurant un homme noir affrontant à la lutte un autre homme (voir page 75).

Toutes ces œuvres restent cependant postérieures au service de Yasuke sous les ordres d'Oda Nobunaga. Certains de ces artistes ont-ils été témoins de la vie au Japon du samouraï africain ? Ou ont-ils simplement entendu parler de ces fameux hommes noirs ? Rien ne permet de trancher. Ces pièces montrent plutôt à quel point la présence d'Africains au Japon, arrivés sur les navires européens, était connue des locaux et les inspirait.

Quelques objets revêtent tout de même un intérêt particulier. C'est le cas d'une pierre à encre de style Rinpa, une école de peinture décorative japonaise, datée des années 1590, illustrée de plusieurs personnages européens et africains[1]. L'un d'entre eux, particulièrement grand, habillé à l'occidentale, est doté de deux sabres. Un personnage quasiment identique apparaît sur une flasque à poudre datée de la fin du XVIe siècle[2]. Dans les deux cas, il s'agit clairement d'un guerrier, richement vêtu et armé.

Pierre à encre illustrée. L'homme à gauche est un noir particulièrement grand, richement vêtu et armé de sabres européens.

1. Artiste inconnu, « Pierre à encre illustrée Rinpa », musée de Caraculo.

2. Artiste inconnu, « Flasque à poudre japonaise », Museu Nacional de Arte Antiga de Lisbonne.

3

Nobunaga, le Roi Démon

Pour Yasuke, comme pour les missionnaires européens, c'est donc cet homme qui ouvre les portes du Japon : Oda Nobunaga. Un personnage historique extrêmement important dans ce pays, mais qui reste largement méconnu en dehors de l'archipel. Son parcours est pourtant digne des plus grandes tragédies antiques, émaillé de batailles qui auraient pu inspirer de multiples traités de stratèges militaires ou encore de gros blockbusters hollywoodiens.

Il est né dans une famille de la petite noblesse d'armes du centre du pays, dans le château de Nagoya, en Owari. Rien ne le prédestinait à un destin extraordinaire. Il est pourtant le premier des *San Eiketsu*, les « Trois Héros », les trois unificateurs qui ont mis fin à l'anarchie dans le pays et lui ont donné l'essentiel de sa territorialité actuelle[1]. C'est lui qui autorise les jésuites à développer leur réseau d'églises dans les terres. C'est lui qui s'intéresse à Yasuke et qui va en faire un samouraï.

« C'est quelqu'un de très coloré, de pragmatique et d'impitoyable, résume Jeroen Lamers[2], auteur de la

1. Voir encadré en fin de chapitre.

2. Entretien avec l'auteur le 22 mars 2024. Il est également l'un des traducteurs de la chronique d'Ōta Gyūichi citée dans ce chapitre.

principale biographie d'Oda Nobunaga en anglais. Il joue très finement avec l'affichage des symboles du pouvoir. Par exemple en faisant le choix de ne pas s'habiller comme les autres[1]. » S'il est indéniablement un grand chef militaire et politique, Oda Nobunaga est aussi un homme astucieux qui comprend très tôt l'intérêt de façonner lui-même sa propre légende. À partir de 1568, il se fait très régulièrement accompagner d'Ōta Gyūichi, un petit vassal de son administration qui est chargé de chroniquer les réussites du seigneur. Ses écrits ont largement contribué à la pérennité de cet héritage dans la mémoire des Japonais au cours des siècles suivants. Un mythe qui perdure jusqu'à aujourd'hui, dans un Japon où il est tantôt décrit comme un dirigeant précurseur, d'une grande ouverture d'esprit ; et tantôt comme un boucher démoniaque, responsable de tueries de masse comme ses contemporains n'en avaient encore jamais vu.

En une trentaine d'années, Nobunaga étend le territoire sous son emprise d'un peu plus de 3 % du Japon à 45 %. À la fin de sa vie, rares sont les grands chefs de clans à encore oser lui tenir tête. Les derniers récalcitrants sont en train de s'effondrer devant les immenses armées commandées par les généraux du clan Oda et ses alliés. L'épopée se termine en une apothéose tragique, avec une grande trahison dont les historiens japonais continuent de débattre aujourd'hui. Pourquoi, une nuit de juin 1582, les troupes du général Akechi Mitsuhide, un proche de Nobunaga pourtant insoupçonnable, marchent-elles sur la capitale pour assiéger et pousser au suicide leur suzerain ? Le mystère ajoute à la fascination qui a contribué à bâtir autant d'hypothèses que de mythes autour de ce personnage. Un personnage dont

1. LAMERS Jeroen, *op. cit.*

beaucoup ont pourtant cru, au début de son parcours, qu'il n'était qu'un parfait abruti.

L'idiot d'Owari

Nobunaga est né en 1534, à Nagoya. Cette ville, qui deviendra l'une des plus importante du Japon, n'est alors qu'une grosse bourgade au cœur de la région du Tōkai, à mi-chemin entre le Kansai, au sud-est, où se trouvent les capitales historiques de Nara et de Kyoto, le sublime lac Biwa ou encore le riche port d'Osaka ; et le Kantō au nord-ouest, lieu de rééquilibre du pouvoir où s'installèrent les premiers grands shoguns, loin de la cour impériale, au XIIe siècle. Il est le fils d'Oda Nobuhide, un modeste seigneur qui tente de protéger par la force et les alliances son territoire, qui se trouve sur la route de plusieurs ambitieux voisins qui souhaiteraient partir à la conquête de Kyoto, notamment Saitō Dōsan au nord et Imagawa Yoshimoto à l'est. Nobuhide parvient à faire la paix avec le premier en mariant Nobunaga, encore adolescent, à sa fille, ce qui lui permet de se concentrer sur le second. Mais il meurt en 1552, à peine quarantenaire, laissant plusieurs de ses frères et de ses fils se disputer son héritage.

Nobunaga est loin d'être favori. Agé de 18 ans, il a déjà combattu, après avoir participé à une première campagne militaire de son père en 1547. Mais il se traîne une terrible réputation. Ōta Gyūichi rapporte lui-même dans sa chronique à quel point son maître fait l'objet de critiques : « Les gens à cette époque prenaient généralement Nobunaga de haut. Certains ont même été jusqu'à dire à Dōsan que son gendre était un gros idiot[1]. »

1. ŌTA Gyūichi, *op. cit.*

Cette image serait due au comportement de l'héritier de la branche principale des Oda. Nobunaga avait tendance à se vêtir de manière peu conventionnelle. Il zone dans le centre-ville, juché sur les épaules d'un serviteur, où tout le monde peut voir le jeune seigneur se régaler de melons et de gâteaux. Vous ne voyez probablement pas le problème, mais dans le Japon du XVIe siècle, c'est une attitude des plus inconvenantes pour un fils de daimyo. C'est cependant ce manque de formalisme qui l'amènera, plus tard, à discuter avec simplicité avec de simples soldats, ce qui l'aide probablement à mieux assimiler certaines réalités du champ de bataille.

Le mythe de « l'idiot d'Owari » trouve son paroxysme dans une scène qui choque ses contemporains. Lors de la cérémonie d'adieu à son père, il débarque avec les cheveux en bataille, sans même avoir fait l'effort de se vêtir d'une tenue adaptée aux circonstances, le sabre accroché à la taille par une simple corde. Il attrape « brutalement » une poignée de cendre d'encens qu'il jette sur l'autel, avant de s'éloigner. Tout le monde fait alors le parallèle avec son frère cadet, Oda Nobuyuki qui, lui, « est habillé de façon appropriée et se comporte impeccablement[1] ».

La famille est divisée. L'aîné, Oda Nobuhiro, est sur la touche : fils illégitime de Nobuhide, il n'a guère de soutiens même si son père lui a confié le commandement d'un château, à Anjō. Nobuyuki, à 16 ans, passe pour un choix plus raisonnable pour assurer la pérennité de la maison. Il est le favori de leur propre mère. La famille et les vassaux sont mitigés et une branche cousine, menée par l'oncle de Nobunaga, Nobutomo, commence à prendre ses distances, formant la branche des Oda de Kiyosu, du nom de cette importante place forte du sud-ouest de l'Owari.

1. *Ibid.*

Pour simplifier : trois prétendants à l'héritage se disputent et Nobunaga est loin d'être le favori.

Le désarroi est tel que Hirate Masahide, important vassal d'Oda Nobuhide, tuteur depuis son plus jeune âge de Nobunaga, décide de faire un geste fort pour faire réagir l'héritier et mettre un coup d'arrêt à l'effondrement généralisé du domaine. « *Je ne peux trouver le moindre signe de l'éducation que je lui ai donnée*, aurait-il déclaré selon la chronique d'Ōta Gyūichi. *Ma vie n'a donc plus aucun intérêt.* » Le vieux diplomate, grand samouraï, se donne la mort de manière rituelle, à 62 ans. Il s'agit d'un *kanshi*, une « mort récriminatoire », destinée à dénoncer le comportement de son élève[1]. Certains historiens et spécialistes de la période estiment que c'est ce geste qui aurait poussé Nobunaga à mûrir, de manière brutale.

Pourtant, en lisant bien Ōta Gyūichi, on se rend compte que le comportement d'Oda Nobunaga n'était peut-être qu'un camouflage, qu'il quitte lors de sa première rencontre avec son beau-père, en 1553. Saitō Dōsan passe alors pour un personnage aussi influent que fourbe. Lui-même aurait confié à l'un de ses proches : « S'il est un idiot, alors c'est bien triste. Car je crains qu'un jour mes enfants n'aient à attacher leurs chevaux à la porte de cet idiot. » Il a senti chez son gendre le potentiel d'un grand conquérant, qui cache bien son jeu. Il faut dire que celui-ci, pour l'occasion, a changé de costume et s'est habillé et présenté avec la plus grande rigueur. Il fit ainsi la démonstration de sa capacité à changer de masques, en fonction de l'effet qu'il cherchait à produire chez ses interlocuteurs : lui faire confiance ou, au contraire… le sous-estimer. Plus largement, ce jour-là, ce serait toute la suite du jeune Nobunaga qui aurait pris conscience de

1. RANKIN Andrew, *Seppuku. A History of Samurai Suicide*, Kodansha USA, 2011.

la ruse : « Quand ses suivants l'ont vu ainsi habillé, ils ont réalisé à leur grande surprise que, dernièrement, il jouait l'idiot de manière volontaire. L'un après l'autre, ils lui adressèrent leurs compliments et lui présentèrent leurs excuses[1]. »

Toute cette histoire est-elle vraie ? Il convient de ne jamais perdre de vue qu'Ōta Gyūichi est un vassal de Nobunaga et que son témoignage doit être lu dans ce contexte. D'autant plus que son récit de la jeunesse du seigneur Oda n'est écrit que longtemps après, probablement de mémoire et sur la base de différents récits rapportés. Il se trompe même dans certaines dates. Jeroen Lamers continue de considérer ces différents éléments comme crédibles. Ils sont pour lui les deux faces d'un même complexe personnage : « Nobunaga, dans les premières lettres que nous avons de lui, respecte à la lettre la forme conventionnelle. Mais, au cours de sa vie, il y a effectivement un vrai côté non conventionnel. Il se met d'ailleurs à signer ses lettres, plus tard, d'un simple "Nobu[2]". Mon sentiment, c'est qu'il savait jouer avec ces codes[3]. »

En jouant à l'idiot d'Owari, Oda Nobunaga a peut-être évité de susciter la méfiance de ses concurrents à l'héritage de son père. Ils ont pu croire que le jeune fou n'était pas la principale menace, trop occupé qu'il était à rêvasser. Une manœuvre audacieuse qui lui permet de s'organiser et de préparer sa stratégie, pendant que les autres se regardent en chiens de faïence, ignorant la vraie menace. Dès l'été 1552, il commence à lancer ses premières attaques, triomphant définitivement des différents mouvements rebelles au sein du clan en avril 1554.

1. ŌTA Gyūichi, *op. cit.*

2. En fait, il signe d'un simple et unique kanji, plutôt que de la série figurant son nom en entier. Ce que l'on peut traduire, maladroitement, par ces deux syllabes.

3. Entretien avec l'auteur le 22 mars 2024.

Génie de la guerre

Oda Nobunaga fait rapidement la preuve qu'il est à la fois un fin stratège et un chef militaire qui sait prendre des risques. En mai 1560, il fait campagne contre l'ennemi dont il a hérité : Imagawa Yoshimoto. Ce dernier dispose de terres et de forces autrement plus importantes que celles du petit clan Oda. Yoshimoto vise alors la capitale. Owari n'est qu'une étape sur sa route vers Kyoto. Il est à la tête d'une force de plusieurs dizaines de milliers d'hommes, probablement de l'ordre de 20 000 à 30 000. Nobunaga, lui, ne peut mobiliser que 2 500 combattants.

Alors que tout laisse à croire que cette campagne est perdue d'avance, Nobunaga laisse son ennemi remporter plusieurs succès et donne l'impression de se préparer à défendre plusieurs places fortes, vers lesquelles il envoie quelques centaines d'hommes en diversion. Finalement, il profite du fait que l'armée d'Imagawa Yoshimoto se repose dans les plaines d'Okehazama, réjouie mais fourbue de ses succès et de ses avancées, pour lancer contre toute attente et en opposition à l'avis de plusieurs de ses vassaux, un assaut frontal. « Écoutez-moi tous, aurait scandé Nobunaga devant ses maigres effectifs. Les combattants auxquels nous faisons face sont épuisés et fatigués. Ils ont consommé jusqu'à leurs derniers ravitaillements hier soir et ont été occupés toute la nuit à ramener des provisions. Mais vous, vous êtes frais. [...] Vous savez ce que dit le dicton ? Reculez quand ils attaquent, poursuivez quand ils se replient[1]. » Les Oda connaissent le terrain, qui se trouve sur leurs propres terres. L'endroit est vallonné, ce qui réduit le désavantage numérique. Ils atteignent rapidement le commandement adverse, qu'ils déciment. C'est

1. ŌTA Gyūichi, *op. cit.*

la débandade. Yoshimoto lui-même est tué alors qu'il tente de se replier.

Souvent, les historiens citent également la bataille de Nagashino, en 1575, comme étant particulièrement significative du génie militaire de Nobunaga. Son armée y aurait triomphé de celle de son ennemi, Takeda Katsuyori, grâce à l'emploi de plus de 3 000 arquebusiers. Il les fait alors tirer par salves successives, pour assurer un feu permanent, les uns tirant pendant que les autres rechargent. Un fléau pour la cavalerie. En réalité, à cette époque, les armes à feu sont déjà répandues, et Nobunaga en fait un large usage[1]… au même titre que la quasi-totalité des autres daimyos. La vraie difficulté pour eux étant en général d'être parvenu à développer une filière de production indépendante qui leur assure approvisionnement en armes, en pièces et en munitions. Mieux, après des siècles à relayer ce récit de la domination de Nobunaga grâce à l'emploi révolutionnaire des armes à feu, certains auteurs ont commencé à remettre en question ce récit, comme l'historien et philosophe Hirayama Yu, qui montre que les Takeda aussi employaient des arquebuses[2]. En réalité, les Oda et leurs alliés bénéficient surtout d'un colossal avantage numérique puisqu'ils sont deux à trois fois plus nombreux que les Takeda qu'ils assiègent.

Cette vision d'un Nobunaga génie militaire, capable de grandes victoires décisives, est le résultat de plusieurs siècles de commémoration de celui-ci comme l'un des fondateurs du Japon moderne. Son usage révolutionnaire des armes à feu est aujourd'hui enseigné dans les manuels scolaires des petits Japonais. Une vision des événements

1. VARLEY Paul, « Oda Nobunaga, Guns, and Early Modern Warfare in Japan », *in* BAXTER James et FOGEL Joshua, *Writing Histories in Japan: Texts and their Transformations from Ancient Times through the Meiji Era*, International Research Center for Japanese Studies, 2007.
2. YU Hirayama, *La Chute du clan Takeda*, Kadokawa Sensho, 2017.

d'autant plus populaire qu'elle a été portée sur les écrans du monde entier par le mythique *Kagemusha* d'Akira Kurosawa, Palme d'Or à Cannes en 1980, qui en fait une métaphore de l'affrontement entre le jeune, le réformateur Nobunaga, progressiste avec ses modernes armes à feu, contre les hommes à cheval, dépassés, de l'ancien monde des Takeda.

Il ne faut pas résumer Oda Nobunaga à un tacticien hors normes. Ce n'est pas tant sur le champ de bataille qu'il a changé le cours de l'Histoire. Il était d'abord un stratège : pendant trente ans, il est parvenu à déployer au bon moment et au bon endroit plusieurs armées dirigées par de talentueux généraux. Il a su négocier les bonnes alliances lorsqu'il le fallait et, surtout, faire douter ses ennemis aux instants les plus fatidiques. Ses guerres, c'est dans la tête de ses différents adversaires qu'il les a d'abord remportées.

Le missionnaire Luís Fróis, qui a pu s'entretenir officiellement avec Nobunaga en 1562 et en 1581, le décrit comme un homme aussi brillant que dur : « Il est grand, et de taille élancée, comme il sied à un soldat ; il proclame sa volonté de justice et de bien social. Très sensible au point d'honneur, secret dans ses plans, féru de stratégie militaire, mais ne recevant d'avis de personne, il est fort respecté. Il ne boit pas de vin et en offre rarement à autrui. Brusque dans ses manières, il n'a que mépris pour les autres aristocrates et les traite comme des laquais, avec cela obéi de tous et doué d'un bon jugement. Il se rit des "kami" (les dieux shintoïstes), de "Hotoke" (le Bouddha) et des autres superstitions païennes. Membre pour la forme de la secte Hokke (bouddhiste), il nie ouvertement l'existence d'un Créateur et l'éternité de l'âme. Il est direct, prudent en ses affaires, déteste attendre et subir de longs discours. Toujours suivi en grand apparat de deux mille cavaliers, il peut tout aussi bien converser avec le plus humble domestique. Il doit son pouvoir à son immense énergie[1]. »

La face sombre de Nobunaga

Oda Nobunaga était d'abord un homme rusé, capable de tromper ses ennemis, en jouant à l'idiot ou en leur tendant des pièges, anticipant leurs erreurs, comme à Okehazama. Une logique qui ne s'embarrasse pas de fausses pudeurs : pour parvenir à ses fins, il est prêt à aller loin. En 1558, alors qu'il commence à prendre définitivement l'ascendant dans les conflits de succession du clan Oda, il fait prévenir son petit frère, l'exemplaire Nobukatsu, qu'il est malade, peut-être mourant. Ce dernier accepte de se présenter à son chevet. Nobunaga le fait assassiner. Problème réglé.

La violence extrême est l'une des armes qu'Oda Nobunaga utilise avec le plus de récurrence. Elle est pour lui aussi efficace que la poudre noire. Elle doit lui permettre de s'assurer qu'il ne sera pas trahi, à une époque où les retournements, les changements d'allégeances et les rébellions sont monnaie courante. Il s'assure que chacun sache ce qu'il en coûte de s'opposer à lui. Les massacres et les exécutions de familles d'ennemis vaincus sont répandus dans le Japon de l'ère Sengoku. Mais Nobunaga pousse l'horreur toujours un cran plus loin, marquant les esprits de ses vassaux comme de ses concurrents.

Face aux moines guerriers du Mont Hiei, en 1571, il laisse le choix : se rallier à lui ou périr. Ils persistent. Les troupes Oda se montrent sans pitié : « Au pied des fontaines, hommes et femmes, jeunes et vieux, coururent,

1. Cité dans BESINEAU Jean, *Alexandre Valignano. Les jésuites au Japon, Relation missionnaire*, Desclée de Brouwer, 1990.

frappés de panique, témoigne Ōta Gyūichi. Les soldats avancent sur la montagne en poussant des cris de guerre. L'une après l'autre, ils coupèrent les têtes des moines et des laïcs, des enfants, des sages et des saints. Ils les présentèrent au seigneur Nobunaga en disant : "Voici tel abbé, tel érudit, tel prélat, tous hommes de grand renom." Ils capturèrent d'innombrables femmes et garçons magnifiques qu'ils conduisirent devant Nobunaga. "Nous nous moquons des moines malfaisants, crièrent-ils. Épargnez-nous !" Nobunaga refusa catégoriquement de les épargner. L'un après l'autre, ils eurent la tête tranchée. Une scène horrible à voir[1]. »

Même chose quelques années plus tard, en 1578, peu avant l'arrivée de Yasuke au Japon, dans la province de Hyogo : « Ils ont tué indistinctement les prêtres et les laïcs, hommes et femmes, qu'ils égorgeaient, jetant les corps. En un clin d'œil, ils ont incendié une multitude de salles de prières et de pagodes, de cloîtres et de couvents, de statues bouddhistes et de rouleaux de soutras. Ils n'ont rien épargné, réduisant tout en une fumée s'élevant vers les nuages[2]. »

En 1580, l'un de ses ennemis, Bessho Kosaburo, accepte de tuer son fils de 3 ans, sa femme et lui-même en échange de la vie de ses hommes. Nobunaga, magnanime, accepte. Il fait exposer les têtes dans sa ville d'Azuchi, où il a construit son château. Dans un autre style, il demande à rencontrer un moine itinérant dont tout le monde vante les talents. Il le met au défi, comme il le fit lors de sa rencontre avec Yasuke, pour voir s'il y a subterfuge. L'homme se révèle un charlatan, ne venant ni d'Inde ni de Chine, contrairement à ce qu'il prétendait. Il est exécuté peu après.

1. ŌTA Gyūichi, *op. cit.*
2. *Ibid.*

En réalité, les subalternes de Nobunaga n'y trouvent, eux, pas grand-chose à redire. Si l'ampleur des violences est régulièrement relevée, elle est systématiquement justifiée : soit par l'intérêt stratégique de terroriser le camp ennemi et ceux qui seraient tentés de le soutenir, soit par la justice rendue en punissant de mort ceux qui ont basculé dans le crime, qu'il s'agisse d'héberger un adversaire ou de se comporter de manière délictueuse – ceux qui sont du bon côté du katana ont tendance à garder leurs éventuels doutes pour eux. Dans le Japon de cette époque, la vie des individus, puissants comme gens du commun, n'a aucune valeur.

La postérité retient souvent que Nobunaga se faisait lui-même appeler le « Roi Démon ». Un raccourci hérité d'un échange épistolaire daté de 1572[1]. Takeda Shingen, fervent bouddhiste, déclare une guerre sainte contre Oda et signe son courrier de la formule *Tendai Zamon Shingen*, se positionnant ainsi en leader sacré de la secte Tendai. La même à laquelle Nobunaga fait face au mont Hiei. Par ironie et pour manifester son désintérêt de la religion, il signe sa réponse en tant que « Nobunaga, Roi Démon du Sixième Ciel[2] ». Une référence à ce que les grands maîtres spirituels de l'époque identifient comme le garant de l'obscurité, jouisseur de la vie, qui veut empêcher les hommes d'atteindre la pleine conscience et le nirvana.

---

1. TETSUYA Ohama, *Un homme appelé Nobunaga*, Nihon Bunkyou Shuppan, 2009.

2. Le sixième ciel, ou sixième royaume, ou sixième monde, fait référence au monde des hommes dans la théologie bouddhiste. Les cinq autres mondes sont ceux des dieux, des asuras (des titans en lutte avec les dieux), des esprits affamés en proie au désir, des esprits tourmentés dans les enfers, des animaux.

S'enticher de Yasuke, une lubie ?

Très rapidement en accumulant du pouvoir, Oda Nobunaga a cherché des moyens de l'afficher. Dépourvu de vraies racines dans les prestigieuses familles impériales, il doit faire autrement la démonstration de sa grandeur. C'est dans ce but qu'il fait construire, entre 1576 et 1579, le château-palais d'Azuchi, sur la rive du lac Biwa, à une quarantaine de kilomètres de Kyoto, où il continue de se rendre pour profiter de la culture et soigner ses relations avec la cour impériale ; et à mi-chemin de sa province natale, l'Owari. Il s'agit à la fois de son quartier général, dans lequel vont se prendre les principales décisions militaires et où réside sa garde personnelle, et d'un palace dans lequel s'organisent fêtes et cérémonies qui se veulent toutes plus mémorables les unes que les autres[1].

Lors de l'une de ses visites de la cité, le missionnaire Luís Fróis est invité à en faire tout le tour. Nobunaga veut le prendre à témoin. Le Portugais rapporte n'avoir jamais vu une telle magnificence au Japon, en Inde ou en Europe. « Sa force, sa richesse et sa grandeur pourraient bien être comparées avec les plus grandes constructions d'Europe, écrit-il. À l'intérieur des murs se trouvent tellement d'exquises et belles maisons, toutes décorées d'or, d'un goût si précis et exquis qu'elles atteignent l'acmé de l'élégance humaine. Au milieu se trouve une sorte de tour qu'ils appellent tenshu[2] et qui est évidemment d'apparence bien plus noble et splendide que nos tours. [...] Le château étant situé en hauteur et étant lui-même très élevé, il

1. NAITO Akira, « La gloire qu'était Azuchi », in *Kokka*, n°s 987 et 988, 1976.

2. Équivalent des donjons dans les châteaux européens, que l'on trouve dans de nombreux forts japonais. C'est la tour la plus élevée.

semble atteindre les nuages et peut être vu de fort loin[1]. » Nobunaga fait aussi réaliser des peintures des lieux, pour en immortaliser leur splendeur.

Après que Yasuke a intégré l'entourage de Nobunaga, il a probablement été invité à rejoindre Azuchi. Le seigneur Oda y faisait résider l'ensemble de sa garde rapprochée, de même que leurs familles, chargées de peupler et de faire vivre le lieu. À chaque nouvel an, il réunit sur place autant de ses vassaux qu'il le peut, exception faite des généraux qui sont bloqués dans des campagnes militaires, pour leur rappeler son immense gloire. En 1578, il invite à manger une partie d'entre eux, à qui il présente des pièces de décoration et des peintures. En 1582, la dernière fois qu'il peut s'adonner à ce rituel, Nobunaga leur fait gravir à tous une colline de la ville. Ōta Gyūichi raconte qu'ils « *forment une foule si imposante qu'elle fait trembler les bâtiments de pierre* ». Nobunaga perçoit de chacun, de sa propre main, une taxe et des cadeaux. Puis il s'applique à prendre le temps d'adresser quelques mots à tous, individuellement.

Cette opulence est de plus en plus marquée au fil des années. Nobunaga se met à collecter et à exhiber, partout, les symboles de sa nouvelle richesse. Pour le nouvel an de 1581, il se présente devant ses invités vêtu d'un « chapeau noir des barbares du sud et de brocart de Chine[2] ». Les Européens lui remettent régulièrement des présents. Ce goût pour l'exotisme est souvent présenté comme l'un des signes du caractère original de Nobunaga. C'est plus probablement la rareté de ces biens, européens comme chinois, qui l'attire.

En effet, Nobunaga apprécie avant tout les objets de cérémonie du thé prestigieux. Les grands généraux de cette

1. Cité dans COOPER Michael, *They came to Japan. An Anthology of European Reports of Japan, 1543-1640*, University of California Press, 1965.
2. ŌTA Gyūichi, *op. cit.*

époque en raffolent et tous jalousent les ustensiles les plus célèbres. Lorsqu'il s'agit de compléter sa collection de raretés, Nobunaga n'hésite pas à faire usage de son autorité pour imposer aux heureux détenteurs de les lui céder. En 1570, tout le monde court ainsi après Komatsushima, un célèbre pot à thé, et Kōjiguchi, un vase : « Nobunaga a fait savoir qu'il les voulait pour sa propre collection, rapporte Gyuichi. Les propriétaires, qui ne pouvaient pas désobéir à un ordre de Nobunaga, ont présenté les articles sans hésitation. Nobunaga a ordonné que leur soit donné or et argent en échange. » Bien aimable.

Dernière lubie destinée à témoigner de son influence, Nobunaga fait organiser très régulièrement des tournois de sumo. En 1578, dans l'un des plus grands événements de ce type, il fait venir 1 500 lutteurs à Azuchi et reçoit lui-même les vainqueurs des différentes catégories pour leur remettre des présents. Lorsqu'il accueille des invités de prestige, comme son principal allié, Tokugawa Ieyasu, il organise ce type de compétitions pour animer la rencontre.

Sur cette peinture datée de 1605, un homme noir affronte à la lutte un autre homme, sur le quatrième panneau. Certains imaginent qu'il pourrait s'agir d'une représentation d'une scène vécue par Yasuke (voir le détail page 58).

Certains se demandent d'ailleurs si Yasuke a pu combattre dans l'un de ces combats. Une thèse alimentée par une peinture réalisée en 1605, illustrant un affrontement entre plusieurs lutteurs dont un a la peau noire, en présence de personnages dont plusieurs pourraient correspondre à Oda Nobunaga. L'auteur, son message et son inspiration sont inconnus[1]. Aurait-il assisté ou entendu parler d'une telle scène ? Pas impossible. Mais il serait étonnant que les nombreuses archives sur ces compétitions, qui listent les combattants accédant au podium et leurs prix, ne l'aient pas mentionné. Surtout si Yasuke avait fait montre de performances conséquentes.

Sur la fin de son règne, Nobunaga organise également de régulières cavalcades. Des événements à mi-chemin entre le spectacle et la mise en scène de sa puissance militaire et politique, au cours desquels il fait chevaucher les éléments les plus importants de ses armées. La plus marquante a lieu en mars 1581 à Kyoto. Les missionnaires chrétiens Alessandro Valignano, Luís Fróis et Lourenço Mexia y assistent. Yasuke est donc très probablement à proximité. Akechi Mitsuhide, le futur traître[2], est chargé de l'organisation et, partout à travers les domaines contrôlés par les Oda, les guerriers sont invités à participer vêtus de leurs plus élégantes tenues. En plus de ses vassaux et de ses alliés, plusieurs membres de la cour impériale participent à cette représentation qui dure une journée complète. Fróis parle de 130 000 hommes défilant. Il en conclut : « En mettant en scène cette parade, Nobunaga entend que son nom et sa célébrité se répandent partout à travers le monde[3]. »

Au Japon, Oda Nobunaga est désormais un héros de culture populaire à part entière. Il inspire des feuilletons historiques diffusés par les plus grandes chaînes et

1. « Sumō yūrakuzu byōbu », musée de la ville de Sakai, 1605.
2. Voir chapitre 8.
3. LAMERS Jeroen, *op. cit.*

régulièrement mis à jour, ainsi que des dizaines de films, de romans ou de jeux vidéo. Depuis les années 1980, les gamers peuvent par exemple se plonger dans les péripéties de ce personnage à travers la série *Nobunaga's ambition*, éditée par Koei, géant du secteur[1]. Jeux qui décrivent de manière très précise toute l'histoire des belligérants de cette époque… Sans oublier Yasuke lui-même, qui apparaît dans les différents opus sous la forme d'un modeste capitaine parmi des milliers d'autres, sans avoir de vrai rôle. La créativité de la culture japonaise donne également une multitude d'objets plus curieux. En 2009, Mikage Kasuga écrit une nouvelle pour adolescents dans laquelle un lycéen – amateur du jeu Nobunaga's Ambition, justement – est projeté dans un passé parallèle… où Nobunaga est une jeune fille. Tous les deux tombent amoureux. C'est un carton : une trentaine de tomes sont publiés, puis transformés en manga et en animé à la télévision. C'est un petit peu comme si une bande dessinée racontait l'idylle entre un collégien français voyageant dans le temps avec une version féminine et adolescente de Napoléon. Ce type de mélange est répandu dans l'archipel ou un jeu Nintendo propose même une rencontre entre Nobunaga… et les Pokémon[2]. Dans la plupart des œuvres, il est tout de même décrit sous l'apparence de ce « Roi Démon », à la fois brillant et d'une exceptionnelle cruauté. Ce qui le rend d'autant plus fascinant. Les artistes qui se concentrent sur Yasuke et son émancipation ont cependant tendance à euphémiser le règne de violence de Nobunaga. Comme

1. Un jeu de niche dont les derniers opus ont tous franchi les 100 000 ventes, dont 150 000 pour *Nobunaga's Ambition : Awakening*, sorti en 2022.

2. Franchise de jeux lancée en 1996, destinée initialement aux enfants, dans laquelle le joueur capture et collectionne des centaines de créatures qu'il entraîne ensuite pour affronter d'autres dresseurs. Plusieurs dizaines de jeux ont été vendus à plusieurs centaines de millions d'exemplaires à travers le monde.

si libérer une vie qui peut nous paraître si symboliquement précieuse aujourd'hui justifiait les dizaines de milliers d'autres éradiquées dans les flammes et dans le sang par ce tyran.

San Eiketsu, les Trois Héros

Cette fin de XVIe siècle au Japon est marquée par les actions de trois personnages qui vont mettre fin aux guerres civiles et structurer le pays en tant que nation. Oda Nobunaga, le premier, voit son œuvre interrompue avant d'arriver au bout, trahi par l'un de ses principaux généraux, Akechi Mitsuhide. Ce sont Toyotomi Hideyoshi, l'un de ses plus grands lieutenants, puis Tokugawa Ieyasu, son allié le plus imposant, qui vont poursuivre et achever cet objectif. Ils sont appelés les « Trois Héros » au Japon et sont aussi connus qu'un Clovis, un Charlemagne ou un Napoléon en France. Sauf qu'ils ont combattu ensemble, à la même époque. S'il n'en existe aucun témoignage, il n'est pas totalement impossible que Yasuke les ait croisés à l'occasion d'entrevues entre eux et son maître. Reste que lorsque les plus grands personnages de cette époque se rencontraient, toujours très officiellement, nous pouvons nous demander s'ils n'avaient pas autre chose à faire que de comparer la couleur de peau de leurs subalternes, aussi exotiques soient-ils.

- **Toyotomi Hideyoshi, le « singe »**

Toyotomi Hideyoshi est né simple paysan, en Owari. Il n'existe que peu d'informations fiables sur sa vie avant qu'il ne grimpe dans la hiérarchie des armées d'Oda Nobunaga. Son père aurait été à la tête d'un groupe d'*ashigaru*, des paysans armés utilisés comme infanterie, ce qu'est Hideyoshi lui-même au début de sa carrière. Il se serait fait remarquer sur le champ de bataille lors de la bataille d'Okehazama, en 1560. Il gagne alors en responsabilités, jusqu'à être repéré par Nobunaga lui-même à la fin des années 1560. Le chef des Oda en fait un officier. Plusieurs sources datant de l'époque Edo, après que Tokugawa Ieyasu a pris le pouvoir, racontent que Hideyoshi fut le porteur de sandales de Nobunaga. Difficile de trancher : véritable témoignage historique de son ascension époustouflante… ou moyen de le dévaloriser ? La légende lui prête même de s'être attiré le respect de Nobunaga en ayant chauffé ses sandales sous son kimono. Aussi tenace soit cette histoire, il s'agit en réalité d'un conte zen recyclé sous différentes formes depuis le XIIe siècle.

Loin de ce folklore mémoriel, Oda Nobunaga nomme Toyotomi Hideyoshi daimyo d'une partie de la province d'Omi en 1573. Il se voit dès lors confier le commandement d'armées toujours plus grandes, jusqu'à prendre la tête de la campagne contre le clan Mōri, à l'ouest. Hideyoshi se révèle un fin manœuvrier et un terrible négociateur. Il vient à bout des forteresses de Miki en 1578, de Tottori en 1581 puis de Takamatsu en 1582. La seconde, en particulier, marque les esprits. Le siège, qui dure environ deux cents jours, affame la population. Les désespérés sont abattus à l'arquebuse par les hommes de Hideyoshi lorsqu'ils s'éloignent trop des murs. Après avoir mangé leurs chevaux et tout ce qu'ils purent trouver de comestible, il se raconte que certains allèrent jusqu'au cannibalisme. Lorsque enfin la ville est libérée, Hideyoshi fait distribuer d'immenses quantités de nourriture, causant de nombreuses morts par suralimentation. Au point que l'on puisse se demander s'il s'agissait d'une démarche délibérée…

Ses contemporains parlent de lui comme d'un personnage particulièrement rusé et calculateur. Il est également décrit comme ayant eu un physique ingrat et des mimiques qui lui ont valu d'être surnommé « petit singe » par Nobunaga. Plusieurs récits évoquent une polydactylie, une malformation causant la présence de deux pouces sur une main, ajoutant la difformité à la basse extraction. Là encore, il convient de se demander si ces légendes rapportées ultérieurement ne visent pas à enlaidir le personnage pour ternir son prestige.

À la suite de la mort d'Oda Nobunaga, c'est lui qui parvient le premier au contact des forces du traître Akechi Mitsuhide. Il fait alors mine de soutenir Oda Hidenobu, le fils aîné d'Oda Nobutada et donc le petit-fils de Nobunaga, plutôt que l'un des fils restants de son ancien maître. Il s'arroge ainsi le pouvoir, en tant que tuteur. En 1585, il subjugue le clan Chosokabe et lui reprend le contrôle de l'île de Shikoku. C'est à cette époque qu'il reçoit, de l'empereur lui-même, le nom de famille sous lequel il sera connu de l'histoire. Le symbole, probablement le plus extrême, de la capacité qu'ont eue des hommes pendant l'ère Sengoku à grimper les échelons de la hiérarchie sociale à la force des armes.

Si Nobunaga a conquis tout le centre du Japon et instauré une dynamique de cohésion et de contrôle centralisé des daimyos, c'est Toyotomi Hideyoshi qui a unifié le pays en tant que tel. Paradoxalement, c'est cet homme qui a su grimper grâce aux guerres les échelons sociaux qui met en place une structuration forte des classes au sein de la société. Il impose aux samouraïs de renoncer à leurs droits sur les terres. Les guerriers ne sont plus désormais qu'aux ordres de leurs supérieurs, pleinement intégrés à une hiérarchie verticale et stricte. Le lien avec la terre et avec le peuple est supprimé. Pour l'historien Pierre-François Souyri, c'est un passage important de la société japonaise médiévale à une société féodale[1]. C'est-à-dire à une société dans laquelle la structuration entre nobles et vassaux est presque immuable, cantonnant plus que jamais les paysans à la production.

Le parcours de Toyotomi Hideyoshi est pourtant sérieusement entaché par les invasions qu'il lance vers la Corée, dans le but d'aller attaquer la Chine, à partir de 1587. Les campagnes japonaises causent des massacres qui traumatisent durablement la péninsule. Les Coréens finissent, avec l'aide des Chinois, par reprendre l'ascendant et tuent à leur tour des dizaines de milliers de samouraïs, mal commandés et mal coordonnés. Hideyoshi s'isole de plus en plus, peinant à avoir un enfant qui puisse lui succéder. Lorsqu'il meurt de maladie en 1598, à l'âge de 61 ans, il laisse un unique héritier de 5 ans derrière lui.

1. SOUYRI Pierre-François, *op. cit.*

- **Tokugawa Ieyasu, le patient**

Tokugawa Ieyasu, le dernier des Trois Héros, commence son parcours en étant un ennemi des Oda. Le père de Nobunaga et celui de Ieyasu s'affrontent sur le champ de bataille, ce dernier étant vassal des Imagawa. Le jeune Tokugawa passe son enfance comme otage, d'abord des Oda, de ses 6 à ses 9 ans, puis des Imagawa, de ses 9 à ses 14 ans. Les premiers cherchent grâce à ce chantage sur la vie de l'héritier à dissuader son père de participer aux combats et les seconds à maintenir sa fidélité.

L'affrontement entre ces deux camps se solde, nous l'avons vu, par une victoire spectaculaire d'Oda Nobunaga à Okehazama en 1560, malgré une écrasante infériorité numérique. Tokugawa Ieyasu arrive trop tard et évite cette fameuse bataille. Conscient qu'elle est déjà perdue, il opte pour la négociation et offre de rallier l'ennemi. Oda Nobunaga lui accorde de garder le contrôle de ses terres, dans le Mikawa. Ieyasu restera tout au long de la vie de Nobunaga l'un de ses plus fidèles alliés. Certains y voient une preuve d'honneur et de loyauté, d'autres un calcul sur le long terme : cela lui permet de ne pas être pris entre deux fronts. Pour prouver son engagement, Tokugawa Ieyasu va jusqu'à faire exécuter son fils aîné Nobuyasu[1] et son épouse dame Tsukiyama, cette dernière étant accusée d'avoir comploté avec l'ennemi Takeda, en 1579.

À l'est, Ieyasu fait face à plusieurs des clans les plus puissants du pays, les Uesugi et les Takeda. C'est contre ces derniers qu'il va se battre, l'essentiel du temps, au cours des années 1570 et au début des années 1580. Il encaisse une terrible défaite à Mikatagahara, face au génie de la guerre, Takeda Shingen. Les troupes de Ieyasu, inférieures en nombre, sont décimées, malgré l'appui de Nobunaga. Coup de chance pour les deux alliés, Shingen meurt de maladie peu après. Son héritier, Takeda Katsuyori, est loin d'avoir le même talent de stratège et, surtout,

1. À noter également que Nobuyasu avait été marié dès 1563 avec une fille de Nobunaga, Oda Tokuhime. Sa relation avec sa belle-mère est exécrable, et c'est elle qui l'aurait dénoncée auprès de son père.

ne fait pas l'unanimité chez ses vassaux. Ieyasu et le fils Oda, Nobutada, vont ensuite enchaîner les victoires et grignoter progressivement les territoires des Takeda, jusqu'à anéantir ce clan. Tokugawa Ieyasu se ménage, encore, une porte de sortie en accueillant dans ses rangs quelques survivants de son ancien ennemi, qu'il pourra par la suite utiliser pour stabiliser ses nouvelles terres.

Après la mort de Nobunaga, Tokugawa Ieyasu est pris de court : il est alors en visite sur les terres de son suzerain, avec une garde extrêmement réduite. Il rallie en urgence son fief et cherche plutôt à sécuriser sa région en élargissant son territoire, laissant à Toyotomi Hideyoshi le rôle du vengeur. Là où Ieyasu fut soumis à Nobunaga, il se montre plus récalcitrant face au nouveau dirigeant… Sans pour autant rentrer dans un affrontement ouvert. Il reste patiemment dans l'ombre, s'arrangeant pour économiser ses propres ressources. Il parvient par exemple à éviter d'envoyer des troupes dans les sanglantes campagnes de Corée.

Lorsque Hideyoshi meurt, en 1598, Ieyasu mobilise une vaste coalition pour destituer son héritier. Il devient de fait le dirigeant du Japon, même s'il n'achèvera d'éradiquer l'opposition qu'en 1615, au cours de la bataille de Sekigahara, dernier affrontement majeur des guerres internes et plus grande bataille de l'histoire ayant opposé des samouraïs, avec plus de 150 000 hommes sur le champ de bataille[1].

Tokugawa Ieyasu met en place un régime politique fort. Il se fait nommer shogun par l'empereur en 1603 et déménage la capitale à Edo, la future Tokyo, sur ses terres. Il fait interdire le territoire aux étrangers, en dehors d'un unique comptoir commercial accordé aux Néerlandais. Il décède en 1616, à l'âge de 73 ans. Ses descendants se succèdent à la tête d'un shogunat Tokugawa qui permet à cette famille d'exercer un pouvoir absolu jusqu'en 1868.

Un poème, décliné en différentes versions au fil des siècles, illustre les caractères de ces trois personnages par la métaphore suivante[2] :

1. PELTIER Julien, *Sekigahara, la plus grande bataille de samouraïs*, Passés composés, 2020.
2. MATSUMURA Akira, *Daijirin*, troisième édition, Sanseido, 2006.

Si l'oiseau ne chante pas,
Oda Nobunaga dit : tuez-le.
Si l'oiseau ne chante pas,
Toyotomi Hideyoshi dit : faites-le chanter.
Si l'oiseau ne chante pas,
Tokugawa Ieyasu dit : attendons jusqu'à ce qu'il chante.

4

Le Japon : terre d'émancipation pour un esclave africain ?

« À la base, c'est un esclave. Il a quasiment été offert comme un cadeau. Malgré tout ce qu'il a vécu, il a pu reconstruire sa vie. C'est une preuve de résilience, de bravoure, de courage[1]. » Le cuisinier français Mory Sacko, inspiré par le parcours de Yasuke, a décidé de lui rendre hommage en fusionnant son nom au sien pour forger l'identité de son restaurant parisien, Mosuke. Comme lui, nombreux sont ceux à exprimer leur admiration d'un tel cheminement. Cet Africain, qui va devenir un samouraï, serait parti du plus bas niveau possible sur l'échelle sociale : l'esclavage. Avant d'arriver tout en haut. Une source d'inspiration pour une partie de la jeunesse française contemporaine, issue de l'immigration ou des territoires d'outre-mer. « Ce que je trouve intéressant, c'est que les jeunes Martiniquais ont une histoire commune d'esclavage avec l'Afrique, observe Saïdou Bernabe, cofondateur de l'école Parallel 14 qui forme aux métiers de l'animation sur cette île et qui a mené un projet sur le samouraï africain. Les noms des héros ne sont pas toujours connus. Sans être vraiment un héros, le grade de Yasuke en

1. Entretien avec l'auteur le 22 mai 2024.

fait un personnage glorieux, notre chevalier de Saint-George[1,2]. »

En réalité, personne ne connaît le statut exact de Yasuke lors de son arrivée au Japon avec le jésuite italien Alessandro Valignano. Dans les différents documents confirmant l'existence de l'Africain, les missionnaires le qualifient de « valet maure[3] » (Solier) ou de « cafre » (Solier, Fróis, Mexia). Les deux sources japonaises, Gyūichi Ōta et Ietada Matsudaira, parlent respectivement d'un « serviteur noir » et d'un « homme noir ». Dans son ouvrage sur l'esclavage en Asie, le chercheur Lúcio de Sousa note que le terme « Negro (noir) à Macao et au Japon signifiait esclave (en général), ou esclave (africain) à la peau foncée, tandis que Cafre (*Kaffir*), de l'arabe *kāfir*, désignait quelqu'un d'ingrat, d'infidèle, d'incroyant, de renégat, ou un non-musulman[4] ». Le terme cafre fait ainsi plus directement référence aux origines, réelles ou supposées, de la personne, un Africain noir de peau, de l'intérieur des terres, polythéiste, désigné par les Arabes comme incroyant. Les Portugais l'utilisent plus largement pour les populations noires, rares étant ceux faisant vraiment la différence entre les peuples. Il peut souvent s'agir d'un esclave, d'autant plus que les Portugais sont très demandeurs d'esclaves venus de la côte du Mozambique, qu'ils appellent cafres. Mais il peut aussi s'agir d'un esclave affranchi ou d'un aventurier africain recruté en Inde[5].

---

1. Référence à Joseph Bologne de Saint-George, surnommé « Chevalier de Saint-George », qui fut au XVIIIe siècle une figure noire de la cour de Louis XV, de Louis XVI puis de la Révolution.
2. Entretien avec l'auteur le 27 février 2024.
3. Une mention contradictoire : le terme maure est utilisé pour caractériser les populations du nord de l'Afrique et du monde arabe.
4. DE SOUSA Lúcio, *The Portuguese Slave Trade in Early Modern Japan*, Brill, 2019.
5. Voir chapitre 6.

Tout ce que l'on sait de Yasuke, c'est qu'il est arrivé de Goa avec Valignano. Se sont-ils rencontrés en Inde ou en Europe ? On ne le sait pas.

Entre ces hypothèses, esclave, affranchi ou mercenaire, rien ne permet de trancher. Mais il est intéressant que la majorité des créateurs et des curieux qui s'intéressent à Yasuke optent spontanément pour la première option, comme si elle s'imposait en raison de ses origines. Peut-être parce que notre époque adore les histoires d'ascenseur social, dans lesquelles quelqu'un progresse à la force de son talent et de sa persévérance jusqu'au sommet ? Une mythologie qui confirmerait la croyance qui veut que le mérite paie, importante dans nos cultures modernes. Un réflexe qui agace Floyd Webb, producteur américain de cinéma qui se passionne pour le personnage et veut réaliser un documentaire à son sujet : « Pourquoi imaginons-nous qu'il était un esclave ? Rien ne le prouve. Il n'y a qu'un Occidental pour imaginer qu'il était un esclave. Si c'était le cas, Nobunaga ne lui aurait accordé aucun intérêt. À cette époque, il y a autant d'esclaves blancs que d'esclaves noirs, mais personne ne l'a à l'esprit car nous regardons l'histoire à travers les yeux des Américains. Hollywood a fabriqué la manière dont on représentait les Noirs. Il faut décoloniser ce récit[1]. »

En matière d'esclavage aussi, le XVIe siècle est une période de transition. En Méditerranée, les razzias menées par les pirates nord-africains continuent d'entraîner la capture de milliers, voire de dizaines de milliers de marins européens réduits en esclavage. Mais le gros de l'économie de l'esclavage est en train de se déporter vers l'Atlantique : des populations africaines sont de plus en plus massivement ciblées et vendues dans des comptoirs qui se multiplient à partir de la

1. Entretien avec l'auteur le 11 mai 2024.

seconde moitié de ce siècle, tout le long de la côte et où les Européens les achètent en grand nombre pour servir de main-d'œuvre en Europe, en Amérique du Sud et, dans une moindre mesure, en Asie. Les historiens continuent de chercher à évaluer le nombre des victimes, estimé à près de 12 millions, rien que pour la traite transatlantique[1].

Les esclaves des Européens

Pour les grands empires européens, l'esclavage est un rouage central de leur développement au XVIe siècle. « La traite des esclaves fut dès le départ l'un des moteurs de la formation des empires atlantiques et, en retour, ces derniers jouèrent un rôle crucial dans le développement du système atlantique d'esclavage, écrit Cécile Vidal, historienne spécialisée sur l'impérialisme, l'esclavage et le colonialisme. Lorsque les Portugais se lancèrent dans leur expansion maritime au début du XVe siècle, l'esclavage constituait une institution essentielle dans la péninsule Ibérique, et plus généralement en Méditerranée. [...] Au fur et à mesure de leur progression de long des côtes africaines, les Portugais comprirent vite sur le terrain que les esclaves pouvaient constituer une marchandise désirable[2]. » Les Portugais n'explorent pas l'Afrique spécifiquement pour y capturer des hommes. Ils sont plutôt en quête de ressources précieuses, comme l'or et l'ivoire.

---

1. LOVEJOY Paul E., « The Impact of the Atlantic Slave Trade on Africa: A Review of the Literature », *The Journal of African History*, 1989.
2. VIDAL Cécile, « Des empires esclavagistes. Impérialisme, colonialisme et esclavage dans les mondes atlantiques, XVe-XVIIIe siècle », in *Les Mondes de l'esclavage. Une histoire comparée*, Le Seuil, « Points », 2021.

Mais ils trouvent dans la traite humaine un moyen de faire un profit comme un autre.

Cécile Vidal identifie une première « cargaison » significative d'esclaves africains au Portugal en 1441. Le développement de cette activité est tel que, dès 1482, le roi commence à financer des expéditions pour aller explorer l'Afrique et commencer à implanter des ports qui doivent servir à la fois de lieux de chargement des esclaves et de relais pour les navires marchands circulant le long du continent. « Les Portugais furent la première et, pendant cent cinquante ans, la seule nation européenne engagée dans la traite négrière atlantique, remarque Antonio de Almeida Mendes, historien spécialiste de l'Afrique lusophone à l'université de Nantes. Entre 1500 et 1640, 800 000 esclaves arrivèrent au Nouveau Monde[1]. » Malgré les tensions qui les opposent, Portugais et Espagnols coopèrent dans ce domaine. D'autant plus à partir de 1580 et ce que l'on appelle l'Union ibérique, qui voit s'unir les deux dynasties monarchiques, pendant un demi-siècle. Les grands circuits commencent à se mettre en place. À la fin du XVe siècle, des esclaves sont ramenés d'Amérique du Sud et des Antilles jusqu'en Europe. Dans l'autre sens, les navires transportent des Africains, d'abord vers le Vieux Continent puis, de plus en plus, pour travailler dans les nouvelles colonies de l'autre côté de l'océan. À l'époque de Yasuke, les Néerlandais, les Anglais et les Français commencent sérieusement à lorgner ces succès espagnols et portugais, et les puissances impériales européennes négocient entre elles les règles de cette nouvelle économie de l'esclavage. Quelques décennies plus tard, au milieu du XVIIe siècle, les empires européens font de l'agriculture

1. ALMEDIA MENDES (de) Antonio, « Les réseaux de la traite ibérique dans l'Atlantique nord (1440-1640) », in *Annales. Histoire, sciences sociales*, 63e année, 2008.

de plantation un pilier de leur croissance économique, notamment pour produire sucre et coton, en mobilisant des quantités phénoménales d'esclaves venus d'Afrique.

Lorsqu'ils commencent cette activité, les Portugais cherchent l'aval du pape pour négocier un privilège. Afin d'évincer les concurrents espagnols, ils veulent que Rome leur garantisse un accès réservé aux côtes africaines. En échange, ils se proposent de développer une dimension religieuse à leur activité : ils apporteront la parole de Dieu et faciliteront le travail d'évangélisation. Ils obtiennent ce monopole en 1455. Des débats théologiques se multiplient en Europe où le droit sur l'esclavage est directement lié à l'Église. L'idée générale s'impose que des peuples évangélisés ont le droit de refuser d'être asservis. Encore faut-il que les malheureux puissent le faire valoir. Certains religieux et intellectuels se questionnent par exemple sur les effets de leurs activités sur le reste du monde, y compris sur les populations concernées. Ils se demandent ce qui est juste et ce qui ne l'est pas, sur le plan moral comme spirituel. Comment s'assurer que l'esclave proposé à la vente respecte bien les règles et qu'il n'est pas victime d'abus, selon les normes de cette époque ? Qu'il n'est pas un converti, notamment. « Acheter des esclaves sur un marché africain était-il sûr moralement ou devait-on avoir des scrupules ? résume Charlotte de Castelnau-l'Estoile, spécialiste de l'histoire missionnaire et de l'histoire de l'esclavage. En jeu se trouvait la question de la responsabilité indirecte des Européens qui, avec leur demande continuelle, perturbaient les règles antérieures de l'esclavage légitime dans les nations africaines et provoquaient d'incessantes guerres intestines[1]. » Les marchands

1. CASTELNAU-L'ESTOILE (de) Charlotte, « Les Églises chrétiennes face à l'esclavage atlantique (XVe-XIXe siècle) », in *Les Mondes de l'esclavage, une histoire comparée*, *op. cit.*

d'esclaves européens se posent de leur côté peu de questions sur les hommes qu'on leur présente dans les différents comptoirs. Peu importe d'où ils viennent et sous quel prétexte ils ont été capturés. Tout ce qui compte, c'est qu'ils rapportent de l'argent. Beaucoup d'argent.

Chez les religieux, cette situation suscite un véritable dilemme. D'un côté, ils aspirent à convertir les populations des autres continents, dont les Africains. De l'autre, l'esclavage est pour eux aussi un moyen de développer une activité économique et de générer des ressources pour soutenir leurs activités. Au XVIe siècle, l'Église pousse à fournir aux Africains le nécessaire pour développer leur foi : des catéchismes et des grammaires sont édités dans leurs langues d'origine, les esclaves sont baptisés et instruits, des confréries dédiées sont mises en place et des figures sacrées sont même proposées, comme le franciscain Benoît le Maure[1], converti né en Sicile de parents esclaves, dont on vante les qualités. Au Brésil, Antonio Vieira, un jésuite, compare les souffrances des esclaves à celles du Christ. Les religieux fustigent les mauvais maîtres, qui ne prennent pas soin de leurs esclaves[2].

« L'Église, en tant qu'institution, était aussi propriétaire d'esclaves, remarque Charlotte de Castelnau-l'Estoile. Le droit à posséder des esclaves ne fut pas sans éveiller des cas de conscience. Dans l'ordre jésuite, la question se posa au XVIe siècle. Les fondateurs de l'ordre en Europe s'y opposèrent, mais les raisons pragmatiques venues des collèges d'outre-mer, telles que le manque de main-d'œuvre et la nécessité de financer la mission auprès des Amérindiens, l'emportèrent[3]. » C'est en particulier le cas

1. Né en 1526 en Sicile, il entre dans des ordres mendiants. Son parcours est marqué par des récits témoignant de sa sainteté, en lien avec la modestie de son profil. Il est béatifié en 1743.
2. CASTELNAU-L'ESTOILE (de) Charlotte, *op. cit.*
3. *Ibid.*

au Brésil où la mission jésuite s'appuie massivement sur l'esclavage, ainsi qu'en Angola où les chefs locaux paient des tributs en hommes.

Qu'en pense Alessandro Valignano, le maître de Yasuke ? C'est pour lui, comme pour beaucoup de ses contemporains, une chose naturelle : « Lorsque Valignano arriva à Goa pour la première fois, il a trouvé 48 esclaves dans le collège jésuite qui s'y trouvait, observe l'historien J. F. Moran. Il était concerné par le fait que personne ne doive rester injustement esclave, c'est-à-dire s'il n'y a pas de preuve satisfaisante que la personne soit esclave, mais il n'a pas été plus loin en déclarant que l'esclavage lui-même était injuste[1]. » Jamais il ne dénonce l'esclavage, même s'il présente la pratique comme un « cas de conscience », au même titre que l'usure, les exécutions ou la saisie de propriétés. Des actes regrettables, mais admis. Les jésuites de Goa s'étaient posé la question en 1575 de renoncer aux esclaves et aux serviteurs, avant d'estimer qu'ils ne pourraient pas poursuivre leur activité sans eux. Ils sont donc restés sur la ligne de garder cette main-d'œuvre « absolument nécessaire » en s'engageant à « les traiter correctement ».

En arrivant en Asie, les Portugais amènent avec eux leur pratique de l'esclavage. Leurs navires sont peuplés d'esclaves ou d'affranchis employés comme main-d'œuvre, venant entre autres d'Afrique. On se met ainsi à croiser des Africains dans les différents comptoirs européens en Inde ainsi qu'à Malacca, en Malaisie, qui fut dès 1511 une importante plaque tournante du commerce portugais.

---

1. MORAN J. F., *The Japanese and the Jesuits. Alessandro Valignano in Sixteenth Century Japan*, Routledge, 1993.

Les origines de Yasuke

Mais alors, d'où peut venir Yasuke ? Les Européens ont tendance à regrouper les populations africaines en grands groupes homogènes : Guinée, Congo, Mozambique… Lorsqu'ils ne se contentent pas des mots « cafre » ou « maure », comme nous l'avons dit, souvent utilisés comme simples synonymes, selon les pays et le niveau de connaissance de l'Afrique de la personne qui s'exprime. Nous l'avons vu, le missionnaire François Solier nous dit que le samouraï africain était « natif du Mozambique et de ceux qu'on nomme proprement cafres, habitants vers le cap de Bonne-Espérance ». Entre la capitale de l'actuel Mozambique et le cap de Bonne-Espérance, il y a tout de même 2 000 kilomètres. Cette pointe australe du continent a été un important comptoir néerlandais où étaient notamment exploités des esclaves venus d'Asie. Mais il ne se développe sérieusement qu'à partir du milieu du XVIIe siècle. De plus, le cap de Bonne-Espérance n'a jamais été géographiquement pensé comme appartenant à ce que les Européens appellent alors le Mozambique. Les peuples qui habitent cette région australe sont d'ailleurs très différents, dans leurs pratiques culturelles, sociales et linguistiques, de ceux que l'on trouve plus au nord sur la côte orientale du continent[1].

Le premier comptoir fortifié est installé par les Portugais sur l'île d'Arguin, en 1461, au large de la Mauritanie. Un an plus tard, ils colonisent l'archipel du Cap-Vert, qui va être à la fois un lieu d'exploitation et de transit. À la fin du XVe siècle, ils commencent à acheter massivement des

1. Les premiers anthropologues appellent les populations du cap de Bonne-Espérance les Khoïkhoï. Leur langue à clics étonne les Européens, qui les méprisent également pour leur nomadisme, associé à une forme inférieure de développement.

esclaves à l'embouchure du fleuve Congo. Ils colonisent ensuite l'Angola à partir du milieu des années 1570, faisant de Luanda au cours du XVIIe siècle l'un des plus importants comptoirs d'exportation d'esclaves vers l'Europe et les Amériques.

De l'autre côté du continent, la côte Swahili, qui s'étend de la corne de l'Afrique jusqu'au nord de l'actuel Mozambique, dans le Cabo Delgado, est déjà une terre d'esclavage. Les peuples de cette région forment régulièrement des caravanes qui vont capturer des êtres humains à l'intérieur des terres, pour les revendre sur la côte, principalement à des marchands arabes, qui les emportent ensuite vers le Moyen-Orient et l'Asie. Swahilis et Arabes s'approvisionnent également massivement dans les Comores et à Madagascar. Au XVIe siècle, les Portugais sont aussi clients, mais consacrent encore l'essentiel de leur activité dans cette région à l'achat d'autres matières premières, considérées comme plus rentables[1].

Du Cabo Delgado jusqu'au sud du continent, se trouve ce que les Portugais appelaient alors le Mozambique. Eux-mêmes s'installent dans le canal du Mozambique et en particulier sur une petite île du même nom où ils construisent le fort de São Sebastião au cours du XVIe siècle. Il deviendra un point d'étape pour les navires portugais mais aussi une base pour les jésuites. Les trafiquants d'esclaves partent chasser les populations tout le long du fleuve Zambèze et autour des grands lacs Malawi et Victoria. Des territoires qui couvrent aujourd'hui une multitude de pays : Mozambique, mais aussi Tanzanie, Malawi, Zambie, Burundi, Rwanda, République Démocratique du Congo, Zanzibar, Kenya et extrême nord de l'Afrique du Sud… À cette époque, il n'est pas rare

1. VERNET Thomas, « Slave trade and slavery on the Swahili coat (1500-1750), in *Slavery, Islam and Diaspora*, Africa World Press, 2009.

que des vendeurs d'esclaves, arabes, swahilis, comoriens, reviennent de leurs tristes récoltes accompagnés de captifs par milliers. Alessandro Valignano, s'il a acheté Yasuke, peut l'avoir fait aussi bien en Europe qu'à Goa, en Inde, où terminaient une partie de ces malheureux. Et celui-ci peut être né dans une très grande variété de zones géographiques et de cultures.

À cette époque, les esclaves occupent des rôles très variés dans la société, que ce soit par les fonctions qu'ils remplissent ou par les niveaux de vie qu'ils ont. Certains esclaves, lorsqu'ils vivent dans des foyers où ils sont correctement traités, peuvent avoir un accès à l'alimentation et à la santé plus aisé que certains hommes libres. S'il a été esclave, Yasuke peut aussi ne plus l'avoir été au moment où il commence à servir Alessandro Valignano. Libérer des esclaves, parce qu'ils ont bien travaillé par exemple, est considéré comme une action pieuse et civique. « L'émancipation était considérée comme un acte de piété et les esclaves pouvaient également être rachetés, ce qui explique la nécessité d'un flux continu d'esclaves », relève l'historien Thomas Vernet[1].

Des esclaves peuvent racheter ou se voir offrir leur liberté. En Inde, où l'on trouve de nombreux affranchis africains, beaucoup s'orientent vers des activités dans la continuité de leur ancien statut. Ils peuvent même simplement continuer de servir leurs anciens maîtres, en échange d'une maigre solde. « L'enjeu n'est pas nécessairement de meilleures “conditions de vie”, mais la liberté de se marier, de fonder un lignage qui n'appartiendra pas au maître, de participer à tous les rituels de la société, etc., observe Thomas Vernet. En bref, d'être pleinement intégré dans la société et non de rester un étranger. Mais nous sommes aussi dans des sociétés où

1. *Ibid.*

la dépendance, sous une forme ou sous une autre, est omniprésente : la “liberté” n’est pas très répandue, il y a des vassaux, des clients, des serfs, des “forçats”, etc. Finalement peu de gens sont totalement libres. La recherche de la “liberté” n’est pas nécessairement une fin en soi[1]. » Les affranchis peuvent aussi opter pour d’autres voies, comme celle du mercenariat ou de la piraterie[2]. Les esclaves utilisés à la guerre pouvaient d’ailleurs gagner leur liberté au combat, selon la pratique des Portugais[3]. Faute de moyens, ils ne pouvaient cependant que rarement espérer rentrer dans les territoires d’où ils avaient été arrachés, pour peu qu’ils parviennent à identifier des voies logistiques pour aller jusque-là.

Esclaves japonais

Au Japon, l’épanouissement de la ville portuaire de Nagazaki, accordée aux jésuites, entraîne une accélération et une augmentation des flux commerciaux vers Macao. Parmi les échanges d’objets artisanaux, de tissus chinois, d’armes, c’est aussi le développement d’une structuration du négoce d’êtres humains. « Pour la première fois dans les relations entre Portugais et Japonais, il y a une base géographique qui permet la création d’un commerce organisé d’esclaves, attirant des commerçants de tout Kyūshū », observe Lúcio de Sousa[4]. Les travaux de ce dernier montrent que les marchands d’esclaves japonais kidnappent des gens, ou attirent des désespérés par des promesses d’activités, pour leur ôter leur liberté. Ils les revendent ensuite aux Européens. Ce sont parfois des proches

1. Entretien avec l’auteur le 8 juin 2024.
2. Voir chapitre 6.
3. DE SOUSA Lúcio, *op. cit.*
4. *Ibid.*

parents, dans une situation économique catastrophique, qui vendent eux-mêmes leurs enfants. L'île étant encore largement secouée par les affrontements entre ses daimyos, une partie des malheureux sont des prisonniers ou des déplacés de guerre. Ce qui tombe bien : en droit chrétien et européen, les vaincus des conflits sont des esclaves légitimes. « Les Européens ont trouvé dans les ports de Kyūshū des approvisionnements en esclaves à des tarifs avantageux, écrit J. F. Moran. Les esclaves étaient parfois des Coréens, des Chinois et autres, kidnappés par des pirates ou des bandits, mais le plus souvent des enfants ou des femmes dont on ne voulait pas, vendus par des familles démunies. Il y avait aussi ceux qui faisaient partie du butin de guerre, généralement des femmes et des enfants, les hommes ayant été tués[1]. »

L'essentiel des acheteurs est portugais. Mais de Sousa a également repéré quelques marchands d'origine espagnole, italienne, anglaise et néerlandaise. De même qu'au moins deux Asiatiques, l'un du Siam et l'autre du Cambodge. Au moment où Yasuke débarque au Japon, ce commerce est en pleine explosion, selon les données retrouvées par Lúcio de Sousa : « Le nombre annuel d'esclaves transportés dans les navires officiels jusque dans les années 1580 varie entre 200 et 450, mais ce nombre va dépasser les 1 000 après 1580, du fait de la multiplication des plus gros navires[2]. » Ce volume se maintient tout au long des années 1590. Plus surprenant, une partie des acheteurs de ces esclaves japonais sont… des esclaves étrangers, friands d'acheter des femmes qu'ils emportaient avec eux au moment de quitter l'archipel[3]. À l'inverse, les Japonais qui vendent ces esclaves, ainsi

1. MORAN J. F., *op. cit.*
2. DE SOUSA Lúcio, *op. cit.*
3. Voir chapitre 10.

que des captifs chinois et coréens, sont intéressés par l'acquisition d'Africains.

Des dirigeants japonais, comme Oda Nobunaga, n'ont donc probablement rien trouvé d'anormal à ce que les jésuites puissent avoir des esclaves. Des situations comparables existaient et étaient acceptées au Japon, même s'il n'y avait pas une institutionnalisation de l'esclavage comme dans les mondes chrétiens et islamiques. Pour les dirigeants japonais, le vrai tabou est que des Japonais puissent être réduits en esclavage par des étrangers. Et c'est ce point qui va mettre le feu aux poudres. Toyotomi Hideyoshi, le successeur d'Oda Nobunaga qui va le premier interdire les activités des missionnaires chrétiens[1], les accuse justement d'être impliqués dans un trafic d'esclaves japonais.

Gaspar Coelho, missionnaire présent au Japon depuis 1570 désigné comme responsable de la mission en 1581, a tenté d'expliquer à Hideyoshi que les jésuites condamnaient le commerce d'esclaves japonais par les Portugais et que c'était le rôle de ce seigneur de le faire interdire[2]. Sans succès. Soit que le daimyo considérât qu'il n'y avait pas de différence entre les missionnaires et les marchands, ou qu'il cherchât tout simplement un prétexte pour se débarrasser des chrétiens, de plus en plus envahissants. Cette défense du jésuite est d'autant plus fragile que Valignano lui-même a eu au moins deux esclaves japonais à son service[3].

L'historien J. F. Moran pondère tout de même ce relativisme : « Il y avait de l'esclavage au Japon avant l'arrivée et après le départ des Portugais, bien que jamais à une échelle comparable à l'esclavage dans les colonies

1. Voir chapitre 5.
2. MORAN J. F., *op. cit.*
3. DE SOUSA Lúcio, *op. cit.*

européennes ou dans le monde musulman[1]. » Les jésuites, de leur côté, portent un regard critique sur l'esclavage au Japon. Ce qu'ils acceptent globalement concernant l'Afrique n'est pas perçu de la même façon dans l'archipel. Pourquoi ? Parce qu'ils ont l'impression que les Japonais sont extrêmement proches des Européens et qu'ils pourraient parvenir à faire de ce territoire une terre chrétienne. C'est en tout cas l'objectif qu'ils se sont fixé en arrivant.

1. MORAN J. F., *op. cit.*

5

Bons ou méchants jésuites

C'est donc aux côtés d'un jésuite que Yasuke arrive au Japon en 1579 : Alessandro Valignano. Il s'agit d'un personnage aussi important qu'influent. Alors âgé de 40 ans, il est issu d'une famille aux réseaux étendus, au sein du royaume de Naples. « C'est un homme habitué à l'autorité, aussi bien religieuse que séculaire », note l'historien J. F. Moran[1]. C'est aussi un bourreau de travail. Il obtient son doctorat en droit à l'âge de 19 ans, avant de rejoindre la Compagnie de Jésus à 27. Ordonné prêtre à 31 ans, il demande à aller servir aux Indes, comme missionnaire. Malgré son jeune âge, il est nommé père visiteur par son ordre trois ans plus tard. Il s'agit d'un poste important et prestigieux, qui lui donne une forte assise sur l'ensemble des missionnaires d'Asie, dont il va contrôler (visiter) l'ensemble des activités. Il proteste, estimant qu'il est trop tôt. Ses supérieurs insistent : ils voient en lui un grand potentiel. Son objectif est clair : évaluer, mais surtout accélérer le travail d'évangélisation dans cette région.

Mais que sont, à l'époque, ces missionnaires qui se lancent à la conquête des âmes japonaises ? La Compagnie de Jésus est une congrégation catholique récente. Elle a

1. MORAN J. F., *op. cit.*

été reconnue par le pape en 1540. Ses membres, exclusivement masculins, qui se considèrent comme des compagnons de Jésus, sont couramment appelés les jésuites. Ils formulent trois vœux, comme les autres membres du clergé : pauvreté, chasteté et obéissance à la hiérarchie de l'Église. Mais lorsqu'ils atteignent un certain niveau de connaissances philosophiques et théologiques, lorsque leur expérience est reconnue par leurs pairs, ils formulent alors un quatrième vœu : l'obéissance spéciale au pape, qui vise à renforcer d'autant plus leur engagement direct auprès du souverain pontife, dont ils sont censés être une sorte d'avant-garde pour aller en mission, partout à travers le monde. Et convertir massivement les peuples qui n'ont pas encore reçu l'enseignement du Christ. Cet ordre se veut particulièrement modeste : il vit avec les populations, ne porte pas d'habit spécifique et ne cherche pas à gravir les échelons pour arriver au sommet. Rares sont ceux à accéder aux plus hauts rangs de l'Église catholique et au pouvoir, à Rome.

L'homme que Yasuke accompagne au Japon est donc extrêmement puissant. Il n'y a au-dessus de lui que le père supérieur général de la Compagnie de Jésus, le pape… et Dieu. Vu le temps qu'il faut pour que les correspondances fassent l'aller-retour entre Rome et l'Asie, Valignano est de fait parfaitement autonome et indépendant. Il est respecté par l'ensemble des religieux présents en Asie mais, plus largement, par les réseaux diplomatiques et marchands qui traversent ces océans. Les jésuites s'appuient, notamment, sur les Portugais, qui disposent de nombreux ports d'attache dans la région, dont Goa en Inde, où est basé le quartier général des jésuites en Asie, Malacca dans l'actuelle Malaisie et Macao en Chine qui sont devenus d'importants nœuds logistiques et économiques, et qui font que l'on compare leur influence commerciale aux autres empires européens, sans qu'ils aient encore développé une véritable assise territoriale[1].

La doctrine de Valignano est claire : les missionnaires doivent s'imprégner de la culture locale pour être en mesure de convaincre les populations d'écouter... et de croire. « Pour promouvoir la Chrétienté, en même temps qu'il cherchait le soutien des classes dirigeantes, une part importante de sa stratégie était d'avoir des missionnaires qui s'adaptent aux habitudes, à l'étiquette et à la culture japonaises, résume J. F. Moran. Il insistait sur la nécessité qu'ils maîtrisent la langue japonaise, il a apporté au Japon une presse à imprimer, qui a servi à éditer des dictionnaires et des grammaires japonaises pour les missionnaires, et des ouvrages d'instruction et de dévotion pour les chrétiens japonais[2]. » Notons que lui-même ne parlait pas le japonais.

Le visiteur a une philosophie et une approche atypiques, au sein des rangs jésuites. Le premier aspect sur lequel il se montre assez original est une relative douceur. S'il prône le courage, il estime que les dirigeants de la Compagnie « doivent gouverner avec l'amour, plutôt qu'avec la sévérité[3] ». Il se montre critique envers l'austérité et la dureté qui font la réputation des jésuites. Plus qu'une empathie un peu anachronique à laquelle nous pourrions penser aujourd'hui, il s'agit probablement de gagner en efficacité. Valignano manifeste dans ses écrits peu d'intérêt pour le bien-être des plus fragiles, tels les paysans japonais, dont il décrit l'immense pauvreté avec une réelle distance, sinon avec un certain mépris. De la même manière qu'il se montre critique envers l'esclavage chez les Japonais... tout en ayant lui-même deux de ces

1. DISNEY Anthony R., *A History of Portugal and the Portuguese Empire : From Beginnings to 1807*, Cambridge University Press, 2009.
2. MORAN J. F., *op. cit.*
3. *Ibid.*

esclaves japonais à son service[1], comme nous l'avons vu dans le chapitre précédent.

Son approche ne plaît pas à tout le monde. Il passe pour trop audacieux, trop ambitieux, en particulier dans la manière dont il va au contact des dirigeants locaux qu'il couvre de présents pour les séduire et les impressionner. « Tant que le Père Visiteur sera au Japon et qu'il y sera supérieur, je ne vois pas de possibilités de mettre fin aux dépenses luxueuses, regrette, sur le ton de la remontrance, le jésuite portugais Francisco Cabral dans un courrier. Dieu lui a donné un courage si grand et magnifique, et une compréhension si élevée, qu'il semble toujours engagé dans l'élaboration et la planification de formidables projets, qu'il semble toujours occupé à concevoir et à planifier des projets extraordinaires. […] C'est là un grand avantage, qui lui permet de rester constant face aux difficultés dans l'adversité. Ses qualités seraient excellentes chez un grand capitaine ou un prince. Mais chez un religieux, elles doivent être accompagnées de l'esprit de pauvreté et d'humilité religieuse[2]. » Le tempérament de Valignano inquiète et bouscule ses subalternes, qui hésitent à quitter leur zone de confort et leurs habitudes. Il peut être tentant d'y voir une certaine similitude de caractère avec l'« idiot d'Owari », ce jeune Nobunaga impétueux dont la capacité à voir loin suscita tant de méfiances sur ses terres, vingt-cinq ans plus tôt.

1. DE SOUSA Lúcio, *op. cit.*
2. Cité dans MORAN J. F., *op. cit.*

À la conquête des âmes japonaises

L'administration jésuite retient que le premier converti fut un homme du nom d'Anjirō, originaire de Kyūshū[1]. Il se retrouve en cavale après avoir commis un meurtre et échappe à la justice du clan Satsuma en embarquant sur les navires de commerce qui sillonnent la région. Il rencontre le missionnaire navarrais François Xavier à Goa. Ce dernier le baptise sous le nom de Paulo de Santa Fé. Anjirō explique au religieux qu'il vient d'une terre où les gens prient Dainichi, un dieu à trois têtes dont il est convaincu qu'il est une manifestation correspondante à la Trinité chrétienne dont lui parle le jésuite. Il convainc François Xavier de se rendre au Japon et le guide dans ses premiers pas dans l'archipel, faisant office d'interprète. Cette première équipée mobilise trois jésuites et leurs compagnons, deux Japonais et un Chinois convertis. Il faudra un petit peu de temps pour que les missionnaires finissent par comprendre qu'il n'y a pas le moindre lien entre leur Dieu et le Dainichi des bouddhistes de la secte shingon. C'est sur ce malentendu que commence la première mission de christianisation, en 1549. Les compagnons de Jésus n'en sont alors qu'à leurs débuts : « Lorsqu'ils arrivent au Japon, ils n'existent que depuis une dizaine d'années, observe l'historienne Hélène Vu Thanh. Ils sont nés explicitement pour l'évangélisation. Ils se déploient à la fois vers l'Amérique et vers l'Asie : ils arrivent en même temps au Brésil et au Japon[2]. »

Les premiers succès sont enregistrés sur l'île de Kyūshū, avec la conversion d'Ōmura Sumitada, daimyo de la province de Hizen, en 1563. Il encourage ses vassaux à

1. SOLIER François, *op. cit.*
2. Entretien avec l'auteur le 9 avril 2024.

l'imiter et fait raser plusieurs temples et monuments bouddhistes et shintoïstes. Dans un écrit de Luís Fróis, il est intéressant de noter qu'Ōmura reproche à ses anciennes divinités de ne pas l'avoir suffisamment soutenu à la guerre. Pour ce seigneur, Dieu ne serait ainsi qu'une nouvelle foi potentiellement plus efficiente dans l'achèvement de ses objectifs. C'est lui qui fait un geste clef dans l'implantation des jésuites dans l'archipel : il leur offre les terres qui donneront naissance au futur port de Nagasaki, qui deviendra un centre logistique crucial du commerce des Portugais et des autres Européens. Pour Ōmura, le christianisme est une très bonne affaire : il bénéficie de taxes sur l'ensemble des livraisons qui entrent sur le territoire, du tabac aux vêtements en passant par les armes à feu. D'autres suivent son exemple sur Kyūshū, tels Arima Yoshisada, dont le clan comporte de nombreux navigateurs, ou encore Ōtomo Sōrin, dans la province de Bungo.

Dans un second temps, les jésuites parviennent à convaincre d'autres dirigeants locaux sur la grande île de Honshū. La plus précieuse de ces conversions est probablement Takayama Ukon. En 1579, il est le daimyo de la province du Yamato, dans laquelle se trouve l'ancienne capitale impériale de Nara[1], et un important vassal d'Oda Nobunaga. Il s'est converti dès 1564, à l'imitation de son père, alors qu'il n'a que 12 ans, prenant le nom de baptême de Justo. Sous son règne, plusieurs temples bouddhistes sont détruits et la population est encouragée à embrasser sa foi. Lorsque les successeurs de Nobunaga interdisent la religion chrétienne, il est l'un des rares à ne pas y renoncer. Il finira par fuir son propre pays et terminera sa vie à Manille, devenant l'unique daimyo

1. Nara fut brièvement la première capitale du Japon, entre 710 et 784.

exhumé à l'étranger. La preuve, probablement, d'une foi réellement ancrée au plus profond de son âme. Rome finira par le béatifier en 2017.

Les missionnaires ressentent une certaine proximité avec les Japonais, malgré de vraies incompréhensions culturelles. « Leur perception du peuple japonais est fondée sur leur perception des autres peuples asiatiques, notamment en Inde, explique Hélène Vu Thanh. Ils considèrent les Japonais comme des Blancs. Ce sont pour eux des sociétés organisées où il y a une capacité à recevoir le christianisme. Ils envisagent même que des Japonais puissent devenir prêtres, voire, à terme, évêques[1]. »

Luís Fróis décrit effectivement dans son *Traité sur les contradictions et différences de mœurs*[2] « des gens d'une grande police, vivacité d'esprit et sagesse naturelle ». Il note tout de même une infinité de différences dans les comportements, dont beaucoup sont à prendre en compte dans notre tentative d'appréhender le parcours de Yasuke : « Nous trouvons discourtois que le serviteur ne se tienne pas debout quand le maître est assis, écrit le missionnaire. Chez eux, il est incorrect de ne pas faire asseoir le serviteur. [...] Chez nous, ce sont les pages qui dressent la table ; au Japon, les nobles préparent souvent la leur avant de manger. [...] Au Japon, les hommes et même les gentilshommes mettent un point d'honneur à faire la cuisine. [...] Chez nous, ce serait une honte pour un gentilhomme que de balayer sa chambre ; les seigneurs du Japon le font très volontiers et s'en trouvent fort aises. [...] Chez nous, il n'est pas d'usage d'inviter les serviteurs avec leurs seigneurs et maîtresses ; au Japon, on le fait souvent, certaines fois par obligation et d'autres non. [...] En

1. Entretien avec l'auteur le 9 avril 2024.
2. FRÓIS Luís, *Européens et Japonais. Traité sur les contradictions et différences de mœurs*, Chandelier, 2012.

Europe, les serviteurs ne vêtent pas les habits de leurs maîtres quand ils les accompagnent ; les *tòno* du Japon prêtent leurs vêtements et leurs katanas dorés à leurs serviteurs pour montrer leur *yxei* [apparat, puissance][1]. » Autant d'appels à la prudence dans notre tendance à interpréter les pratiques de l'autre selon nos propres usages, contemporains.

Certaines de ces différences d'appréhension de l'univers sont importantes à saisir pour les missionnaires, en particulier lorsqu'il est question de foi : « Nous considérons comme renégat et apostat celui qui renie sa croyance ; au Japon, il n'est nullement infamant de changer de secte autant de fois qu'on le veut. » Autrement dit, un Japonais peut assez facilement adhérer à la parole de Dieu. Mais il risque aussi de s'en éloigner aussi rapidement, voire de l'associer sans difficulté à des prières de bouddhas et autres *kami*. Pour s'assurer d'éviter les malentendus, les jésuites se font systématiquement accompagner de frères japonais et de catéchistes issus de la première génération de convertis, qui les aident à comprendre et se faire comprendre. Il s'agit d'un dialogue permanent : comment traduire les concepts du christianisme dans la langue locale, sans en dénaturer l'essence sacrée ? Les missionnaires qui restent longtemps finissent par parler la langue. Pendant son séjour, Valignano se fait notamment aider en cela par l'Italien Organtino Gnecchi-Soldo, arrivé sur place en 1570, qui accompagnera Yasuke à la première rencontre avec Nobunaga, ainsi que par Luís Fróis qui fait office

1. Une petite dernière, en bonus, qui reste totalement d'actualité et qui, si elle ne concerne probablement pas Yasuke, a toujours été clef pour l'auteur de ce livre : « Chez nous, chacun ne boit davantage que ce qu'il lui plaît, sans émulation particulière ; au Japon, ils s'importunent tant qu'ils font vomir les uns et saoulent les autres. » Santé ! 乾杯, *kanpai* !

d'interprète lors du premier tête-à-tête entre Valignano et Nobunaga.

L'idée des jésuites est de travailler sur les convictions des dirigeants. Tant pis s'ils sont un petit peu insincères et qu'ils ont surtout comme arrière-pensées que Dieu soutiendra leurs ambitions ou que de bonnes relations avec les chrétiens sont une garantie de profiter du commerce avec les Européens. Ce qui compte, c'est qu'ils ouvrent leurs territoires à des séminaires et des églises dans lesquels peut commencer un travail d'éducation des masses. « Le bon grain de la semence évangélique fructifiait à l'ombre de ces grands seigneurs, quoique païens », résume Solier, pragmatique[1]. Dans leurs écrits, les religieux se montrent plutôt satisfaits de leurs progrès. En 1579, probablement le pic d'influence de la mission dans l'archipel, on estime à 130 000[2] le nombre de croyants japonais, dont 20 000 dans la capitale, Kyoto. C'est à la fois beaucoup et finalement peu, au regard d'une population générale estimée à 12 millions d'âmes (1 %)[3].

En quoi croyaient les Japonais

La religion, au Japon, n'était pas centralisée. Elle ne l'est d'ailleurs toujours pas aujourd'hui. La forme de spiritualité la plus ancienne est le shintoïsme, littéralement « la voie du divin ». Sans pouvoir en dater les origines, les historiens associent cette croyance et la diversité des rituels associés à la très longue période antique Jōmon (13 000 - 400 avant notre ère). Il s'agit d'une forme d'animisme : les populations vivent avec

1. SOLIER François, *op. cit.*

2. WALKER Brett L., « Foreign Affairs and Frontiers in Early Modern Japan : a Historiographical Essay », in *Early Modern Japan : An Interdisciplinary Journal*, vol. 10, 2002.

3. NINOMIYA Hiroyuki, *Le Japon pré-moderne*, CNRS Éditions, 2017.

des *kami*, aussi bien des esprits que des divinités, que l'on trouve partout dans la nature. Des cérémonies et des objets sacrés permettent d'en matérialiser la présence et, selon les besoins, de les attirer, de les apaiser ou de les chasser.

À partir du VIe siècle, plusieurs courants bouddhistes commencent à arriver d'Inde, de Chine et de Corée. D'abord religion des élites, friandes de rites complexes venus du continent, de plus en plus de sectes vont développer des pratiques accessibles à l'ensemble de la population. Le bonze Hōnen, pour ne citer que cet exemple, popularise le rite de la Terre pure au XIIe siècle. Il enseigne qu'il suffit de réciter le *nembutsu*, un sutra dédié au bouddha Amida, pour accéder à la délivrance. Selon les temples et les sectes, les pratiques, les patrimoines et les niveaux de richesse varient du tout au tout, en fonction également des époques et des traditions. Certaines communautés se dotent même d'armées considérables, qui vont être l'un des principaux ennemis d'Oda Nobunaga. Il n'est pas rare que des puissants, notamment dans la classe des guerriers, fassent des allers-retours entre la vie politique et la vie spirituelle. La plupart des Japonais mêlent sans problème shintoïsme et bouddhisme, selon leurs convenances.

Pour les missionnaires catholiques, toutes ces croyances sont la pire des hérésies. Là où les Japonais s'accommodent parfaitement d'être entourés de présences positives comme négatives, *kami*, *oni* et autres *yôkai*[1], les jésuites estiment qu'ils sont enclins à écouter le démon. « En toute chose, nous tenons le démon en haine et abomination, dénonce Luís Fróis. Les bonzes le vénèrent et l'adorent, lui font des temples et de grands sacrifices. Nous faisons vœu de pauvreté auprès de Dieu et fuyons les richesses du monde ; les bonzes rançonnent leurs *dannas* [dévots dans une

1. Spiritualité et folklore japonais se croisent et se mélangent au gré des croyances et des contes. Les *kami*, esprits naturels et plutôt neutres ou positifs ; les *oni*, esprits malfaisants et démons ; les *yokai*, monstres farceurs ou mauvais, sont autant de manifestations surnaturelles que l'on croit pouvoir rencontrer, soit au détour d'un chemin, soit au détour d'une histoire. Les Japonais les prient, leur font des offrandes, les craignent, selon les cas et les individus.

secte] et cherchent mille manières de s'enrichir.[1] » François Solier parle de son côté de « la loi d'un certain démon Amida », de « sorciers » et « d'ennemis jurés de la loi de Dieu »[2]. Tout, dans l'attitude des bonzes, les révulse, depuis leurs croyances jusqu'à leurs pratiques charnelles. Quand les religieux chrétiens font vœu de chasteté, « les bonzes font vœu de toutes sortes de saletés intérieures et de tous les péchés infâmes de la chair[3] ». Sans oser l'écrire clairement, les jésuites dénoncent le goût de ces hérétiques... pour la sodomie[4]. La richesse et le pouvoir des grandes sectes bouddhistes révoltent les missionnaires, qui ont fait vœu de pauvreté. Ils ne semblent pas voir de contradiction avec le patrimoine colossal accumulé par les leurs à Rome. Mais cela tombe bien car il y a un autre acteur de premier plan qui s'agace de l'influence des imposantes communautés religieuses au Japon : Oda Nobunaga.

Miser sur Nobunaga

Autant Oda Nobunaga se montre extrêmement hostile envers les bouddhistes, autant il ne cesse de manifester son intérêt pour la nouvelle religion. Il dénonce les croyances locales comme étant fausses et leur reproche de ne chercher qu'à s'enrichir. Il n'est pas fondamentalement contre la spiritualité, mais estime qu'il y a beaucoup trop de bonzes sur le territoire et qu'ils ne sont pas assez appliqués à ce qu'ils prétendent être leur raison d'être : la pratique de la foi. En réalité, il n'en pense pas moins de la part des chrétiens : en 1580, lors d'un échange avec Organtino

1. FRÓIS Luís, *op. cit.*
2. SOLIER François, *op. cit.*
3. Citation de Luís Fróis, dans DANFORD Richard K., GILL Robin D. & REFF Daniel T., *The First European Description of Japan, 1585*, Routledge, 2014.
4. Voir chapitre 11.

Gnecchi-Soldo et Lourenço Mexia, il leur explique douter non seulement de l'existence de Dieu et de l'âme, mais aussi de la foi des missionnaires eux-mêmes. « Il ne crut néanmoins pleinement en Dieu, ni en l'âme immortelle, regrette ainsi Solier. Se persuadant que nous ne croyons de cœur ce que nous prêchions de bouche, comme si nous étions semblables aux bonzes, lesquels prêchent seulement pour tenir le peuple en bride[1]. » Paradoxe complémentaire pour les jésuites, Nobunaga adhère au culte bouddhiste des ancêtres, se montre plutôt favorable aux sectes zen et demeure respectueux envers les monuments shintos.

En public, et en particulier lors de réunions avec ses vassaux, Nobunaga met en scène les chrétiens. Pendant l'une d'elles, à laquelle assistent les deux missionnaires, il réclame l'attention de son prestigieux public et enjoint Mexia de leur expliquer la loi de Dieu. Ce dernier le « fit avec une telle ferveur et éloquence que tous les assistants en furent étonnés et Nobunanga grandement satisfait », assure François Solier[2]. Lorsque l'envie lui prend, l'hégémon coupe les audiences accordées à certains nobles pour donner la priorité à des missionnaires de passage. Ces derniers en sont d'autant plus enthousiastes qu'ils passent devant les autres. Les chrétiens ne font-ils pas dans leurs écrits une présentation flatteuse du crédit qui leur est accordé ? Le ton est tout autre dans la chronique d'Ōta Gyūichi, qui raconte comment en 1579, Nobunaga veut utiliser les chrétiens comme émissaires pour mobiliser Takayama Ukon : « Il convoque le Bateren (père) et lui dit de faire en sorte qu'il prête allégeance à Nobunaga. S'il y parvenait, les disciples du Bateren seraient autorisés à construire où ils le souhaitaient. Mais s'il échouait, l'avertit Nobunaga, sa secte serait exterminée. Le Bateren

1. SOLIER François, *op. cit.*
2. *Ibid.*

a donc accepté[1]. » Mieux vaut ne pas se louper pour rester dans les petits papiers du tyran.

Lorsque Nobunaga installe son château à Azuchi, en 1576, il avait déjà autorisé l'accès à sa cité, ainsi qu'à l'ensemble de son immense domaine, aux missionnaires. « Mesurant les connaissances que les jésuites peuvent apporter et l'influence des Portugais, Nobunaga se montre désireux de nouer des relations cordiales avec les missionnaires », écrit Hélène Vu Thanh[2]. François Solier rapporte comment Nobunaga faisait montrer aux missionnaires sur un globe terrestre les routes navales qu'ils avaient empruntées pour parvenir jusqu'au Japon, les flattant en saluant leur courage[3]. Les objets que lui apportent les chrétiens sont pour Nobunaga un moyen d'afficher au monde sa renommée internationale. Et ces derniers espèrent ainsi s'assurer son soutien. Lors d'une glorieuse cavalcade organisée en février 1581, Nobunaga apparaît sur une chaise à porteur de velours pourpre, garnie d'or. Un cadeau offert quelques jours plus tôt par Valignano[4].

Pour Nobunaga, laisser les missionnaires prospérer est un bon investissement. Il profite de leurs connaissances du monde et de leur ascendant sur une poignée de daimyos. Il sait que cela sera d'autant plus intéressant qu'il devra prochainement s'assurer de la fidélité des seigneurs de Kyūshū. Si les pères peuvent reproduire l'exploit accompli avec le pieux Takayama Ukon, tant mieux. S'il peut au passage nuire aux sectes bouddhistes, c'est encore un avantage. D'autant que les chrétiens ne sont pas menaçants, faute de fidèles. En tout cas pas encore.

Les jésuites, eux, trouvent dans Nobunaga le plus puissant des pions pour mettre en œuvre leur stratégie de

1. ŌTA Gyūichi, *op. cit.*
2. VU THANH, *op. cit.*
3. SOLIER François, *op. cit.*
4. ŌTA Gyūichi, *op. cit.*

diffusion de la foi par le haut. D'autant plus qu'ils ont probablement plus d'espoirs de convertir ses héritiers, qui manifestent tous un grand intérêt pour leurs églises et leurs enseignements. L'aîné, Nobutada, tient des discours comparables à celui de son père. Le second, Nobukatsu, visite régulièrement l'église de Kyoto pour discuter avec les prêtres. Le troisième, Nobutaka, n'hésite pas à affirmer son enthousiasme : il « disait publiquement "je suis à demi chrétien et bientôt le serai tout à fait"[1] ». Rien ne permet de dire s'ils étaient dans un état d'esprit comparable à celui de Nobunaga, soucieux d'instrumentaliser les étrangers ou si certains étaient habités d'une dévotion similaire à celle de Takayama Ukon.

Après Nobunaga, les portes des enfers

Certains aimeraient voir chez Akechi Mitsuhide, le traître qui cause la mort d'Oda Nobunaga, un ennemi des missionnaires. S'il trahit son suzerain, c'est qu'il est méchant. Il ne doit donc aimer ni les Noirs, ni les chrétiens[2]. En réalité, il va lui-même chercher à les protéger. Comme son ancien maître, il sait que de bonnes relations avec les jésuites sont un moyen de s'assurer la fidélité des daimyos convertis à la religion des étrangers. Il aurait aimé convaincre Takayama Ukon de se rallier à lui. Sa propre fille, Tama, mariée dans la famille Hosokawa, trouve elle-même le réconfort dans l'église d'Osaka où elle se convertit en secret en 1587, devenant Gracia. Nul ne sait si elle avait déjà cette sensibilité du vivant de son père ni si celui-ci en était conscient.

Pour la Compagnie de Jésus, la situation bascule avec l'arrivée au pouvoir de Toyotomi Hideyoshi, quelques

1. SOLIER François, *op. cit.*
2. Voir chapitre 8.

mois après le coup d'État de Mitsuhide. Après avoir achevé sa prise de contrôle sur l'île de Kyūshū, devenu maître de l'ensemble du territoire, le nouveau dirigeant suprême du Japon décide d'expulser les missionnaires. Le jésuite Gaspar Coelho, responsable de la mission au Japon, comprend cette décision par une adhésion de Hideyoshi à un héritage culturel ancestral : « Il nous a exilés parce que la loi que nous prêchons est contraire aux *kami* du Japon, et ce parce qu'elle est directement destructrice de l'honneur et de la réputation des seigneurs du Japon, eux-mêmes adorés en tant que *kami* en raison de leur grandeur et de leurs victoires. C'est aussi une ambition des seigneurs actuels de devenir, eux-mêmes, des *kami*[1]. »

Quelques missionnaires trouvent refuge chez les daimyos chrétiens, essentiellement sur l'île de Kyūshū. Il devient particulièrement difficile pour eux de continuer de diffuser leur foi. Ils sont désormais sur la défensive : l'enjeu est de préserver ce qui peut l'être en donnant aux chrétiens japonais les moyens de continuer de transmettre la parole du Christ.

En 1614, le shogunat Tokugawa, après avoir souhaité préserver des liens avec les marchands européens, décide de mettre définitivement fin à la diffusion du christianisme dans l'archipel. Les missionnaires sont totalement interdits de territoire. Quelques dizaines d'entre eux, issus des différents ordres religieux, vont continuer de diffuser leur religion dans la plus grande clandestinité, pourchassés par les autorités shogunales.

Les historiens restent divisés sur les raisons qui ont poussé Toyotomi Hideyoshi et Tokugawa Ieyasu à proscrire ainsi le christianisme. L'une des thèses les plus répandues est la crainte que les missionnaires ne soient des agents

1. Cité dans MORAN J. F., *op. cit.*

de renseignement au profit de puissances européennes, susceptibles de les informer en amont de potentielles agressions contre le Japon. Il est plus probable que, contrairement à Oda Nobunaga, ses deux successeurs n'aient pas ressenti le besoin de ménager leurs vassaux chrétiens. Pour s'assurer de forger un régime de fer sur l'ensemble du territoire, il convenait dès lors d'éradiquer tout ce qui était susceptible de syndiquer des volontés contestataires.

Tous les deux vont traumatiser la communauté chrétienne en faisant preuve d'une immense cruauté dans leur répression. Hideyoshi, le premier, en 1597, fait massacrer un groupe de 26 chrétiens, accusés de comploter, car pratiquant leur religion en secret. Pour la plupart membres de l'ordre des Dominicains, ils sont crucifiés à Nagasaki. Ieyasu parvient à faire grimper l'horreur d'un cran en 1622 : 52 chrétiens sont décapités ou brûlés vifs. Parmi eux, des hommes et des femmes. Des jeunes et des vieux. Des étrangers et des Japonais. En 1867, tous sont béatifiés par le pape Pie IX, qui reconnaît ainsi le courage et la foi de ces martyrs du Japon shogunal.

Pour les catholiques, l'aventure des missionnaires dans l'archipel est un épisode majeur de cette époque qui marque durablement leur imaginaire. « La mission du Japon a sans nul doute été celle qui a le plus fait rêver l'Occident catholique au XVIe siècle et son destin tragique, en ajoutant la palme du martyre, confirma sa similitude avec les temps apostoliques qui enthousiasmaient tant de catholiques traumatisés par la crise religieuse de la chrétienté européenne, résume Hélène Vu Thanh. L'éclat du Japon inaugura même une sorte de modèle hagiographique propre à la mission jésuite : une mission qui, sur le modèle de Paul, sait se faire grecque avec les Grecs, qui identifie dans la culture qu'elle découvre les vecteurs d'une possible évangélisation, sur le schéma humaniste d'une culture païenne préparant la réception du christianisme[1]. »

Malgré cette fin tragique pour les chrétiens japonais, certains historiens estiment que les idées portées par les missionnaires ont durablement influencé l'éthique de ce peuple. C'est le cas de Natori Junichi qui voit à la fin des années 1950 une complémentarité entre le shintoïsme dans lequel la morale est un impensé ; le bouddhisme qui questionne l'après-vie ; et le christianisme qui apporte un socle d'impératifs applicable de son vivant : « Le christianisme comble les lacunes que le bouddhisme laisse dans la vie terrestre. Alors que le bouddhisme se contente de rester généralement inactif, le christianisme est toujours sur le sentier de la guerre pour un bien effectif. […] Les chrétiens ont introduit des idées d'humanité dans la pratique : orphelinats, hôpitaux, dispensaires pour tuberculeux, sociétés pour la prévention de la cruauté envers les animaux, société de la Croix-Rouge, sociétés de protection des prisonniers, pour ne citer que quelques institutions de nature typiquement chrétienne[2]. »

1. VU THANH, *op. cit.*
2. NATORI Junichi, *Historical Stories of Christianity in Japan*, The Hokuseido Press, 1957.

[illegible]

le schéma [illegible] d'une culture païenne [illegible] la conception [illegible]

[illegible]

[illegible] University Press, 1991 [illegible]

6

Celui qui sert

Le premier samouraï étranger. Un samouraï africain. C'est ainsi que l'on a pris l'habitude de présenter Yasuke. Mais c'est quoi, un samouraï ? Nous avons tous l'impression de connaître cette chevalerie japonaise, si souvent croisée dans les salles obscures ou à travers les pages d'un bon manga. Son esthétique, son honneur, son esprit de sacrifice. Des stéréotypes durables qui sont un savant mélange d'anachronismes et d'exagérations.

« C'est un grade, suggère Saidou Bernabe. Je fais le parallèle avec les chevaliers. » Cofondateur de l'école de formation aux métiers de l'animation et du jeu vidéo Parallel 14, en Martinique, il a accompagné ses élèves dans la réalisation d'un court-métrage mettant en scène Yasuke. « C'est un élément d'émancipation de sa condition d'esclave, poursuit-il. C'est une position qui lui confère un certain pouvoir. C'est de la survie, aussi. Un Noir, comme aujourd'hui encore dans la société occidentale, doit être meilleur que les autres pour réussir[1]. »

Lorsqu'on lui pose la question, Damien Stenne hésite. Après une première vie dans l'immobilier, ce quarantenaire francilien décide de tout larguer pour se vouer à sa

1. Entretien avec l'auteur le 27 février 2024.

passion : le jeu vidéo. Il lance MyGeekTalent[1], une plateforme destinée au financement participatif pour des créations numériques. L'un des premiers projets, qui lui tient particulièrement à cœur ? Un jeu mobile autour du samouraï africain. « Au Japon, devenir samouraï, c'est un aboutissement, songe-t-il. C'est le statut le plus élevé. En tout cas dans l'armée. Pour Yasuke, c'était limite normal vu son parcours. Il était chasseur en Afrique. C'était la plus belle récompense possible[2]. » Une forme d'émancipation ? Il réfléchit. « Plutôt une consécration. Pas une émancipation : il reste une sorte d'esclave malgré tout. »

Samouraï et esclave en même temps ? La suggestion pourrait étonner. Et pourtant, elle n'est pas aussi absurde qu'elle pourrait le paraître : le *samurai*, c'est étymologiquement « celui qui sert ». Il n'est pas doté d'une liberté au sens où nous l'entendons aujourd'hui et dans le contexte culturel qui est le nôtre. Il est à la solde d'un seigneur, auquel il doit obéir dans tous les aspects de sa vie, qu'il s'agisse de partir au combat ou de gérer son foyer. Une contrainte qu'a bien saisie l'auteur de bande dessinée Thierry Gloris : « Nous avons tendance à calquer notre histoire médiévale sur le Japon. Mais cela n'a rien à voir. Il n'y a pas d'adoubement. Samouraï, ce n'est pas un titre. C'est quelqu'un qui sert, tant qu'il est utile à son seigneur. Et, à cette époque, on sert par intérêt. Si quelqu'un offre plus, on peut trahir[3]. »

Anachronisme et fantasme

En réalité, parler de samouraï pour qualifier Yasuke est maladroit. Nous-même avons fait le choix de garder

1. Voir la page associée à ce projet à l'adresse suivante : https://www.mygeektalent.com/korusanyasuke.
2. Entretien avec l'auteur le 23 janvier 2024.
3. Entretien avec l'auteur le 9 septembre 2024.

ce terme dans cet ouvrage, dans une logique de simplification de lecture. Mais si l'on voulait faire preuve de rigueur dans l'historicité de notre propos, nous devrions éviter son emploi : il est anachronique et ne correspond pas à la manière de désigner les guerriers du XVIe siècle. « *Musha*, *mononofu*, *bushi*, samouraï, les chroniques et gestes médiévales désignent le guerrier sous bien des noms, et ça n'est qu'à la période Edo (1603-1868) que les acceptions du dernier terme se multiplient jusqu'à ce que celui-ci s'impose », écrit l'essayiste et spécialiste de l'histoire du Japon Julien Peltier[1].

Le samouraï du siècle suivant, celui qui a des responsabilités et un statut social définis, est aussi celui qui influence notre imaginaire contemporain. Le port des deux sabres, le long et le court, l'extrême fidélité envers le suzerain et envers le pouvoir central, la distance avec les paysans, sont autant de principes qui ne correspondent pas aux vies de leurs prédécesseurs. Et pour cause : à partir de 1615, il devient rarissime pour ces samouraïs d'être engagés dans des guerres. Et cela jusqu'à la révolution de Meiji, en 1868. Si cette compréhension de ce qu'est un samouraï est si persistante aujourd'hui, c'est parce qu'elle a été largement instrumentalisée par le pouvoir impérialiste de l'aube du XXe siècle, puis par les industries culturelles, du manga au cinéma en passant par le jeu vidéo.

La plupart des historiens préfèrent utiliser le terme plus générique de guerrier, *bushi*, pour désigner la classe militaire japonaise féodale. Elle est souvent construite en opposition à la noblesse aristocratique impériale. Surtout, elle regroupe une multitude de réalités sociales, économiques et politiques, qui peuvent varier radicalement

1. PELTIER Julien, *Une autre histoire des samouraïs. Le guerrier japonais entre ombre et lumière*, Perrin, 2023.

d'une province à l'autre et selon les périodes, en fonction des vicissitudes et des aléas des différents individus, clans et groupes sociaux. Ces *bushi* peuvent être des seigneurs à la tête de territoires plus ou moins grands, tout comme ils peuvent n'être que de simples hommes d'armes, relativement modestes dans leurs niveaux de vie, qui exécutent des tâches militaires au service de leurs maîtres. Selon les époques et les régions, ils sont aussi tantôt de petits propriétaires agricoles, qui passent une partie de leur temps à gérer la récolte, et tantôt des pirates ou des bandes de brigands, qui vivent de violence, de rapines et de petits boulots de mercenaires.

La comparaison entre le terme chevalier et le samouraï est pertinente en cela que les deux groupes ont à l'origine comme lien leurs montures. Au départ, il s'agit d'hommes qui combattent à cheval, dont la définition et la standardisation du statut social n'interviennent que plus tard dans l'histoire[1]. Pour les Japonais, ces combattants montés maniaient traditionnellement l'arc, avant de déployer des arsenaux beaucoup plus diversifiés, comprenant des sabres, des lances, des hallebardes (*naginata*), des masses (*kanabō*, *tetsubo*)… et même des armes à feu.

Dans la classe des guerriers, sous le règne d'Oda Nobunaga, on trouve donc des gens avec une maîtrise des armes et une expérience de la guerre assez variées. À cette époque, les *bushi* les plus haut placés dans la hiérarchie commandent de plus en plus à des combattants de plus basse extraction, les *ashigaru*, des paysans formés et équipés modestement, que l'on mobilise pour densifier les effectifs lors des grandes batailles. C'est le seul moyen de parvenir à aligner des dizaines de milliers de soldats, comme le font les grands

1. Sur les débats d'historiens au sujet de la définition de la chevalerie européenne et de ses symbolismes, lire : STANESCO Michel, « Chevalerie médiévale et symbolisme guerrier : Le Bachelier 'D'Espée engendrez' », in *Littérature*, vol. 12, printemps 1985.

daimyos du XVIe siècle. Le port des armes n'est pas propre à l'aristocratie, comme en témoigne le missionnaire François Xavier : les Japonais « apprécient beaucoup les armes et ont grande confiance en celles ci ; ils portent toujours des épées et des poignards, et cela, tout le monde, les nobles aussi bien que les gens de basse condition. À l'âge de quatorze ans, ils portent déjà une épée et un poignard[1]. »

C'est une période au cours de laquelle le talent martial peut permettre à un homme de grimper dans la hiérarchie. Et les opportunités sont d'autant plus nombreuses que l'ensemble du pays est ravagé par les guerres. Des *ashigaru* de talent se sont vu offrir des postes et des revenus importants. L'exemple le plus emblématique et le plus extrême étant celui de Toyotomi Hideyoshi[2]. Lorsqu'il commence à servir dans les rangs des armées Oda, il n'est qu'un simple combattant à pied. Il termine sa carrière en tant que l'un de ses plus importants généraux, commandant les plus grandes campagnes militaires, à la tête de provinces entières, avant de diriger l'ensemble du pays.

« À la faveur du chaos social et du chaos politique, on pouvait s'arroger une part de pouvoir par les armes, résume Julien Peltier. On voit des gens sortir de nulle part et se retrouver avec des fiefs de plusieurs centaines de milliers de koku[3]. Contrairement à la vieille noblesse européenne, ancrée dans un territoire, au Japon, ils pouvaient être déménagés d'une province à une autre[4]. » Oda Nobunaga

---

1. Cité dans KOUAMÉ Nathalie, *op. cit.*

2. Voir encadré sur les « Trois Héros » qui ont unifié le Japon, à la fin du chapitre 3.

3. Mesure japonaise des richesses, basée sur la production de riz. Elle donnait un ordre de grandeur des moyens d'un seigneur. Un koku correspond à environ 150 kg de riz. Certains simplifient le concept en estimant qu'un koku correspond à la production de riz nécessaire à nourrir une personne pendant un an. Les calculs sont en réalité plus compliqués et, pour ne rien arranger, varient d'une région à l'autre !

4. Entretien avec l'auteur le 22 mars 2024.

gère ainsi les fidélités : il récompense ceux qui sont doués au combat et répartit les territoires en s'assurant que ceux qui les exploitent ne puissent s'allier entre eux et se liguer contre lui-même.

Et Yasuke dans tout cela ? Dans aucun des textes attestant de son existence, les auteurs ne mentionnent le terme samouraï. Normal, puisqu'il n'est que rarement employé à cette époque. Ce que l'on sait, c'est que, d'après Matsudaira Ietada et Ōta Gyūichi, des armes et un revenu lui ont été confiés, et qu'il a parfois porté les armes de son maître. Au XVIe siècle, le port du sabre n'est pas encore un simple affichage de statut social. Les guerriers trimballent des armes parce qu'ils ont vocation à s'en servir, au péril de leur vie. Pour autant… Nombreux sont ceux à disposer d'armes, y compris dans les catégories les plus modestes de la population. C'est d'ailleurs Toyotomi Hideyoshi qui, lorsqu'il arrivera au pouvoir après la mort de Nobunaga, fera saisir massivement les arsenaux détenus par la population de l'archipel. Son objectif : éviter que des rébellions n'émergent… et que d'autres puissent reproduire son propre exploit.

Le missionnaire Lourenço Mexia apporte de son côté une précision qui confirme que Yasuke pourrait correspondre à ce que l'on appelle aujourd'hui un samouraï. Il partage ce que lui expliquent les Japonais à propos de l'Africain : « Ils disent qu'il [Oda Nobunaga] en fera un *Tòno*[1]. » Le jésuite fait référence ici à la formule pour qualifier une forme de noblesse chez la personne à qui l'on s'adresse. Un terme parfaitement compris par les jésuites et qui ne laisse planer aucun doute. « La société japonaise est divisée en plusieurs classes, écrit Valignano lui-même. Les nobles, ou *Tòno*, forment la première et

1. Lettre de Lourenço Mexia au père Pero da Fonseca du 8 octobre 1581.

dirigent et gouvernent le pays. Il y a des degrés différents de dignité et d'importance parmi eux, tout comme nous avons des comtes, des marquis et des ducs, bien que les titres soient différents au Japon et qu'il y ait une grande variété de rangs. Tous vivent avec la dignité qui correspond à leur pouvoir et à leur éminence[1]. » L'Africain est donc bien intégré à cette communauté des guerriers, avec une déférence lui confiant un rang supérieur à celui des masses d'*ashigaru*. A-t-il pour autant commandé des troupes ou participé à des batailles ? Aucun document historique ne permet à ce jour de défendre cette hypothèse[2]. Mais les hiérarchies sont de toutes les manières à cette époque assez fluctuantes et très différentes de ce que l'on connaît en Europe : « Nous avons des sergents, des chefs d'escadron, des décurions et des centurions, écrit Luís Fróis. Les Japonais n'ont que faire de tout cela[3]. »

Le *bullshit-do*

Dans l'imaginaire collectif, le samouraï est associé à la notion de *bushido*, la « voie du guerrier », un code d'honneur qui définirait les règles de savoir-être du noble homme d'épée. Vous connaissez peut-être des amateurs de culture japonaise ou d'arts martiaux qui se félicitent d'avoir lu ce fameux *bushido*, inspirés qu'ils étaient par les samouraïs. Sauf que ce mot n'est pas largement employé avant le XIXe siècle. Il est popularisé par Nitobe Inazō dans son ouvrage *Bushido : l'âme du Japon*[4] à l'aube du XXe. Intellectuel très connecté à l'Occident, converti au christianisme, ingénieur agronome contribuant à la planification japonaise

1. Cité dans COOPER Michael, *op. cit.*
2. Voir chapitre suivant.
3. FRÓIS Luís, *Européens et Japonais – Traité sur les contradictions et différences de mœurs*, Éditions Chandelier, 2012, première édition 1585.
4. NITOBE Inazō, *Bushido. The Soul of Japan*, Tuttle, 1969, première édition 1905.

des colonies de Hokkaidō[1] et de Taïwan[2], il cherche à travers cet ouvrage à condenser l'essence de l'éthique guerrière, à la rendre compréhensible pour des étrangers et à en tirer une morale applicable à son époque. Cet essai n'est pas une étude historique des réflexions portées par les Japonais du Moyen Âge. C'est un document de doctrine destiné à appuyer la construction du Japon moderne, militaire et impérialiste, en listant les qualités supposées innées de ce peuple : politesse, sincérité, rectitude, courage, loyauté, sang-froid ou encore honneur.

Quelles étaient les normes et les règles éthiques des classes combattantes au Moyen Âge ? Les historiens en débattent encore, y compris au Japon. « La vision populaire veut que le *bushido* se soit développé comme une éthique martiale à mesure que le pouvoir des guerriers émerge pendant la période Kamakura, même si les *bushi* étaient trop occupés à combattre pour le codifier de manière formelle avant la fin du XVIe siècle », écrit Oleg Benesch dans sa thèse de philosophie[3]. Si certains clans ont pris l'habitude de rédiger des règles de fonctionnement interne, il s'agit alors de consignes pour éviter les trahisons et les désordres, plutôt que d'un code de conduite visé à préserver l'honneur des individus et de leurs maîtres.

Et l'honneur, justement, dans tout cela ? Ce n'est pas le sujet pour ceux qui risquent leur vie sur le champ de bataille. Eux veulent vaincre et vivre. Longtemps, les guerriers privilégient en la matière la neutralisation de leur ennemi, en le tuant ou en le capturant, à la conquête territoriale. « La solution la plus simple pour

1. Située à l'extrême nord de l'archipel nippon, l'île d'Ezo est historiquement peuplée par une population qui s'appelle les Aïnous. Les Japonais commencent à s'y installer massivement à partir du début du XVIIe siècle, avant d'annexer totalement ce territoire en 1869. Ezo est alors rebaptisée Hokkaidō.

2. Le Japon prend le contrôle de Taïwan en 1895, après une défaite de la Chine qui reconnaît l'autorité de Tokyo sur cet archipel dans le traité de Shimonoseki. Ces territoires sont rétrocédés à la Chine après la défaite de 1945.

3. BENESCH Oleg, « Bushido: the Creation of a Martial Ethic in Late Meiji Japan », thèse de doctorat en philosophie non publiée, université de Colombie britannique, 2011.

régler ce problème, et privilégiée notamment par les guerriers du xᵉ et du xɪᵉ siècle, écrit l'historien américain Karl Friday, c'est de surprendre l'ennemi, de le prendre au dépourvu, dans une embuscade ou une attaque surprise[1]. » C'est toujours le cas sous le règne de Nobunaga. Rappelons sa première grande victoire à Okehazama : il amène son adversaire à le sous-estimer puis massacre ses forces, surprises par une attaque audacieuse. Par la suite, il prend souvent l'ascendant grâce à un avantage numérique, comme à Nagashino, ou en mettant en œuvre de longs sièges, dont la supervision est généralement confiée à ses généraux[2].

Certains samouraïs ont-ils combattu jusqu'à la mort pour leur honneur ou celui de leur maître ? Des hommes ont-ils préféré mourir dignement, plutôt que d'être pris ? Oui, évidemment. Mais probablement ni plus ni moins qu'ailleurs. « Il n'est pas difficile de trouver des exemples de guerriers qui, dans des situations désespérées, font le choix de retourner leur arme contre eux et de mourir héroïquement plutôt que d'être tués pendant leur fuite, confirme Karl Friday. Mais de la même manière, il n'est pas difficile de trouver de tels exemples dans les traditions militaires de globalement n'importe quel peuple, à n'importe quel moment, n'importe où dans le monde. D'un autre côté, lorsqu'on lit les archives historiques militaires du Japon ancien et médiéval, on est plus souvent frappé par les efforts des samouraïs pour faire preuve de ruse et de subterfuges pour prendre l'ennemi au dépourvu[3]. »

Les guerriers de l'époque d'Oda Nobunaga changent d'allégeance comme de chemise. C'est même une préoccupation majeure : comment faire pour éviter que les vassaux ne basculent dans le camp adverse ? La parole n'a alors guère de valeur et, pour s'assurer la fidélité de ses subalternes, on s'arrange pour avoir sous la main ce qui compte pour eux, notamment leurs familles. Les échanges d'otages sont

1. FRIDAY Karl, *Samurai. Warfare and the State in Early Medieval Japan*, Routledge, 2004.

2. Voir chapitre 3.

3. FRIDAY Karl, « Bushidō or Bull? A Medieval Historian's Perspective on the Imperial Army and the Japanese Warrior Tradition », *The History Teacher*, vol. 27, 1994.

systématiques et permettent de dissuader les trahisons au risque de voir les têtes de ses enfants plantées sur des piques. Les historiens évoquent une forme de relation contractuelle entre un guerrier et son suzerain, qui n'a rien de sacré. Ils citent souvent le bon mot du romancier japonais Sakaiya Ta'ichi qui cherche à déconstruire ce fantasme occidental du samouraï fidèle jusqu'à la mort en le comparant à un joueur de baseball : « Si un joueur de baseball est cédé à une autre équipe, on attend de lui qu'il donne tout pour sa nouvelle équipe et n'ait pas la moindre pensée pour l'ami d'hier. Le samouraï n'est pas lié par un principe éthique qui voudrait qu'il ne puisse servir deux maîtres[1]. »

Corollaire de cette vision fantasmée du code de l'honneur du guerrier japonais, une partie d'entre eux auraient dédaigné l'usage des armes à feu. Pas assez héroïque ou honorable. Si des comportements de ce type ont pu apparaître ici ou là de manière assez marginale chez quelques individus conservateurs, la grande majorité des chefs militaires a largement cherché à acquérir ce type d'armes et à les utiliser. Oda Nobunaga ne révolutionne rien dans ce domaine : lui comme ses ennemis tentent d'avoir un maximum d'unités équipées et entraînées à leur usage sur les champs de bataille. La force de celui-ci est plutôt d'être parvenu à se doter d'une industrie solide lui permettant un approvisionnement en armes et en munitions plus performant que ses ennemis[2]. Les samouraïs voulaient des armes efficaces pour atteindre leur objectif : remporter des guerres.

Les samouraïs n'ont pas non plus conceptualisé ce qui justifiait de mener des guerres justes, là où cette réflexion a suscité d'importants débats dans d'autres cultures, notamment dans la Rome antique, dans les sociétés chrétiennes ou encore en Chine. « Le Japon n'a pas produit de dialogue significatif qui lui soit propre sur les circonstances qui rendent juste et approprié pour l'État de mobiliser sa puissance militaire contre ses propres sujets ou envers des étrangers »,

1. SAKAIYA Ta'ichi, « Debunking the Myth of Loyalty », *Japan Echo*, vol. 8, 1981.
2. VARLEY Paul, *op. cit.*

observe Karl Friday[1]. S'inspirant de la philosophie chinoise en la matière, les Japonais ont longtemps estimé que la justice était entre les mains de l'empereur. Celui qui sert ce dernier peut donc faire usage de la force. Quitte à recourir à des manœuvres créatives pour donner l'impression de mener ses guerres au nom de cette cause, comme le fit notamment Oda Nobunaga, faisant passer ses ambitions personnelles pour une croisade au service du divin.

L'hypothèse du mercenaire

Les différentes traces écrites de l'existence de Yasuke ne précisent pas qu'il était un esclave. Le terme qui revient généralement est « serviteur ». Ce qu'il faisait exactement au service d'Alexandro Valignano, nous l'ignorons. Mais certains, et notamment Thomas Lockley[2], formulent l'hypothèse qu'il était probablement un combattant, chargé d'assurer la sécurité rapprochée du père visiteur. Une théorie qui pourrait expliquer pourquoi Oda Nobunaga s'est intéressé à cet homme. S'il n'était qu'un esclave, qu'aurait-il eu de bien passionnant à raconter à un puissant seigneur japonais ? S'il a une expérience de la guerre, à l'inverse, alors il peut partager avec son nouveau maître ses observations et ses connaissances, accumulées au cours de ses voyages.

Lockley souligne dans son ouvrage qu'à cette époque il existe de nombreux mercenaires africains opérant en Inde, dans des troupes employées par des chefs locaux. « Le scénario le plus probable est que Yasuke a gagné sa liberté en Inde, en servant à la guerre ou après la mort d'un précédent maître, suggère-t-il. Dans tous les cas, il

1. FRIDAY Karl, *Samurai. Warfare and the State in Early Medieval Japan*, *op. cit.*
2. LOCKLEY Thomas et GIRARD Geoffrey, *op. cit.*

aurait suivi les traces de nombreux autres Habshi entrés au service des Portugais et des jésuites, afin de défendre leurs intérêts à travers le monde[1]. »

Habshi[2], c'est l'un des termes faisant référence aux Africains installés en Inde. Tiré de l'arabe où il désigne les Abyssiniens, les habitants de la Corne de l'Afrique, ce terme regroupe les esclaves importés entre le XVe et le XVIIe siècle, mais aussi par extension des profils de gens plus variés venus de ce continent : marchands, pêcheurs ou encore aventuriers qui ont traversé l'océan Indien pour tenter leur chance en Inde. Parmi les parcours de ce type, Malik Ambar, un contemporain de Yasuke passé d'esclave à commandant d'une troupe de mercenaires, est l'un des plus impressionnants. « La progression significative d'Ambar est époustouflante, écrit l'économiste indien Chinmay Tumbe. À la mort de son maître, il est libéré par l'épouse de celui-ci, marié et intégré dans un corps de troupes locales. Il fait croître sa propre unité de cavalerie passant rapidement de 150 à 7 000 hommes. [...] En 1610, son armée compte 10 000 Habshis et 40 000 Indiens[3]. »

Le continent africain se caractérise de plus par l'importance de plusieurs grandes civilisations militaires. Parmi les plus importantes, l'Abyssinie, l'actuelle Éthiopie, commence à l'époque de Yasuke à déployer des unités armées d'arquebuses importées d'Arabie. Ils acquerront même des canons auprès des Portugais. Tout le long du fleuve Niger, l'empire songhaï multiplie les conquêtes en s'appuyant sur d'importantes armées composées

---

1. *Ibid.*

2. Leurs descendants sont plus généralement appelés aujourd'hui les « Siddis ». Cette communauté indienne afro-descendante, estimée aux alentours des 50 000 personnes, se trouve principalement dans les États du Karnataka, du Maharashtra et du Gujarat, sur la côte ouest de l'Inde.

3. TUMBE Chinmay, *India Moving, a History of Migration*, Penguin Books, 2018.

d'infanterie et de cavalerie. Il est alors au paroxysme de son influence et ne s'effondrera qu'en 1591. Le royaume du Bénin, dans le golfe de Guinée, est en train de convertir son armée aux armes à feu, qui utilisait auparavant l'arc. Sur l'actuel Angola, le royaume de Ndongo tient tête aux Portugais. Sur la côte orientale aussi, les Somalis multiplient les affrontements contre les Européens, selon une logique qui relève souvent plus de la piraterie que du conflit entre puissances. Enfin, l'empire du Monomotapa, le Grand Zimbabwe, couvre une bonne partie du sud du continent et l'actuel Mozambique. Il maintient sous son contrôle plusieurs plus petits royaumes grâce à la force, jusqu'à sa chute à la fin des années 1620. Si Yasuke venait de l'un de ces territoires, il a pu y acquérir une formation militaire et une expérience guerrière complètes, maniant armes blanches, armes de jet et arquebuses, comme les *bushi* japonais de la même époque.

Une autre hypothèse envisagée est celle d'un marin, ayant suivi le même type de parcours. Esclave affranchi ou aventurier, il aurait pu embarquer sur les navires des différents pavillons qui recrutaient leurs équipages au gré des ports traversés. S'il n'était pas initialement à leur service, Alexandro Valignano ou les autres jésuites installés à Goa, où se trouve leur siège régional, ont pu débaucher Yasuke pour ses compétences martiales et/ou son expérience de la navigation. Mais les archives connues n'évoquent pas cette question et rien ne permet de valider ou de privilégier ces différentes pistes.

Quel que soit son parcours, si Yasuke a manié des armes, elles étaient à son arrivée forcément différentes du katana japonais, qui est spécifique dans son maniement. Dans la plupart des récits de fiction inspirés du samouraï africain, les auteurs l'imaginent maniant celui-ci à la perfection. L'art du katana est-il si aisément abordable ? « Il est tout à fait possible pour n'importe qui d'apprendre les techniques des armes japonaises dès lors qu'ils y consacrent un juste volume d'entraînement, estime Shogo, coanimateur de la chaîne YouTube d'arts martiaux japonais Let's ask Seki sensei. Certaines personnes peuvent ne pas être familières d'armes étrangères. Mais ce ne serait pas un obstacle au point qu'elles ne puissent pas apprendre, ne serait-ce qu'après un long entraînement. Globalement, quelques mois devraient suffire. Mais cela dépend aussi de votre talent[1]. »

Servitude du samouraï

Le terme samouraï découle d'une définition du rôle des guerriers structurée par l'empereur, bien avant les guerres civiles du XVIe siècle. « Le samouraï n'est autre que "celui qui sert", écrit Julien Peltier. Dérivé du verbe *saburafu*, le vocable identifie dans un premier temps le serviteur de la haute aristocratie, puis se pare d'une dimension militaire au XIIe siècle, où il vient à caractériser un garde du corps, un homme d'armes affecté à la garde du seigneur[2]. » Entre les deux, le terme est peu employé car la classe guerrière cherche à gagner en autonomie et à échapper au contrôle de la cour impériale. Il ne s'imposera finalement que lorsque Tokugawa Ieyasu imposera de nouveau un régime hypercentralisé, dans lequel le respect de l'autorité suprême, le shogun, devient plus important que tout. Les samouraïs ne sont plus des guerriers. Ils sont des serviteurs.

Qu'il soit arrivé au Japon comme esclave, comme serviteur ou comme mercenaire, Yasuke s'émancipe-t-il en passant au service d'Oda Nobunaga, comme *bushi,* dans

1. Échange par courriel avec l'auteur en mai 2024. La chaîne « Let's ask Seki sensi », dédiée au maniement des armes japonaises, est coanimée par Seki Nobuhide, l'expert en arts martiaux, et Shogo, un influenceur japonais anglophone.

2. PELTIER Julien, *op. cit.*

une société où les armes peuvent élargir les perspectives ? Il est complexe de répondre à une telle question : la notion de liberté, telle que nous la comprenons aujourd'hui, est anachronique au XVIe siècle. Si depuis l'Antiquité la plupart des cultures distinguent l'esclave de l'homme libre, ce concept n'est pas encore considéré comme un droit individuel dont doit pouvoir bénéficier chaque individu.

Une anecdote que nous rapporte Ōta Gyūichi dans sa chronique nous renseigne sur la liberté dont bénéficiaient les hommes de Nobunaga. En janvier 1578, un incendie éclate à Azuchi, sa capitale. L'un des archers de sa garde est rendu responsable : c'est parce qu'il n'a pas fait migrer ses proches sur place qu'un tel incident a pu avoir lieu, estime la hiérarchie. Si son épouse avait été là pour surveiller le foyer, le drame aurait pu être évité. « Nobunaga a fustigé soixante de ses archers et soixante de ses gardes à cheval, cent vingt hommes en tout, pour ne pas avoir déménagé leurs familles, écrit-il. Il a ensuite ordonné à son lieutenant général de Gifu, le seigneur Nobutada, d'envoyer des officiels incendier toutes les maisons de ces archers qui avaient laissé femmes et enfants derrière eux, dans la province d'Owari. [...] En conséquence, cent vingt femmes ont déménagé à Azuchi. Pour se racheter, les hommes ont dû construire une nouvelle route à travers le bras de mer au sud du château[1]. »

Pour les guerriers de plus haut rang, la situation n'est pas forcément plus facile. Le moindre mariage, le placement de ses enfants sont autant de choix stratégiques pour solidifier des alliances ou afficher sa fidélité. Tokugawa Ieyasu, par exemple, a beau être l'un des daimyos les plus puissants du Japon, il est contraint d'obéir aux ordres de Nobunaga alors que celui-ci fut au départ son ennemi. Il marie son aîné, Nobuyasu, à la fille de Nobunaga, Toku. Mais, en

1. ŌTA Gyūichi, *op. cit.*

1579, du fait de soupçons de connivence entre sa femme et l'ennemi Takeda, Ieyasu impose le suicide à son héritier pour démontrer à son suzerain sa dévotion absolue.

Lorsqu'ils sont vaincus, les vassaux des ennemis de Nobunaga sont incorporés dans ses propres armées. Il les disperse comme auxiliaires (*yoriki*) sous les ordres de ses différents officiers, très majoritairement issus de sa province natale d'Owari. Une partie d'entre eux sont même directement incorporés dans sa garde personnelle à cheval[1]. Si Yasuke a intégré ce type de groupes, il a dès lors quitté le service des jésuites pour celui d'un autre maître absolu : pas plus qu'avant il n'a la liberté de choisir sa destinée. Il suit les déplacements de son maître selon le bon vouloir de celui-ci et, sur ordre, part à la guerre aux côtés de ceux qui n'étaient pas parvenus à le terrasser lors des décennies passées. Difficile d'y voir une émancipation comme nous aimerions l'entendre à notre époque. Même si cela pose de solides bases pour qu'une légende survive au passage des siècles.

Le ninja, un autre fantasme persistant

La figure du ninja, assassin et espion opérant dans l'ombre en usant de techniques spécifiques, comme les lancers de *shuriken*[2] et autres poisons, est un autre mythe tenace. Une part de magie est même associée à ces personnages, que l'on dépeint de nos jours vêtus de noir, masqués et disparaissant dans des nuages de fumée. Si des héros et des vilains y ressemblant apparaissent ici et là dans des récits depuis le VIIIe siècle, c'est à partir du XVe que se systématise cette référence. Elle s'inspire grandement des guérillas menées par les

1. LAMERS Jeroen, *op. cit.*
2. Des projectiles en métal, généralement sous la forme d'étoile, qui peuvent être lancés. Ils peuvent aussi être utilisés pour piéger les sols ou pour détourner l'attention.

populations des provinces d'Iga et de Kōka pour résister à toute autorité centrale et notamment, dès les années 1560, à celle d'Oda Nobunaga.

À partir du XVIIe siècle, le *shinobi,* plutôt que le *ninja,* s'impose comme un expert du renseignement et des opérations dissimulées. Les techniques de *ninjutsu* sont présentées comme un héritage aussi secret qu'ancestral. En réalité, cette façon de faire la guerre résulte de réalités géographiques et sociologiques. Les hommes d'Iga et de Kōka opèrent dans des zones montagneuses et boisées, en petits groupes légèrement armés, qui résistent longtemps à des armées massives, dépendantes d'une logistique lourde, peu mobiles. Le camouflage, les enchaînements d'embuscades et de retraites menés par de petits commandos ne sont ni plus ni moins que des techniques de guérilla comme on en trouve dans de nombreux conflits asymétriques du même genre à travers le monde.

Ces combattants d'un genre bien particulier vont devenir d'autant plus légendaires qu'ils tentent à plusieurs reprises de se débarrasser de leurs ennemis en menant d'audacieuses missions d'assassinat. En 1570, Sugitani Zenjūbō, un homme soupçonné d'appartenir à l'une des familles gouvernant la province de Kōka, tente d'assassiner Oda Nobunaga à l'arquebuse lors d'un guet-apens. Ce dernier s'en sort, malgré deux tirs à une vingtaine de mètres, avec quelques égratignures. Le tireur est retrouvé trois ans plus tard et torturé à mort[1]. En 1573, Manabe Rokuro parvient à infiltrer Azuchi, mais est découvert avant de pouvoir passer à l'action. Il se donne la mort pour échapper à la torture. En 1580, un récit plus légendaire que véridique parle d'un homme du nom de Ishikawa Goemon, originaire d'Iga, qui aurait fait de même et se serait même caché dans un cellier au-dessus de la chambre de Nobunaga. Il tente à l'aide d'un fil de faire couler du poison dans la bouche de celui-ci[2]. Sans succès. En 1581, c'est un trio d'Iga qui

1. ŌTA Gyūichi, *op. cit.*

2. Si les trois autres tentatives d'assassinats d'Oda Nobunaga sont considérées comme historiquement véridiques, celle-ci est peu plausible. Ishikawa Goemon est un bandit dont la légende n'a cessé d'enfler au cours du XVIe siècle. Cette histoire est, comme la plupart de celles qui lui sont attribuées, légendaire.

tente sa chance alors que Nobunaga vient inspecter la campagne pour pacifier cette province. Ils ouvrent le feu depuis trois directions différentes, en même temps. Sept hommes sont tués, mais de nouveau, le daimyo en réchappe[1]. Notons que cette dernière tentative a lieu alors que Yasuke est déjà entré au service de Nobunaga.

Les insurgés d'Iga et de Kōka ne parviennent pas à résister éternellement au rouleau compresseur des armées de Nobunaga[2]. Ce dernier fait massacrer toute une partie de la population pour mettre au pas les guérillas rebelles. Ces deux régions sont durablement affaiblies. Après la mort du tyran, certains guerriers vont se trouver une nouvelle vocation au service de ses successeurs et notamment du futur shogun Tokugawa Ieyasu, qui les mobilise comme agents de renseignement. Plusieurs manuels militaires dédiés à ces tactiques, rédigés plus tard, tels le *Bansenshūkai*[3], le *Buyo Benryaku*[4] et le *Shōninki*[5], vont entretenir l'idée d'une doctrine spécifique, cohérente et structurée[6]. Le cinéma, à partir des années 1960, achèvera de fabriquer leur uniforme mythologique à ces combattants de l'ombre. Des œuvres comme *La Guerre des espions* (*Ibun Sarutobi Sasuke*, 1965), *Mission : le château de fer* (*Shinobi no shu*, 1970) ou encore récemment *American Ninja* (2023) en ont fait un archétype incontournable : vêtu de noir, capable de se volatiliser dans un nuage de fumée, il opère masqué, souvent en groupe, manipule le poison et des armes toutes plus exotiques les unes que les autres.

1. HIROKO Yoda, *Ninja Attack! True Tales of Assassins, Samurai and Outlaws*, Tuttle, 2010.

2. Voir chapitre suivant.

3. Les « Dix Mille Rivières se fondant pour former un océan » est une chronique des clans d'Iga et de Kōka compilée en 1676, regroupant tactiques de combat, armes et philosophie des combattants de ces régions.

4. Traité militaire daté de 1684 qui mentionne pour la première fois le terme « ninja », en faisant référence à des individus qui se camouflent. Il liste leurs techniques d'infiltration.

5. Recueil composé en 1681 décrivant des méthodes d'espionnage. Il a été rédigé dans la province de Kii, relativement loin d'Iga et de Kōka.

6. TURNBULL Stephen, *Ninja, Unmasking the Myth*, Frontline Books, 2017.

7

Yasuke, un samouraï qui arrive après la guerre

Qui dit samouraï, dit grandes batailles avec des centaines de combattants se faisant face. On imagine des cris de guerre couvrant à peine le fracas des lames, les plus habiles se glissant sous la garde de leurs adversaires pour pénétrer les armures d'un coup de katana précis. On entend les cœurs battants alors que les *ashigaru*, les paysans soldats, parviennent à désarçonner de nobles seigneurs à cheval grâce à une haie de lances *yari*. Puis la terrible salve d'arquebuses qui ravage les corps des hommes et des montures, dans un tonnerre de poudre et de fumée. Au milieu de cet enfer de boue et de sang, Yasuke tente de suivre les mouvements rapides et gracieux des autres samouraïs de la garde de Nobunaga. Saisissant son courage à deux mains, il fonce sur le premier ennemi venu. Celui-ci se laisse surprendre par l'immense silhouette noire qui le charge, tel un *oni*[1] furieux. Une seconde de distraction qui lui coûte la vie.

C'est à peu près l'ambiance qui devait régner sur les champs de batailles de la fin de l'ère Sengoku et ce à quoi pourrait avoir été confronté le samouraï africain. Certaines d'entre elles ont vu s'entasser plusieurs dizaines de milliers de combattants de part et d'autre. Les vainqueurs en

1. Un esprit malin ou un démon dans le folklore japonais.

rapportaient des têtes coupées par centaines pour faire la preuve de leurs exploits. Les sièges duraient de longs mois. Parfois, des assassins étaient envoyés pour tenter d'éliminer un général ennemi. Dans certaines régions, quelques groupes insurgés continuaient de résister aux efforts d'unification des armées d'Oda Nobunaga.

Sauf que tout cela, Nobunaga lui-même n'y participe plus tellement, lorsque Yasuke arrive au Japon, entre 1579 et 1582. D'autres sont chargés de mener ses conquêtes pour lui tandis qu'il gouverne depuis le centre du pays, alternant entre la capitale, Kyoto, et son domaine d'Azuchi. Son cercle le plus restreint, dont on pense que le samouraï africain a fait partie, était donc largement cantonné à ces lieux où les affrontements étaient d'abord politiques et symboliques.

« J'aurais adoré une grande bataille, déplore Craig Shreve, auteur canadien d'une nouvelle à succès sur le samouraï africain[1], dont les droits ont été prévendus pour un projet d'adaptation sur Netflix par Omar Sy et Forest Whitaker. Il y aurait eu les manœuvres, avec les drapeaux. Il y aurait eu les trahisons. Mais il n'y a pas de batailles impliquant Nobunaga à ce moment-là. J'ai donc dû me restreindre. Tant que les faits sont certains, j'ai tâché d'y coller. Dès qu'il y a de multiples théories, j'ai un peu plus de marge[2]. »

Impossible, donc, que Yasuke ait combattu dans les « Provinces en guerre[3] » ? Cette absence de combats a même fait hésiter les éditeurs à qui Craig Shreve a proposé son projet de roman. Notamment aux États-Unis : « Les Américains voulaient plus d'action. Les éditeurs canadiens étaient plus enthousiastes. » Pour beaucoup de

1. SHREVE Craig, *op. cit.*
2. Entretien avec l'auteur le 10 avril 2024.
3. Traduction littérale de la période *sengoku*, qui se termine à ce moment-là.

créateurs, difficile d'accepter de se contenter de récits de cérémonies du thé et d'échanges de présents entre notables. On veut du sang et des larmes. Alors pour contourner le problème, certains imaginent que Yasuke n'a finalement pas passé tout son temps aux côtés de Nobunaga mais que celui-ci aurait dépêché son page noir auprès des généraux déployés en première ligne. Peu probable que notre samouraï ait vadrouillé d'une armée à l'autre sans que personne le relève, pendant la quinzaine de mois qu'il passe à servir les Japonais. Mais c'est effectivement la seule circonstance dans laquelle il aurait pu faire face à des ennemis. Ou presque.

L'héritier sur le front est

Peu avant que Yasuke n'atteigne le Japon, Oda Nobunaga n'est déjà plus celui qui commande les grandes campagnes militaires. La chute de Nagashino en 1575, qui a coûté la vie à près de 10 000 combattants du clan Takeda et de ses alliés, l'a durablement affaibli. En mars 1579, Nobunaga part inspecter les troupes commandées par son fils et héritier, Oda Nobutada. Celui-ci a commencé à construire des forts le long de la rivière Kamo, dans la province du Settsu, pour faire face à la ville d'Itami, en préparation de la future campagne décisive. L'aîné peut compter sur l'appui d'un autre général à ses côtés : son cadet Nobukatsu. Entre 1580 et 1581, les armées Oda et Tokugawa commencent à sérieusement bousculer et faire reculer ce qu'il reste de forces aux Takeda. Ils capturent une multitude de châteaux importants, comme Noda et Takatenjin.

Il faut dire que ce qui fit la gloire et le succès des Takeda, c'était le talent de son précédent daimyo, le célèbre Takeda Shingen. La mort de celui-ci en 1573 laisse le clan dans un état de grande fragilité. Plusieurs de ses voisins vont se mettre à le menacer et, surtout, les grands vassaux sont divisés. Ce qui laisse de notables opportunités aux Oda et à leurs alliés. Au-delà du génie militaire souvent salué de Takeda Shingen, il faut aussi prendre en considération que celui-ci comptait s'appuyer sur une alliance avec deux autres acteurs importants pour vaincre son ennemi, Asakura Yoshikage et Azai Nagamasa, le propre frère par alliance de Nobunaga. Or ce dernier a écrasé ces deux dirigeants en 1570, à la bataille d'Anegawa, grâce à une décisive supériorité numérique de ses propres effectifs militaires.

Tout cela pour dire qu'en 1582 il ne reste plus grand-chose debout sur le front est des Oda et des Tokugawa. Ces derniers ont déjà multiplié les victoires en 1581, prenant notamment la forteresse de Takatenjin en massacrant tous les défenseurs. Une vaste campagne militaire est finalement lancée par Nobunaga pour achever d'exterminer les Takeda, encerclés et fatigués. Elle est déclenchée par l'annonce en février 1582 de la trahison de plusieurs grands vassaux Takeda au profit des Oda. Acculé, Takeda Katsuyori, héritier peu apprécié de Shingen, se réfugie dans la forteresse de Shinpu avec 15 000 hommes. Autant que pour la débâcle de Nagashino. En mars, le château de Takatō tombe et avec lui la province du Shinano. C'est la débandade. Les vassaux de Takeda Katsuyori se débinent les uns après les autres, négociant leur ralliement à l'alliance victorieuse. Tokugawa Ieyasu va récupérer pas mal de nobles influents, avec l'objectif de sécuriser son emprise sur cette région. Quatre armées distinctes font marche, dont une commandée par Ieyasu et une par Nobutada.

Nobunaga prend la tête d'une armée pour se rendre sur place début avril. On sait qu'il est accompagné de Yasuke : c'est au retour de cette campagne qu'il croise Ietada

Matsudaira, le vassal de Tokugawa Ieyasu, qui raconte dans son journal voir vu « l'homme noir avec lui ». Mais en face, il ne reste déjà plus que quelques poches de résistance, ici et là. Les troupes sous son commandement direct ne seront pas engagées au combat. Et encore moins sa propre garde rapprochée.

La fin de Takeda Katsuyori est entachée par le déshonneur. En mars, alors qu'il fuit une nouvelle fois, les forces d'Oda Nobutada triomphent à Kōfu. Il fait exécuter la famille du dirigeant ennemi ainsi que les officiers restés sur place et leurs enfants. Katsuyori fini par s'avouer vaincu. « Les fugitifs savaient qu'il n'y avait plus d'échappatoire, rapporte Ōta Gyūichi. L'un après l'autre, les gradés Takeda ont serré leurs incroyablement belles épouses et leurs enfants, et les ont poignardés à mort. Plus de quarante sont morts, tombant comme autant de fleurs brisées. Les guerriers restants sont venus se battre, fonçant vers leurs morts[1]. » Le chroniqueur précise que le « jeune amant » de Katsuyori, un « archer exceptionnel », s'est donné la mort après être tombé à court de flèches. Le 3 avril 1582, le chef des Takeda tue sa femme et son fils, puis se fait *seppuku*. Sa tête et son sabre sont présentés à Nobunaga. C'est la fin des Takeda et plus rien n'empêchera les ambitions de l'hégémon de poursuivre les conquêtes de ce côté de la grande île de Honshū.

Les terres capturées sont réparties entre les fidèles, dont Tokugawa Ieyasu qui récupère une province entière, élargissant significativement son territoire. Deux districts sont accordés à Mōri Ranmaru, l'un des pages de Nobunaga, considéré comme son amant[2]. Sur la route du retour, Nobunaga prend le temps d'aller admirer le mont Fuji. Il n'est alors accompagné que d'une poignée de proches

1. ŌTA Gyūichi, *op. cit.*
2. Voir chapitre 11.

et d'officiers, renvoyant les troupes chez elles. Se sentant en sécurité, il n'éprouve pas le besoin d'être escorté plus que cela. Une confiance qui n'est pas sans intérêt pour la suite des événements.

Le singe et le traître, sur le front ouest

Tout comme les Takeda à l'est, les Mōri à l'ouest ont longtemps été considérés comme l'un des plus puissants concurrents de Nobunaga. Son chef, Mōri Motonari, est respecté de ses vassaux, parvient à forger de solides alliances et à constituer des armées d'envergure. Sa stratégie est très semblable à celle de Nobunaga : les voisins qu'il ne peut asservir par la diplomatie, il les écrase par la force. Ce qu'il fait avec les Ōtomo, sur l'île de Kyūshū, s'assurant une solide base arrière pour pouvoir avancer sans risque vers Kyoto. En 1570, les territoires sous son contrôle sont aussi vastes que ceux des Oda. Mais il est plus âgé que Nobunaga. Il tombe malade au début des années 1560 et malgré les efforts des meilleurs médecins, meurt en 1571, à 74 ans. Son fils aîné, Takamoto, a succombé brusquement en 1563, au point que son entourage soupçonne un empoisonnement. C'est finalement Terumoto qui prend la relève.

Il est immédiatement confronté aux velléités de Nobunaga, qui passe à l'offensive en 1573, d'abord en soutenant les opposants aux Mōri dans la région. Le gros des opérations est commandé par le général Toyotomi Hideyoshi. Il entreprend un patient travail de sape, assiégeant les châteaux les uns après les autres, progressant pas à pas, grignotant les terres ennemies. En 1579, Nobunaga déploie également les troupes d'Akechi Mitsuhide, autre homme de confiance et général aux multiples victoires. Celui qui le trahira quelques années plus tard. Hideyoshi et Mitsuhide avancent chacun sur un axe.

Lorsque Yasuke rencontre Nobunaga, les Mōri ne font plus que reculer. Les batailles sont rares. Les troupes ne parviennent pas à manœuvrer, et les sièges se succèdent, finissant toujours par céder, plus ou moins rapidement, à la pression de Hideyoshi. Ce dernier dispose d'une véritable autonomie dans ses options tactiques. S'il rend régulièrement compte *via* des messagers à Nobunaga, il n'attend pas de recevoir des ordres. En octobre 1581, par exemple, des ennemis sont repérés en train de se déplacer pour aller attaquer des alliés du clan Oda. Hideyoshi déploie ses troupes pour aller les intercepter, « disant qu'il aurait été mortifié par les critiques qu'il était sûr de recevoir à travers la ville et le pays s'il les laissait se faire attaquer et tuer sous ses yeux[1] ». Il célèbre la fin d'année en tête à tête avec Nobunaga, à Azuchi.

À la fin de la vie de Nobunaga, les Mōri ne sont plus une réelle menace. Une fois les Takeda écrasés, ils sont les suivants sur la liste. Il est évident qu'il mobilisera ses armées libérées du front est dans cette direction. Ce n'est plus qu'une question de temps et Mōri Terumoto le sait : il n'a pas d'issue. C'est probablement ce qui explique qu'il accepte de négocier un armistice avec Hideyoshi au moment où Nobunaga tombe, en juin 1582. Mais nous y reviendrons dans le prochain chapitre.

Les tentatives d'assassinat

Et puis il y a l'éradication des insurgés d'Iga. Comme nous l'avons vu dans le chapitre précédent, la mythologie entourant la figure des *shinobi* est en grande partie

1. ŌTA Gyūichi, *op. cit.*

inspirée de deux mouvements autonomistes dans les provinces de Kōka et d'Iga. Des régions montagneuses qui refusent l'hégémonie de Nobunaga et dans lesquelles les samouraïs locaux, exerçant leur pouvoir sous forme d'assemblées populaires, mobilisent des techniques de guérilla pour repousser l'envahisseur très supérieur en nombre : camouflage, guet-apens, ruse, pièges.

En 1578, le second fils de Nobunaga, Nobukatsu, nommé à la tête de la province d'Ise, se lance dans une tentative de conquête de la région voisine d'Iga. Il entreprend la construction d'un fort, à Maruyama, pour servir de tête de pont pour la future invasion. Mais il n'a même pas le temps de commencer qu'il est stoppé dans son élan : plusieurs hommes parviennent à pénétrer la fortification et à l'incendier. Ils étaient au courant de ses plans. Il tente un coup de force un an plus tard, en octobre 1579, à la tête de 8 000 hommes. De nouveau, ils sont attendus : ils se font massacrer dans les cols d'Aoyama et Onikobu. L'un de ses généraux est même tué.

En septembre 1581, nouvel essai, cette fois-ci avec l'aide de papa. Nobunaga vient de recruter deux traîtres qui ont proposé de guider ses forces dans leur pénétration d'Iga. Les Oda et leurs alliés réunissent plus de 40 000 soldats qui vont encercler la région et attaquer depuis six axes différents. Les guérilleros sont débordés de toutes parts. « Toutes les unités avancent vers les pentes de Sanago dans la province d'Iga, brûlant alors qu'ils avancent les grands temples et autels de cette province », raconte Gyūichi[1]. 4 000 hommes et femmes auraient été tués même si, finalement, Nobunaga se montre relativement magnanime et accepte de ne pas poursuivre le massacre. Le jeune Nobukatsu est vengé et obtient le contrôle des trois

1. ŌTA Gyūichi, *op. cit.*

quarts d'Iga. Son oncle Nobukane, petit frère de Nobunaga, récupérant le reste.

Et Nobunaga ? Il vient faire une tournée sur place après la fin des combats, accompagné de Nobutada, en octobre 1581. Ils célèbrent la victoire familiale en faisant un festin et en chassant au faucon, grande passion de l'hégémon. Ils grimpent en haut du mont Kunimuyama pour avoir une vue d'ensemble sur Iga et évaluer l'ampleur de leur succès. Une petite semaine en tout. La routine. En tout cas si l'on en croit la chronique de Ōta Gyūichi qui n'évoque pas un incident qui aurait pu coûter la vie de Nobunaga.

Rappelons que des hommes d'Iga et de Kōka ont déjà tenté à plusieurs reprises d'assassiner Nobunaga. Le premier en 1570, Sugitani Zenjūbō, d'un tir d'arquebuse. Le second en 1573, à l'intérieur même d'Azuchi, qui est découvert avant de pouvoir passer à l'acte[1]. Et enfin un groupe, en 1581, alors qu'Oda Nobunaga vient inspecter les résultats de cette campagne militaire. Pour l'historien Stephen Turnbull, cet oubli d'Ōta Gyūichi se voudrait « diplomatique[2] ». Selon un récit écrit à la fin du XVIIe siècle par un patriote d'Iga, le *Kikuoka Jogen*, trois samouraïs d'Iga, menés par un certain Otawa no Kido, présenté comme un tireur d'exception, attendent patiemment la visite de Nobunaga et parviennent à le surprendre alors qu'il est assis avec ses proches. Ils le loupent de leurs arquebuses mais abattent sept à huit de ceux qui l'accompagnent. Un récit à prendre avec prudence : publié beaucoup plus tard, il n'est corroboré par aucun autre témoignage. Quoi qu'il en soit, il est tout à fait possible que Yasuke ait été présent lors de cette embuscade, puisqu'il était déjà au service de Nobunaga.

1. Voir encadré au chapitre 6.
2. TURNBULL Stephen, *op. cit.*

La bataille finale

Il est donc peu probable que Yasuke ait été engagé au combat sur ces trois campagnes militaires. Il a pu être le témoin des conséquences et, éventuellement, observer à distance les événements. À partir du moment où il était aux côtés de Nobunaga, il n'était pas à proximité immédiate des affrontements. Sans que l'on puisse l'affirmer avec certitude, l'hypothèse la plus plausible reste celle-là : il n'a probablement pas utilisé son arme face à un autre homme. Sauf dans un cas : le coup d'État d'Akechi Mitsuhide contre Nobunaga. Nous reviendrons plus en détail sur cette affaire dans le chapitre suivant.

Ce qui nous intéresse ici, c'est que les troupes rebelles attaquent Kyoto dans la nuit du 20 au 21 juin. D'après un courrier de Luís Fróis daté du 5 novembre 1582, « le cafre que le Visiteur a donné à Nobunaga à sa demande, après sa mort, s'est rendu à la résidence de son fils et s'est battu là pendant un long moment, mais quand un des vassaux d'Akechi s'est approché et lui a demandé de déposer son katana, il l'a donné ». À en croire le missionnaire, Yasuke a donc combattu, longuement, dans Kyoto, avant de finir par déposer les armes.

Dans sa chronique de Nobunaga, Ōta Gyūichi fait un récit épique de cette bataille. Il cite de nombreux combattants héroïques dans l'entourage de son daimyo. Il décrit l'héroïsme et la bravoure de ce dernier, ainsi que la détermination de son fils, Nobutada. Mais jamais il ne mentionne Yasuke. Un oubli ? Une manière de sanctionner le fait qu'il n'ait pas combattu jusqu'à la mort ? Du désintérêt envers un homme qui n'appartient pas à une famille importante ? Impossible à dire. Dans tous les cas, l'Africain n'était pas en mesure de faire de miracles : les quelques dizaines de samouraïs qui accompagnaient Nobunaga et

Nobutada ont été attaqués par surprise par plus de 13 000 hommes. Personne, alors, n'aurait imaginé qu'Akechi Mitsuhide, l'un des généraux en qui Nobunaga avait le plus confiance, aurait pu être l'instrument de sa chute. Que Yasuke ait combattu dans une telle situation est la preuve d'un réel courage : les Oda sont alors très largement submergés par des assaillants en très grand nombre. S'il a effectivement fait face, cela n'a pu être qu'à un contre plusieurs adversaires. Il reste tout de même très peu probable qu'il ait pu tenir bien longtemps dans une situation aussi défavorable et il a tout aussi probablement dû être rapidement vaincu.

8

Akechi Mitsuhide, le parfait vilain

Contrairement à la plupart de ses contemporains devenus mythiques au Japon, Oda Nobunaga a un vrai mérite : il meurt en apothéose dans un retournement de situation digne d'un grand film hollywoodien ou d'une tragédie littéraire. Les deux autres grands unificateurs, Toyotomi Hideyoshi et Tokugawa Ieyasu, sont morts respectivement de maladie et de vieillesse, à 61 et 73 ans. Le shogun renégat Ashikaga Yoshiaki, banni par Nobunaga, se réfugie dans la religion et décède naturellement, isolé à Osaka, à 59 ans. Le grand stratège Uesugi Kenshin passe l'arme à gauche alors qu'il a à peine 48 ans, mais naturellement, probablement d'une maladie des organes, qui pourrait être liée à ses excès d'alcool. L'ennemi majeur des années 1570, Takeda Shingen, a certainement succombé à une pneumonie à 51 ans. Quant à Mōri Motonari, qui menace l'autre flanc des Oda, il succombe en 1571 à 74 ans après de longues années de maladie[1].

1. Pour une bonne partie de ces personnages, morts dans des contextes des plus agités, il existe de nombreuses versions sur leurs décès. Takeda Shingen pourrait avoir été tué par un tireur embusqué, par exemple. Les témoins sont généralement des personnages eux-mêmes impliqués dans les conflits de pouvoir et les écrits historiques maîtrisés par les vainqueurs. Tout cela reste donc à prendre avec beaucoup de précautions et continue de susciter d'intenses débats chez les historiens japonais.

Oda Nobunaga, lui, affronte la mort les armes à la main dans la nuit du 20 au 21 juin 1582, à l'âge de 47 ans, dans les flammes et dans le sang. Entouré d'une garde réduite composée de ses plus proches conseillers et gardes du corps, il subit l'attaque de l'un de ses propres généraux, Akechi Mitsuhide, qui se retourne contre lui. Impossible de tenir face aux milliers d'hommes qui fondent sur le temple où réside Nobunaga à Kyoto. Il se suicide rituellement. Ni son corps ni son arme ne seront retrouvés. D'après Luís Fróis, Yasuke, le samouraï africain, se trouvait dans les parages. Il aurait « longuement » combattu aux côtés du fils de Nobunaga, Nobutada. Tout cela est beau comme un scénario Netflix.

Surtout, l'histoire apporte ici au mythe de Yasuke un élément fondamental : un méchant archétypal. Un traître qui, s'il a pu planter un couteau dans le dos de son suzerain, a probablement dû être un odieux personnage dans la vie de tous les jours. Les différents récits de notre époque qui mettent en scène le samouraï africain font d'Akechi Mitsuhide le parangon de tout ce qu'il convient de dénoncer.

« Est-il jaloux des liens privilégiés que le daimyo entretient avec le samouraï africain ? s'interroge le journaliste Serge Bilé. Nourrit-il une aversion pour les étrangers et en l'occurrence pour les Noirs ? Toujours est-il que Mitsuhide tient en privé des propos peu amènes sur Yasuke qu'il considère comme une bête, ni plus ni moins. Le racisme de Mitsuhide envers le jeune Makua[1] tranche nettement avec la sympathie bon enfant que nourrit en général la population japonaise pour les

1. Serge Bilé retient arbitrairement dans son ouvrage que Yasuke appartient à l'ethnie Makua, qui peuple à l'origine le nord du Mozambique actuel et de la Tanzanie, et dont on trouve des représentants, principalement à travers les circuits esclavagistes, au Malawi, à Madagascar et aux Comores.

Noirs[1]. » Sauf que nous n'avons aucune idée de ce que Mitsuhide racontait en privé et de ce qui l'a poussé à l'action. Nous y reviendrons.

Le scénariste de bande dessinée Thierry Gloris fait apparaître, au fil des opus de sa bande dessinée sur Yasuke, des affrontements entre Akechi Mitsuhide et Yasuke, tantôt à la lutte (tome 1), tantôt au bokken[2] (tome 3), chaque fois pour amuser Nobunaga. De quoi faire germer un antagonisme non pas entre le suzerain et le futur traître… mais entre ce dernier et l'Africain. Mitsuhide est dépeint comme particulièrement agressif et véhément, s'adressant à Yasuke avec mépris et condescendance. Il semble haïr aussi bien l'homme noir que les chrétiens. L'officier gagne de justesse ces rapports de force. Il est pourtant peu probable qu'il ait pu exceller dans de tels exercices : il a alors la cinquantaine passée et même s'il était un combattant aguerri, difficile de triompher dans un combat de sumo face à un homme de 25 ans qui mesure 1,90 mètre[3]. Pour Gloris, c'est l'affrontement entre deux bénéficiaires de l'ascenseur social de Nobunaga : « Le parcours d'Akechi Mitsuhide interroge, c'est un fils de paysan, raconte l'auteur de BD. Nobunaga est réputé pour faire monter des gens venus d'en bas[4]. »

D'autres ne situent pas l'enjeu au niveau même de Yasuke. Le romancier Craig Shreve imagine par exemple dans son roman[5] un complot entre Akechi Mitsuhide et le chrétien Alessandro Valignano. Le jésuite avare chercherait à préserver ses droits à exploiter le port de Nagasaki, que Nobunaga aurait voulu récupérer. Avec le traître, ils

1. BILÉ Serge, *Yasuke, le samouraï noir*, Owen Publishing, 2018.
2. Sabre d'entraînement en bambou.
3. Certaines sources, notamment son descendant Akechi Kenzaburo (voir plus loin dans ce chapitre), estiment qu'il était même encore plus âgé, probablement autour des 60 à 70 ans.
4. Entretien avec l'auteur le 9 septembre 2024.
5. SHREVE Craig, *op. cit.*

s'entendraient pour faire tomber le tyran. « J'avais besoin d'un vilain, s'amuse l'auteur. C'est vrai que ce n'est peut-être pas tout à fait juste pour lui[1] ! » Mais c'est vrai, ça : pourquoi Akechi Mitsuhide a-t-il été aussi méchant, finalement ?

Honnō-ji, le crépuscule de Nobunaga

Ce 21 juin 1582, à l'aube, tout est calme à Kyoto. Comme nous l'avons vu dans le chapitre précédent, les campagnes d'Oda Nobunaga se passent parfaitement bien, sur les trois fronts qui l'avaient particulièrement préoccupé les dernières années. Iga est pacifiée, les Takeda ne sont plus et les Mōri suivront bientôt. Il séjourne, comme il le fait régulièrement, dans le temple du Honnō-ji, qui lui sert de résidence dans la capitale. Son fils, Nobutada, est hébergé dans un autre temple, le Myokaku-ji, à quatre kilomètres de là. Tous deux doivent notamment échanger sur la future campagne destinée à conquérir l'île de Shikoku, où l'héritier Oda doit mettre sous coupe réglée le clan Chōsokabe, devenu trop influent et que Nobunaga n'entend pas laisser régir un territoire aussi important et aussi stratégique.

Akechi Mitsuhide vient de recevoir l'ordre d'aller appuyer Toyotomi Hideyoshi sur le front ouest, face aux Mōri. Il est un vétéran de cette zone de combats, où il a commandé des armées et des sièges tout au long des années 1570, et où il a été nommé gouverneur de la province de Tamba en récompense de ses victoires dès 1580.

« Mais les événements prirent un tournant inattendu, rapporte Ōta Gyūichi. À Kameyama, dans la province de Tanba, Koretō Hyūga no Kami Mitsuhide[2] a déclenché

1. Entretien avec l'auteur le 10 avril 2024.
2. Le nom complet que porte alors Akechi Mitsuhide, sur le plan formel.

son plan de révolte[1]. » Ce n'est qu'à la veille de mettre en route ses 13 000 hommes qu'il prévient ses capitaines de son projet : renverser Oda Nobunaga. Les soldats eux-mêmes ignorent tout de l'objectif réel, alors qu'ils marchent de nuit à proximité de la capitale.

C'est ce qu'atteste le témoignage de l'un d'entre eux, Honjō Soemon, découvert dans la seconde moitié du XXe siècle. « Nous n'aurions jamais imaginé qu'Akechi voudrait prendre Oda Nobunaga pour cible, explique-t-il dans un texte, rédigé à partir de ses souvenirs plus d'une cinquantaine d'années après l'attaque, à l'approche de sa mort[2]. Nous étions en route pour aller aider les forces de Hideyoshi[3]. »

« En un rien de temps, l'ennemi a encerclé le Honnō-ji, poursuit Ōta Gyūichi. Il a fait irruption violemment des quatre côtés à la fois. D'abord, aussi bien Nobunaga que ses pages ont cru qu'il s'agissait d'une querelle passagère entre des subalternes. Ils ne pouvaient pas être plus loin de la vérité[4]. » « La porte était ouverte et pas un chat en vue, se souvient Honjō Soemon. Nous sommes rentrés avec les têtes que nous avions prélevées. [Akechi Hidemitsu[5]] et un membre du *horo shu*[6], qui étaient probablement entrés par la face nord du temple, nous ont ordonné de nous débarrasser des têtes. Nous avons suivi ses ordres et jeté les têtes

1. ŌTA Gyūichi, *op. cit.*

2. Il convient de noter que ce témoignage a été rédigé après la mort de Toyotomi Hideyoshi, et qu'alors plus personne ne peut reprocher à l'auteur sa participation à cette rébellion ou la manière dont elle s'est déroulée.

3. HONJŌ Soemon, « Honjō Soemon oboegaki », *Tenri Library Bulletin*, n° 57, 1971.

4. ŌTA Gyūichi, *op. cit.*

5. Honjō cite « Yaheiji », le surnom d'Akechi Hidemitsu, le gendre de Mitsuhide, qui commande l'avant-garde lors de cette attaque. Voir collectif, « Akechi Hidemitsu », in *Dictionnaire historique du Japon*, vol. 1, 1963.

6. Des corps d'élite chargés notamment de relayer les ordres du commandement lors des batailles.

sous le temple. Nous sommes entrés par l'entrée principale, mais il n'y avait personne dans le hall principal[1]. »

Le détail des têtes abandonnées a son importance. À cette époque, les combattants prélèvent ces trophées pour prouver leurs résultats au combat et obtenir des récompenses en conséquence. Pour un soldat, ramener la tête d'un ou plusieurs hommes, et tout particulièrement celles d'officiers, est un enjeu crucial. Les troupes d'Akechi Mitsuhide ont pour ordre de ne rien faire de tel. Honjō Soemon n'a de toute façon croisé que quelques malheureux qui ont été rapidement exécutés, sans réels combats. Et il sera tout de même récompensé en recevant une lance toute neuve.

Les quelques dizaines d'hommes d'Oda Nobunaga qui protègent le temple sont rapidement débordés. « Les pages de Nobunaga vont vers l'ennemi encore et encore, jusqu'à ce qu'ils soient tués au combat », assure Ōta Gyūichi[2]. Il liste les noms de ceux qui sont tombés sur les différents points du temple, des écuries aux cuisines, vantant les mérites des guerriers les plus courageux, dans un récit autrement plus valeureux que celui de l'agresseur.

« Nobunaga a d'abord attrapé son arc, poursuit le chroniqueur. Mais après avoir lâché deux ou trois flèches, la corde a rompu. Son temps était apparemment venu. Il a poursuivi le combat à la lance, mais a été blessé à l'épaule et a dû se replier. Arrivé à ce point, il a ordonné aux femmes qui étaient encore à ses côtés : “Sortez, vite ! Ils ne blesseront pas les femmes !” Une fois les femmes chassées, il a mis le feu à ses appartements personnels et rapidement, tout le bâtiment brûlait. Ne voulant que personne ne soit témoin de ses derniers moments, apparemment, Nobunaga s'est retiré dans les profondeurs de sa

1. HONJŌ Soemon, *op. cit.*
2. ŌTA Gyūichi, *op. cit.*

résidence, a fermé la porte d'une buanderie de l'intérieur et s'est ouvert le ventre[1]. »

Rapidement, son fils Nobutada comprend qu'une attaque est en cours. Il est déjà trop tard. Il décide de se réfugier au château impérial de Nijō avec sa maigre garde rapprochée, dans l'espoir de bénéficier de ses défenses. Ils sont immédiatement encerclés. Certains envisagent une fuite ou une reddition. Mais Oda Nobutada aurait refusé : « Ceux qui sont impliqués dans une telle révolte n'accepteront jamais de me laisser partir. L'idée infamante que je puisse tomber sous les coups de simples fantassins est plus que je ne puis supporter. Je préfère m'ouvrir le ventre ici même[2] ! » Les soldats d'Akechi Mitsuhide sont parvenus à escalader plusieurs bâtiments alentour et à tirer, à l'arc et à l'arquebuse, sur les hommes du clan Oda. C'est un carnage et, rapidement, le palais de Nijō brûle à son tour.

Les corps retrouvés dans les décombres des deux bâtiments incendiés ne sont pas identifiables. Les têtes d'Oda Nobunaga et Nobutada ne pourront pas être exposées. Leurs armes personnelles, qui auraient également pu servir de trophées au vainqueur et, surtout, lui garantir immédiatement qu'il les avait bien neutralisés, ce dont il va d'abord douter. Il fait fouiller tout Kyoto pour trouver tout complice susceptible d'avoir aidé ses ennemis à fuir ou se cacher.

Et Yasuke dans tout cela ? Personne ne sait où il se trouve. Était-il présent au Honnō-ji dans les derniers moments de Nobunaga ? Seul Luís Fróis qui nous donne quelques éléments de réponse : « Le cafre que le Visiteur a donné à Nobunaga à sa demande, après sa mort, s'est rendu à la résidence de son fils et s'est battu là pendant un long moment, mais quand un des vassaux d'Akechi

1. *Ibid.*
2. ŌTA Gyūichi, *op. cit.*

s'est approché et lui a demandé de déposer son katana, il l'a donné. Les vassaux ont demandé à Akechi quoi faire du cafre. Il a dit que le cafre était un animal et ne savait rien, qu'il n'était pas japonais. Et donc de ne pas le tuer et de le remettre à l'église du père d'Inde. Cela nous a un peu soulagés[1]. »

À en croire le missionnaire, Yasuke était donc présent au Honnō-ji, mais c'est aux côtés de Nobutada qu'il aurait ferraillé. Thomas Lockley rapporte de plus une étonnante rumeur, qui circulerait selon lui au sein des descendants de la famille Oda : certains raconteraient que Yasuke aurait permis de sauver la tête et le sabre de leur ancêtre. Une légende invérifiable qui semble s'appuyer sur du folklore, plus que sur la moindre preuve historique[2].

La formule rapportée par Luís Fróis, selon laquelle Mitsuhide aurait qualifié Yasuke d'« animal » ou de « bête », selon les traductions, est importante pour la mémoire qu'elle transmet à travers les siècles. Elle donne l'impression d'un profond mépris qui contribue à dessiner le traître comme un horrible personnage. Du racisme ? C'est probablement plus subtil que cela[3]. « Il est vrai que Yasuke était regardé comme une bête et non comme un être humain, estime Makoto Tsujuichi dans un article sur les études noires au Japon[4]. Mais il n'en a pas moins été relâché après l'assassinat de Nobunaga. En général, les personnes noires étaient vues avec curiosité, plutôt qu'avec un sentiment de hiérarchie raciale[5]. » S'il s'était réellement agi d'un sentiment hostile, Akechi Mitsuhide n'aurait

---

1. Courrier de Luís Fróis, missionnaire jésuite, daté du 5 novembre 1582.
2. LOCKLEY Thomas et GIRARD Geoffrey, *op. cit.*
3. Voir chapitre 14.
4. Les *Black Studies*, ou *Afro-American Studies*, sont un champ de recherche apparu aux États-Unis dans les années 1960.
5. TSUJIUCHI Makoto, « Historical Context of Black Studies in Japan », *Hitotsubashi Journal of Social Studies*, n° 30, 1998.

probablement pas pris la peine d'épargner et de relâcher l'Africain. À cette époque, la couleur de peau noire pouvait aussi parfois être associée à la sainteté bouddhique, de nombreuses représentations sacrées affichant des visages de cette couleur. « Le Bouddha lui-même, si non en doré, était souvent dépeint comme noir », observe Gary P. Leupp[1]. Cela aurait-il joué en faveur de Yasuke ?

Qui était Mitsuhide ?

La construction d'un Akechi Mitsuhide archétype du traître et du méchant est d'autant plus facile qu'on ignore quasiment tout de lui. Ce qui ajoute au mystère de ses motivations à se retourner ainsi contre Oda Nobunaga. Il est probablement de naissance relativement modeste et aurait d'abord servi le shogun en exil Asakura Yoshiaki, lorsque Nobunaga travaillait à le réinstaller à Kyoto. On ne sait comment il passe du service du premier au second. La première fois qu'il est cité dans la chronique de Ōta Gyūichi, c'est en 1569, en tant que l'un des gardes du shogun. Un an plus tard, il est chargé par Nobunaga d'aller récupérer des otages pour s'assurer la fidélité d'une famille vassale[2]. Il sera dès lors présent lors de nombreuses étapes clefs de la montée en puissance de son seigneur. « Il s'éleva peu à peu, par son activité, jusqu'à compter parmi les généraux sous les ordres de Nobunaga », résume le *Dictionnaire historique du Japon*[3]. Il a ceci en commun avec Toyotomi Hideyoshi de s'être hissé d'une modeste condition sociale jusqu'au plus haut de la hiérarchie militaire.

---

1. LEUPP Gary P., « Images of black people in late mediaeval and early modern Japan 1543-1900 », *Japan Forum*, vol. 7, 1995.
2. ŌTA Gyūichi, *op. cit.*
3. Collectif, « Akechi Mitsuhide », in *Dictionnaire historique du Japon*, vol. 1, 1963.

C'est indéniablement un très proche de Nobunaga, depuis sa prise de contrôle de Kyoto. Il participe au gouvernement Oda et commande des armées dans plusieurs conflits, notamment face à Uesugi Kenshin, à l'est. En 1575, il est nommé gouverneur de la province de Hyuga, puis en 1578 de Temba, qu'il vient de conquérir en triomphant du clan Akai. À la mi-mai 1582, alors que Nobunaga reçoit Tokugawa Ieyasu au château d'Azuchi, c'est Mitsuhide qui est chargé d'organiser les trois jours de festivités. Le gage d'une importante confiance du suzerain envers son général.

Akechi, le traître

Les historiens continuent de se poser la question : pourquoi Akechi Mitsuhide se retourne-t-il contre Oda Nobunaga en 1582 ? Il n'a pas laissé de traces justifiant clairement son acte. Il n'existe aujourd'hui que des hypothèses, plus ou moins satisfaisantes, plus ou moins admises. Il n'y a aucun consensus historique, sinon que l'on ne sait pas. L'une des thèses les plus répandues est celle de la rancune personnelle. En 1579, Mitsuhide tente de négocier avec le clan Hatano sa reddition, après trois ans d'affrontements infructueux. Il propose un échange d'otages : il laisse sa mère captive au château de Yakami, pendant que le dirigeant ennemi, Hatano Hideharu, vient présenter sa reddition à Nobunaga. Ce dernier l'exécute sans autre forme de procès. Ce qui entraîne en rétorsion l'assassinat de la mère de Mitsuhide. Ce dernier n'aurait jamais pardonné à son maître ce sacrifice inutile.

Plus récente, la « théorie de Shikoku » veut que Mitsuhide ait été utilisé par Nobunaga pour négocier la soumission des Chosokabe, qui dominent l'île de Shikoku. Elle est notamment alimentée par un courrier retrouvé en 2014, dans lequel Chosokabe Motochika, le daimyo, s'engage à prêter serment à condition qu'on préserve son autorité sur ses territoires. Il accepte de renoncer à la province d'Awa, qui représente environ un quart de l'île, perdant ainsi l'espoir d'être souverain sur l'ensemble de ce territoire. Sauf que pendant que des hommes de Mitsuhide négocient cette solution pacifique, Nobunaga, lui, prépare l'invasion. Début juin, son fils Nobutada doit se lancer à l'assaut de l'île. Akechi Mitsuhide n'aurait pas accepté une telle trahison et serait passé à l'attaque pour empêcher le déclenchement de cette campagne.

D'autres évoquent une vexation de Nobuhide, humilié par Nobunaga lors d'un repas festif organisé pour accueillir son allié, Tokugawa Ieyasu. Il y a ceux qui sont convaincus que Mitsuhide était un agent de la cour impériale, inquiète de voir Nobunaga devenir incontrôlable. À moins, tout simplement, que le général ne soit devenu gourmand et n'ait pensé pouvoir usurper la position de son supérieur ? Encore une fois, il n'y a ici qu'hypothèses, invérifiables en l'état actuel des connaissances.

Des siècles plus tard, l'un de ses descendants, Akechi Kenzaburo, s'est d'ailleurs lancé dans une longue quête historique pour réhabiliter la mémoire de son aïeul. Épluchant les archives partout à travers le Japon, il est convaincu d'avoir démontré que le récit officiel était un faux, façonné. « Hideyoshi Hashiba[1], qui a pris le contrôle du pays au nom d'Oda Nobunaga, a rédigé un "rapport d'incident du Honnō-ji" qui lui convenait et dans lequel il a implanté et diffusé l'image de "personnes méchantes", défend-il. Les romanciers et les historiens ont encore élargi et popularisé cette image[2]. »

1. Autre nom de Toyotomi Hideyoshi.
2. Entretien avec l'auteur par courriel le 4 mai 2024.

Pour lui, Oda Nobunaga avait comme objectif initial d'unifier le pays pour instaurer une paix durable. C'est ce rêve qui aurait donné envie à Akechi Mitsuhide de le suivre. S'il tenait des discours sur la justice, la notion d'abnégation chez Nobunaga est à aborder avec prudence. Plus qu'une volonté pacificatrice, c'est une ambition de pouvoir qui s'est d'abord manifestée dans sa démarche. Quoi qu'il en soit, pour Akechi Kenzaburo, le descendant, les échanges de Nobunaga avec les étrangers font germer un nouveau projet, qui remet en question cet idéal : il aurait finalement décidé de partir à la conquête de la Chine. Une lubie de tyran qui coûterait la vie à de nombreux hommes de qualité mais qui aurait le mérite pour lui d'éloigner les potentiels traîtres, dont il craindrait d'être entouré. Ce serait pour éviter ces carnages que Mitsuhide aurait tourné casaque. Le problème, c'est que cette thèse n'est absolument pas corroborée par des historiens.

Ce qui est intéressant dans l'approche d'Akechi Kenzaburo, c'est qu'il fait de Yasuke un témoin clef de ces événements. Pour lui, il a assisté aux nombreux échanges entre Nobunaga et son général, au cours desquels la confiance se serait progressivement brisée. Après le coup d'État, Yasuke aurait confié ce qu'il a vu à un marchand espagnol du nom d'Ávila Girón. Celui-ci rapporte les derniers mots de Nobunaga : « Je me suis moi-même donné la mort. » Comprenez : par cet excès d'ambition de conquêtes. Le problème, c'est que Girón a parfois tendance à se laisser emporter par son imagination, selon son contemporain et concitoyen, le jésuite Pedro Morejon[1].

« Les derniers mots de Nobunaga dans le récit d'Ávila sont "*Yo me he dado a mí mesmo la muerte*", qui sont

1. MARTIN SANTO Noemi, « Relacion Del Reino Del Nipon, Bernardino de Ávila », Clásicos Hispánicos, 2019.

similaires à ceux compilés par d'autres auteurs, explique Noemí Martín Santo, qui a étudié les textes de l'Espagnol. Dans cette section, Ávila ne mentionne pas de sources. » Cette chercheuse en langue et en littérature de l'université du Connecticut reste prudente sur l'interprétation d'Akechi Kenzaburo : « L'intérêt de l'ouvrage d'Ávila Girón est qu'il présente le point de vue d'un laïc espagnol du Japon pour des lecteurs espagnols. Son livre est divisé en trois parties : observation des coutumes, histoire du Japon et récit des martyrs. Il a probablement compilé la partie historique à partir de sources missionnaires et japonaises et les a réécrites pour le public espagnol. Il n'y a malheureusement aucune mention de Yasuke dans son travail. Les récits de guerre espagnols ont été compilés principalement par des missionnaires. Ils étaient diffusés sous forme de lettres ou de récits oraux[1]. » Si le samouraï africain s'était rendu jusqu'à Nagazaki et avait confié un aussi précieux témoignage de première main, il n'y avait aucune raison pour Girón de le cacher. Au contraire, cela aurait rendu d'autant plus crédible et intéressant son propre récit qu'il s'appuierait sur un témoin direct des événements.

La grande marche de Hideyoshi

Une fois le contrôle de Kyoto assuré, Akechi Mitsuhide a certainement espéré s'assurer l'alliance de puissants daimyos. Il écrit à la cour impériale pour tenter d'obtenir une reconnaissance officielle. Il est également probable que sur le moment, il ait craint de ne pas être débarrassé de Nobunaga et Nobutada : personne ne les a vus mourir et les corps ne sont pas retrouvés dans les décombres des bâtiments brûlés. Il se dirige immédiatement vers Azuchi, pour asseoir son autorité sur les possessions des Oda. Mais il reste terriblement isolé.

1. Entretien avec l'auteur par courriel le 15 avril 2024.

Pendant ce temps, sur le front ouest, Toyotomi Hideyoshi apprend la nouvelle. Il négocie en urgence une trêve avec les Mōri, déjà très affaiblis. Il fait immédiatement volte-face et lance son armée de 30 000 hommes vers Kyoto pour aller venger Nobunaga… et prendre le pouvoir. Les Japonais parlent de « grand retour de la région de Chugoku » pour qualifier cette marche exceptionnellement rapide : deux cents kilomètres en à peine une semaine. Un exploit, tant il est ambitieux de faire progresser une troupe une trentaine de kilomètres par jour en ordre de bataille.

Hideyoshi intercepte les forces de Mitsuhide à Yamazaki, le 2 juillet. Ce dernier a moitié moins d'hommes et rapidement, ils commencent à paniquer et à fuir. La manœuvre de Hideyoshi est pourtant audacieuse, pour ne pas dire risquée, confiant qu'il est dans sa supériorité numérique. Mais la ligne de front cède et, rapidement, c'est la débandade généralisée. Mitsuhide se replie. Mais il est rattrapé par des *ochimusha*, des locaux qui profitent de batailles pour venir piller ce qu'ils peuvent. Il est assassiné dans les bois sans que son corps soit retrouvé. C'est en tout cas ce que racontent les récits autorisés par Hideyoshi. Ce dernier profite de cet exploit pour imposer son autorité : il fait nommer Hidenobu, le fils de Nobutada et le petit-fils de Nobunaga, à la tête des Oda. Tout en s'assurant de garder le pouvoir réel entre ses mains. Ce qui lui permet de devenir celui qui va unifier le Japon, terminant la quête de son défunt maître.

9

Seppuku

« Yasuke n'était pas un samouraï ! » Kioshibara, un internaute sur le forum Reddit[1], s'applique à poursuivre l'effort intellectuel crucial dans lequel il est engagé : démontrer que l'Africain ne peut pas être ainsi qualifié[2]. « Il n'était qu'un porteur d'armes qui était parfois amené à divertir les invités de Nobunaga, comme un animal historique, poursuit l'historien amateur 2.0, en s'appuyant sur ce qu'on imagine être une grande connaissance du Japon féodal. Il n'a participé à aucune bataille, il n'a jamais utilisé de katana. » Et parmi ses arguments imparables, il en ajoute un qui est intéressant : « Il n'a même pas été obligé de faire *seppuku*, ce qui était uniquement une affaire de samouraï. » *Seppuku*[3], le suicide rituel, est en effet associé à l'imaginaire qui entoure la figure du

1. Commentaire posté le 1er juin 2024, sur l'un des nombreux sujets liés à l'annonce par l'éditeur de jeu vidéo Ubisoft que Yasuke serait l'un des deux héros de son prochain opus de la licence Assassin's Creed. Voir chapitre 15.

2. Voir chapitre 6.

3. Les Japonais n'utilisent pas le terme hara-kiri, répandu dans l'imaginaire occidental. Ce dernier est le résultat d'approximations de traductions qui se sont installées dans les habitudes : les kanjis pour l'écrire sont simplement inversés. Sans être fondamentalement faux, cette formule reste considérée comme vulgaire et n'est pas employée, ni à l'écrit, ni à l'oral.

samouraï. Une rumeur a longtemps circulé sur Internet, au début des années 2010, précisant qu'Akechi Mitsuhide non seulement n'avait pas fait exécuter Yasuke, mais en plus lui avait refusé de se donner la mort dignement, comme ses maîtres. De nouveau, cette justification magique : c'est la faute de Mitsuhide.

Dans l'histoire du Japon, le suicide rituel se caractérise par sa récurrence au fil des siècles, par la diversité de ses mises en œuvre et par la gloire qui lui est associée, *a posteriori*. Cette mythification cache une réalité beaucoup plus nuancée, dans laquelle de nombreux samouraïs renoncent au suicide, voire ne se posent même pas la question. D'ailleurs, il n'y a pas que l'élite guerrière qui se donne la mort. D'autres suivent l'exemple, même s'ils n'ont jamais porté les armes ou combattu sur un champ de bataille : épouses éplorées, serviteurs désespérés, assassins acculés. Si le geste est associé au samouraï préférant mourir en préservant son honneur, il est plus généralement lié à la spiritualité japonaise : que ce soit dans le shintoïsme ou dans le bouddhisme, il n'existe aucun tabou lié au suicide comme dans les cultures judéo-chrétiennes, qui le tiennent en horreur absolue[1]. Au Japon, on se donne la mort parce qu'on ne voit rien de mal à cela. Au contraire.

« L'histoire de *seppuku* s'étend sur un millénaire, résume Andrew Rankin, auteur d'un ouvrage sur la question. Si l'on en croit les suicides abondants enregistrés dans les contes de guerre japonais, la forme est infiniment variable. Les guerriers vaincus s'ouvrent l'estomac sur le champ de bataille pour contrarier leurs ennemis. Il y a des hommes qui jettent leurs tripes en l'air ou écrivent

1. MAEDA Aya, « How suicide has been conceived in Japan and in the Western World : Hara-kiri, Martyrdom and Group Suicide », *in* « Facing Finality : Cognitive and Cultural Studies in Death and Dying », séminaire et étude collective, 2012.

des poèmes dans leur propre sang. Certains s'éventrent dans leurs chambres et saignent à mort. D'autres sont aidés par un camarade ou un serviteur. Des foyers entiers font *seppuku* ensemble. Des amis, en pleurs, mettent fin aux jours d'autres amis. Des pères décapitent des fils et vice et versa. Des frères se poignardent les uns les autres. Des amants se déchirent sur la tombe de leurs bien-aimés. Des vassaux se font martyrs après la mort de leurs seigneurs. Des assassins contrariés retournent leurs lames contre eux-mêmes. [...] Des épouses se poignardent pour faire honte à leurs maris. *Seppuku* peut être spontané ou prémédité, volontaire ou obligatoire, public ou privé. Il peut s'agir d'une cérémonie solennelle ou d'un théâtre dramatique. Les samouraïs s'ouvrent le ventre par honneur, honte, désespoir, chagrin, panique, protestation, patriotisme, narcissisme, vengeance, haine ou amour. Il y a des descriptions de *seppuku* faites par des guerriers, des serviteurs, des enfants, des bureaucrates, des précepteurs, des législateurs, des pirates, des poètes, des princes et des prêtres. Les scènes de suicide vont de l'échelle de l'automassacre de masse par des centaines de guerriers à la fois, à la mort d'un homme d'épée solitaire au sommet d'une falaise. Les samouraïs s'éventrent sur les champs de bataille, au sommet des tours de château, dans des grottes, dans de grands manoirs, dans des huttes paysannes, en prison, aux bords des routes, dans les temples, dans les cimetières, à cheval et en mer. Grâce à toutes ces variations colorées, l'idée essentielle qui nous est présentée ne change pas : quand il n'est plus possible de vivre fièrement, les samouraïs devraient s'efforcer de mourir fièrement, et la mort la plus fière du samouraï est *seppuku*[1]. » S'ils se suicidaient tous aussi facilement... Alors pourquoi pas Yasuke ?

1. RANKIN Andrew, *op. cit.*

Le mythe du suicide

Au Japon, et en particulier à l'époque qui nous intéresse, l'ère Sengoku, le suicide est un art. Un geste qui se construit avec un fort goût de l'esthétique et de la mise en scène : car il est d'abord un message, adressé à la fois à ses contemporains, et à la fois aux générations futures. C'est au XVIe siècle qu'un protocole commence à se mettre en place pour normer le cadre, le rituel, de *seppuku*. L'approche la plus répandue veut que le supplicié se mette à genoux, bloquant son habit avec ses genoux, pour que son corps reste droit une fois son sacrifice terminé. À l'aide d'un couteau ou de son sabre court, le *wakizashi*, il pratique deux coupes. La première, horizontale, s'effectue en dessous du nombril. Elle ne doit pas être trop profonde, pour éviter que les entrailles ne s'épandent de manière peu élégante. La seconde, verticale, remonte ensuite depuis le haut de l'aine. Elle doit causer une hémorragie destinée à abréger les souffrances. Selon les cas, l'auteur de *seppuku* peut être assisté d'un fidèle, le *kaishakunin*, qui est à la fois son témoin et son aide : une fois le geste exécuté, il met fin au calvaire en lui tranchant la tête. Lors de suicides collectifs, des *kaishakunin* peuvent suivre leur maître en se donnant à leur tour la mort. On dit qu'ils font *oi-bara*. Littéralement : ils « suivent le ventre ».

Dans son ouvrage, Rankin identifie plusieurs raisons de faire *seppuku*[1]. La première, nous l'avons vu, est un simple suicide. Il peut s'agir d'échapper au déshonneur, comme de mettre fin à son désespoir, même si certains théoriciens des valeurs des samouraïs considèrent cette dernière approche comme lâche. *Seppuku* peut également être une condamnation à mort. Le vainqueur ou l'autorité

1. RANKIN Andrew, *op. cit.*

ordonne au vaincu ou au criminel de se donner lui-même la mort, lui concédant ainsi l'occasion de préserver son honneur. Le *kanshi*, la mort récriminatoire, permet de dénoncer de manière magistrale un manquement d'une autorité ou d'un supérieur. Le vassal vise ainsi à ce que son suzerain prenne conscience de la gravité de ses écarts.

Le parcours d'Oda Nobunaga est marqué par de tels sacrifices. Lui-même quitte ce monde de cette façon. C'est en tout cas ce que nous raconte la chronique, même si dans les faits, il n'y a eu aucun témoin direct de cette scène : « Ne souhaitant pas que qui que ce soit voit ses derniers instants, semble-t-il, Nobunaga s'est retiré profondément dans sa résidence, a fermé la porte d'une pièce de service de l'intérieur, et s'est froidement ouvert le ventre[1]. » Même chose pour son fils, Nobutada, dont Ōta Gyūichi rapporte qu'il refuse les injonctions à fuir : « Ceux qui sont impliqués dans une telle révolte ne sont pas prêts à me laisser partir, aurait répondu l'héritier du clan Oda. L'idée de l'infamie que j'encourrais si je tombais entre les mains de simples soldats, c'est plus que je ne peux supporter. Je préfère m'ouvrir le ventre ici même. » Et le chroniqueur de commenter : « Sa détermination héroïque est émouvante[2]. »

Dans ces deux cas, Nobunaga comme Nobutada sont persuadés de ne pas avoir d'alternative. Ils se savent condamnés. Ils font le choix de ce geste extrême car ils le préfèrent à des morts plus sordides, plus humiliantes, moins prestigieuses pour la future légende qu'ils ont à cœur de préserver. Eux-mêmes ont largement mis en scène la mort de leurs ennemis. Dans le Japon de cette époque, les soldats coupent les têtes des combattants abattus et les collectent, pour obtenir des primes. Des trophées dont

1. ŌTA Gyūichi, *op. cit.*
2. *Ibid.*

il est pris grand soin : on les nettoie et on les maquille, pour les présenter à son suzerain. Il s'agit également de vérifier que les hommes de troupes ne se vantent pas d'avoir tué pléthore de samouraïs adverses quand ils ont simplement massacré quelques civils dans un village. Pour des ennemis particulièrement honnis, dont on voudrait faire de la mort un exemple, les grands daimyos n'hésitent pas à exposer corps et têtes dans leurs châteaux et dans leurs villes.

Chez ses ennemis, ceux qui se donnent la mort sont ceux qui méritent le respect. En 1573, après que les forces du clan Asakura ont été défaites, plusieurs survivants sont présentés à Nobunaga alors qu'ils ont protégé la fuite de leur seigneur. Le daimyo réclame que l'un d'entre eux, Nakemaki Yarokuzaemon, entre à son service car « il serait honteux de perdre un homme avec de tels accomplissements à son crédit ». Il demande que l'on épargne sa vie. Le guerrier, estimant que les rancunes seraient trop fortes, après que plus de trois mille de ses camarades ont été massacrés, préfère se donner la mort[1]. La même année, Miyoshi Yoshitsugu, se sentant acculé par les troupes Oda, « poignarde toutes ses femmes et ses fils à mort, puis sort pour se battre. Après avoir blessé un homme, il s'ouvre le ventre en croix. Sa bravoure était sans égale et il rencontra une triste fin. Accompagnant leur seigneur dans la mort, Nasu Kyūemon, Oka Hida no Kami, et Egawa s'ouvrirent le ventre. C'était leur heure de gloire[2] ».

Seppuku n'est cependant pas toujours un choix héroïque. En 1579, un officier du clan Araki se voit refuser toute échappatoire : « Nomura Tengo, se rendant, demande pitié, mais Nobunaga ne lui fait pas de quartiers et lui

1. ŌTA Gyūichi, *op. cit.*
2. *Ibid.*

fait s'ouvrir le ventre[1]. » En 1580, Bessho Yamashiro se voit conseiller par l'un de ses frères d'armes de se suicider, pour échapper à la capture par les troupes de Nobunaga. Il est conscient que ce geste ne lui garantit pas le respect de l'ennemi et préfère une autre solution : « Si je me coupe le ventre, ma tête est sûre d'être prise et d'être transportée le long des routes pour être présentée à Azuchi. Je ne peux pas supporter l'idée d'être vilipendé en ville et à la campagne, si cela devait arriver. Je préfère mettre le feu au château et brûler jusqu'à la mort, en confiant mes os aux flammes[2]. » Il est finalement surpris par plusieurs de ses hommes, qui l'assassinent, avant qu'il ne puisse lancer une flambée. En 1581, alors qu'il commande une armée au service d'Oda Nobunaga, Toyotomi Hideyoshi assiège pendant six mois le château de Tottori, propriété d'un allié des Mōri. Les défenseurs tiennent extraordinairement longtemps, survivant en mangeant tout ce qui peut l'être. Y compris, selon des rumeurs invérifiables, les corps humains. Impressionné, Hideyoshi propose un curieux marché au commandant adverse, Kikkawa Tsuneie : il épargnerait sa vie à condition que deux de ses capitaines s'ouvrent le ventre. Tsuneie refuse. La légende raconte qu'il but une dernière bouteille de saké avec eux, puis leur dit : « Je n'ai jamais fait cela, j'espère ne pas vous décevoir[3]. » Avant de se donner la mort.

Tous ces exemples montrent à quel point le suicide ritualisé peut répondre à des réalités et des situations extrêmement différentes, même pour des chefs militaires vaincus. Le célèbre artiste et réalisateur japonais Takeshi Kitano propose dans son film *Kubi* un regard dénué de tout romantisme sur le suicide. Alors qu'il est assiégé dans

1. ŌTA Gyūichi, *op. cit.*
2. *Ibid.*
3. RANKIN Andrew, *op. cit.*

le Honnō-ji, son Oda Nobunaga, personnage violent, pervers, égoïste et manipulateur pousse son amant Mōri Ranmaru au suicide. Il propose à Yasuke de faire de même et de l'assister. L'Africain, exaspéré de subir les vices du tyran, lui tranche la tête d'un coup de hallebarde accompagné d'injures. Chez Kitano, *seppuku* apparaît comme un geste inutile pratiqué par des naïfs. Les plus malins, dont Yasuke, ne s'y risquent pas. Le dernier exemple, avec ce dilemme d'honneur offert par Toyotomi Hideyoshi à Kikkawa Tsuneie, montre même que la suggestion de se faire *seppuku* est parfois extrêmement perverse. Quand bien même l'idée serait de tester la détermination et la morale du perdant, il n'y a rien de bien honorable dans cette situation.

Il n'y a pas que les ennemis d'Oda Nobunaga qui sont morts de leurs propres mains. Dans son entourage aussi, on trouve un certain nombre de récits mythiques de sacrifices parmi les plus légendaires de l'histoire et du récit national japonais. Le premier, particulièrement notable et que nous avons déjà évoqué plus tôt, est celui de l'un de ses vassaux alors qu'il vient de succéder à son père, en 1556. Hirate Masahide, qui fut son tuteur lorsqu'il était enfant, s'inquiète comme beaucoup du comportement lunatique du jeune daimyo[1]. Il se donne la mort, déclarant : « Je ne peux trouver le moindre signe de l'éducation que je lui ai donnée. Ma vie n'a donc plus aucun intérêt[2]. » Un geste qui aurait marqué le jeune seigneur. Quelques jours après la chute du Honnō-ji, Shibata Katsuie est pris de court par une armée ennemie, avant qu'il ne parvienne à réunir les soutiens à Oda Nobutaka, prétendant à la succession de Nobunaga, son père. Plusieurs versions de sa fin coexistent. La plus fiable vient du rapport de

1. Voir chapitre 3.
2. ŌTA Gyūichi, *op. cit.*

survivants de sa suite. Katsuie se serait donné la mort, sans plus de détails, avant que ses hommes n'incendient la tour dans laquelle ils se tenaient. Une quarantaine de samouraïs ont ainsi trouvé la mort, dans un *seppuku* collectif. Une autre version, plus romantique, veut que Katsuie ait partagé ce moment avec son épouse, Oichi, qui se serait également donné la mort. Ils auraient déclamé un poème. « Est-ce le coucou qui nous invite à nous séparer en ce soir d'été chatoyant ? », aurait susurré celle qui était aussi une sœur cadette de Nobunaga[1]. « En cette veille d'été de rêves éphémères, que le coucou offre nos noms aux nuages[2] », aurait répondu le vieux général du clan Oda, amoureux depuis le premier regard. Puis ils s'ouvrirent le ventre.

Tous ces récits rapportent des événements dont on peut questionner la véracité. Il y a rarement de témoins directs et ces actes de bravoure contribuent à construire l'image mythique de personnages prestigieux. Un ennemi vaincu, capable de tels gestes d'honneur, grandit d'autant les vainqueurs. Il est intéressant de noter que, nous l'avons vu, Akechi Mitsuhide fait l'objet de toutes les spéculations avilissantes. La fin qui lui est prêtée, de mourir tué de la main de simples brigands, tandis qu'il fuit en pleine déroute, colle parfaitement à l'image durable du misérable traître que l'histoire japonaise lui a construite. La mémoire voudra qu'il ne fut pas digne de mourir de sa propre main, comme un samouraï, comme un *bushi*, comme un guerrier.

---

1. Détail sympathique : avant qu'elle n'épouse le général Shibata Katsuie, Oichi a été mariée en 1564 par son frère Oda Nobunaga à Azai Nagamasa, daimyo de la province d'Ōmi, afin de sceller leur alliance. Mais les Azai se rebellent contre l'hégémon en 1570. En 1573, Nagamasa est vaincu. Et que fait-il ? Il s'ouvre le ventre.

2. RANKIN Andrew, *op. cit.*

Mémoire et apologie morbides

Sauf que tout le monde ne se suicide pas lorsqu'il est déshonoré ou confronté à la défaite. Tout comme le fantasme contemporain de l'éthique guerrière des samouraïs[1], le suicide rituel est un acte plutôt exceptionnel dont la scénarisation et l'esthétisation, en particulier dans la culture, ont donné l'illusion qu'il était la norme. Au XVIe siècle, la priorité des guerriers reste de triompher et de défendre les intérêts de son clan. S'il le faut, on trahit, on fuit, on ruse. Dans la quasi-totalité des cas de *seppuku*, même s'il y a des exceptions, les hommes et les femmes s'éventrent parce qu'ils ne voient plus d'issues leur permettant de s'en sortir vivants. L'apologie de ces comportements aussi extrêmes qu'exceptionnels, au fil des siècles, sert des intérêts qui sont d'abord politiques.

Le suicide rituel n'est en effet formellement intégré à l'éthique guerrière que sous le règne de Tokugawa Ieyasu, au cours du XVIIe siècle. Il n'y a alors plus de guerres, la dernière bataille ayant eu lieu en 1614-1615, au cours du siège d'Osaka, coup de grâce asséné aux partisans de l'héritier de Toyotomi Hideyoshi. Comment, dès lors, afficher et revendiquer une spécificité de la noblesse guerrière ? « Le but de ces questions était de conférer une identité et une structure à la vie des samouraïs pendant les années de paix, tout en validant leur division et leur autorité sur le peuple, décrypte l'historien Andrew Rankin. Il n'existait pas un mais de nombreux codes de conduite, car les érudits étaient souvent en désaccord. Mais il y avait un consensus sur le fait que le stoïcisme envers la mort était une qualité essentielle des samouraïs. Les hommes supposément ordinaires sont ébranlés par la mort,

1. Voir chapitre 6.

leurs prétentions et leur insincérité étant réduites à néant par l'imminence de l'abîme. Le samouraï, dominant l'homme ordinaire, est censé rester impassible. Il doit rester le même homme qu'il a toujours été, jusqu'à l'instant de sa mort. Lorsqu'un samouraï meurt, aucune chose essentielle n'est détruite. La naissance et la mort ne sont que le pouls de son indéfectible esprit de samouraï[1]. » Dans le régime des Tokugawa, le samouraï est une élite bien au-dessus des normes du commun des mortels. Là où ce dernier est dépendant des décisions des puissants et de leur justice, celui qui appartient à la noblesse d'armes décide lui-même quand et comment il quitte ce monde. En réalité, le risque est désormais plus limité qu'au cours des siècles précédents : la majorité des guerriers n'iront jamais sur le champ de bataille. Pour qu'ils soient contraints d'en arriver à un geste aussi extrême, il faudrait une sacrée bascule dans leur équilibre social. Ce qui, au cours du règne des Tokugawa, n'arrive pas tous les quatre matins. La période des grands bouleversements est révolue.

Cette croyance va infuser pendant plusieurs siècles pour devenir l'un des fondements de l'idéologie du Japon impérial, après la révolution Meiji de 1868. Avec ce paradoxe : les samouraïs sont progressivement remplacés par d'immenses armées de conscrits issus de toutes les strates de la population. À la fin de la Guerre de la Grande Asie orientale (la Seconde Guerre mondiale), lorsque le pays commence à faire face à une multiplication de revers militaires, le gouvernement généralise cette doctrine du sacrifice à l'ensemble de la population japonaise. « L'invasion alliée des principales îles japonaises apparaissant comme imminente, il faut, si nécessaire, que jusqu'au dernier homme, la dernière femme, le dernier enfant, soit prêt à

1. RANKIN Andrew, *op. cit.*

mourir en défendant la terre sacrée des dieux et l'héritage du trône impérial », résume l'historien David C. Earhart[1]. Une démarche que l'on retrouve notamment chez les *kamikaze*[2], les pilotes qui vont cracher leurs avions sur des navires américains, dans une tactique de bombes humaines dont l'efficacité opérationnelle n'est pas démontrée. Le gouvernement, les médias, la hiérarchie militaire, tout converge pour dire aux Japonais : mourez avec honneur. Comme si l'ensemble d'une nation devait envisager de se faire *seppuku*. Sur Saipan, dans l'archipel des Mariannes du Nord, en juillet 1944, près de quatre mille hommes foncent ainsi baïonnette à la main dans une charge suicidaire face aux marines américains. C'était le dernier ordre de leur commandant, le lieutenant général Yoshisugu Saito, qui s'est ouvert le ventre. À Okinawa, les militaires distribuaient des grenades aux civils pour qu'ils puissent se donner la mort. Des caméras de l'armée américaine filment des femmes qui sautent du haut de falaises, plutôt que d'être capturées. Des siècles à glorifier de tels actes et à en faire un symbole de l'élite guerrière ont contribué à convaincre toute une partie de la population que leurs vies ne comptaient pas. Que mourir était plus utile que de vivre, face à la défaite. Si les généraux s'accordent une cérémonie en bonne et due forme, la majorité des victimes meurent dans des conditions terribles, étripées par des explosifs, veines tailladées ou fracassées sur les rochers. Les Américains sont sidérés face à ces scènes.

Pour les missionnaires, déjà à l'époque de Yasuke et Nobunaga, ces pratiques sont difficiles à accepter. Les

1. EARHART David C., « Kamikazefication and Japan's wartime ideology », Critical Asian Studies, vol. 37, 2006.

2. Le terme *kamikaze*, littéralement « vent divin », est une référence directe aux typhons qui coulèrent les flottes d'invasion mongoles à deux reprises au XIIIe siècle. Les Japonais en gardèrent la conviction d'être protégés par les dieux.

chrétiens condamnent le suicide et considèrent qu'il faut, au mieux, préserver les vies humaines. « Chez nous, se tuer soi-même est considéré comme un péché extrêmement grave, écrit Luís Fróis. A la guerre, si un Japonais sent qu'il ne peut plus s'en sortir, s'ouvrir le ventre est considéré comme un acte de grande valeur. » Comme le notent ses traducteurs Richard K. Danford, Robin D. Gill et Daniel T. Reff, il est intéressant de voir que pour les missionnaires, cette forme de sacrifice est assimilée à un simple suicide, là où la façon dont des milliers d'Européens se sont précipités vers une mort certaine pendant les Croisades pour libérer Jérusalem des infidèles était considérée comme un acte pieu. Ils soulignent ainsi que l'horreur ou la noblesse de tels gestes sont très directement liées aux perceptions culturelles de ceux qui les observent[1].

Quel regard portons-nous, quatre siècles et demi plus tard, sur ce rituel ? Nous jugeons le courage d'hommes sur des forums de discussion en ligne, évaluant s'ils ont été dignes ou non, selon qu'ils aient été prêts à s'ouvrir le ventre à la dague. D'abord horizontalement, sous le nombril, en veillant à ne pas laisser choir leurs intestins. Puis verticalement, depuis l'aine, pour terminer l'exécution. Nous pouvons écrire de longues pages, décrivant chirurgicalement un geste aussi inhumain. Vous passez quelques longues minutes à les lire, dans un métro ou votre lit. Certains doivent sentir leur estomac se nouer en imaginant ces scènes. D'autres font probablement semblant de se convaincre qu'ils comprennent que l'on puisse en venir à une telle extrémité, pour préserver son honneur, se demandant dans quelles situations leur propre fierté justifierait cela. Quelques-uns, peut-être, sont excités à l'idée d'une telle effusion de sang et d'organes mourants. Quoi qu'il en soit, aucun d'entre nous ne pourra jamais

1. DANFORD Richard K., GILL Robin D. et REFF Daniel T., *op. cit.*

imaginer ce qui a pu traverser la tête de Yasuke, quelque part dans Kyoto, entre le Honnō-ji et le palais de Nijo, une nuit de juin 1582. A-t-il pensé à l'enseignement du Christ, dont lui avaient parlé les jésuites ? A-t-il songé à imiter ses nouveaux frères d'armes ? Tout ce que nous pouvons affirmer, c'est que ce matin-là le samouraï africain a fait le choix de la vie.

10

Rêve de métissages

Dans une ambiance feutrée, typique des étoilés, les mets se succèdent sur les tables. Le *shojin ryori* habituellement servi dans les temples bouddhistes japonais est ici sublimé de caviar. Il ouvre l'appétit avant un filet de bœuf d'Aubrac maturé dans du beurre de karité, cuisiné dans une sauce mafé au tamarin et cacahuètes. Pour conclure, la tarte au chocolat de Tanzanie s'accompagne d'un sabayon au chocolat à la fleur de sel et d'une glace au wasabi. Le gourmet s'égare parmi des saveurs à la croisée des cuisines française, mais surtout africaine et japonaise.

Ce métissage des gastronomies, c'est tout le concept de Mosuke, le restaurant de Mory Sacko[1]. Le jeune chef, découvert par le grand public lors de sa participation à l'émission de télé réalité « Top Chef » en 2019, obtient sa première étoile Michelin dès janvier 2021, quelques mois après son ouverture. À l'automne suivant, il est invité par Emmanuel Macron pour préparer un cocktail dînatoire pour la soirée officielle du sommet France/Afrique, qui réunit le président français et une vingtaine de ses homologues africains[2]. Star montante, il est désigné par le

1. Restaurant situé dans le 14e arrondissement de Paris.

2. Une trentaine de pays était représentés, dont une vingtaine d'Africains. En 2021, Emmanuel Macron a modifié le format de cette rencontre avec l'objectif d'intégrer la société civile dans les échanges.

magazine américain *Time* comme un « dirigeant de la prochaine génération », gage du potentiel de ce déjà serial entrepreneur, décrit comme étant en train de construire un « empire de la restauration[1] ».

Mosuke, c'est la fusion du nom de cet apprenti empereur de la cuisine afro-japonaise et de celui du samouraï africain.

« J'ai découvert Yasuke début 2020, se souvient Mory Sacko, sourire aux lèvres et tablier bleu foncé[2]. J'avais décidé de faire ce restaurant et je cherchais un symbole qui représente le pont entre l'Afrique et le Japon. Il a tout de suite eu beaucoup de résonance. » Rapidement, ses recherches sur Internet font émerger ce personnage, qui fait écho à ses passions. Nourri d'un imaginaire marqué par les mangas et les jeux vidéo, comme beaucoup de petits garçons de sa génération, le chef s'inspire de cette culture. Sur sa page personnelle, il ne cite pas Alain Ducasse ou Paul Bocuse, mais Sanji la Jambe Noire, un héros du manga *One Piece*[3] : « *La cuisine est un don de dieu, les épices un don du diable… Je crois que c'était un peu trop épicé pour toi.* » Tellement plus classe qu'une invocation trop attendue des grands noms de la gastronomie à la française. Comme un clin d'œil au petit Mory, né dans une famille nombreuse aux parents arrivés du Sénégal et du Mali jusqu'en banlieue parisienne. Le jeune homme s'est hissé jusqu'au sommet à la force de ses recettes et de sa maîtrise technique, contrant les déterminismes qui ne l'auraient jamais attendu là.

Peut-on pour autant voir un rapport entre Mory et Yasuke ? Le parcours d'un samouraï peut-il inspirer autre

1. WALT Vivienne, « French Chef Mory Sacko is Building a Restaurant Empire », *Time Magazine*, 13 septembre 2023.

2. Entretien avec l'auteur le 22 mai 2024.

3. Monument du manga pour adolescent au Japon. 108 tomes, toujours en cours de publication, depuis 1997.

chose que des vocations guerrières ? « Je fais le lien avec la cuisine, suggère le chef. On retrouve la rigueur, l'exigence envers soi-même, la répétition du geste, la droiture. » En Asie, il n'est pas rare de comparer arts martiaux et pratiques artistiques ou culturelles. Au-delà de la force physique, les maîtres considèrent souvent que la discipline spirituelle et morale est le premier pas vers la maîtrise du corps et des armes.

Et puis surtout, au-delà de cet état d'esprit, Mory Sacko pense retrouver chez son idole cette illustration du métissage entre Afrique et Japon. « Il faut de l'ouverture d'esprit, explique-t-il, sans que l'on sache plus trop s'il évoque le parcours de Yasuke ou ce qu'il sert sur ses tables. Le produit africain ne vaut pas moins que le produit japonais ou français. Je fais se rencontrer banane plantain, katsuobushi et truffe. Mes clients sont obligés de baisser leur garde, de se diriger vers des choses dont ils ignorent le goût. Là, je parle d'une assiette. Mais finalement, c'est pareil pour le reste. »

Métissages afro-japonais

Yasuke fut-il le précurseur de futurs métissages entre Africains et Japonais ? Nous l'avons vu, après la trahison d'Oda Nobunaga par Akechi Mitsuhide, les hommes de ce dernier remettent Yasuke aux jésuites[1]. « Les vassaux ont demandé à Akechi quoi faire du cafre, écrivait alors Luís Fróis. Il a dit que le cafre était un animal et ne savait rien, qu'il n'était pas japonais. Et donc de ne pas le tuer et de le remettre à l'église du père d'Inde[2]. À partir de là,

1. Voir chapitre 9.

2. Rapport de Luís Fróis à la Compagnie de Jésus du 5 novembre 1582. Traduction comparée à partir de la traduction en japonais sur les archives numériques de la Bibliothèque nationale de la Diète japonaise,

nous n'avons plus aucune trace de ce que devient le samouraï africain. A-t-il quitté le Japon ? A-t-il fondé un foyer ? A-t-il eu une femme et des enfants ? Les chrétiens n'en disent rien même si Fróis évoque un « soulagement » à l'idée que Yasuke soit sauf. Aucune archive japonaise ne donne de nouvelles de Yasuke après cette tragique apothéose d'Oda Nobunaga.

Les artistes qui racontent leur histoire du samouraï africain lui prêtent à l'occasion des idylles, plus ou moins concrètes, même si cet aspect est globalement très secondaire dans la plupart des scénarios. L'écrivain canadien Craig Shreve opte pour un timide coup de cœur envers une servante, avec laquelle Yasuke n'osera pas convoler pour de bon[1]. Le scénariste Thierry Gloris, dans sa bande dessinée *Kurusan*, n'hésite pas à créer un personnage fictif, Mariko, qui a pour rôle de guider l'Africain dans sa découverte de la culture locale… jusque sous les draps[2].

Si Yasuke a été une véritable attraction lors de son arrivée à Kyoto, en mars 1581, il n'est pourtant ni le premier ni le dernier homme du continent africain à avoir circulé au Japon à cette époque. Ce qui le distingue, c'est la particularité de son parcours : il est le seul à être parvenu aussi haut dans la hiérarchie sociale, en devenant un homme d'arme intégré dans la garde rapprochée d'un des seigneurs les plus influents. Surtout, il est alors l'un des premiers, sinon le premier, à aller jusque dans la capitale, dans le centre de la grande île de Honshū. Ses

---

et d'une retranscription en portugais des Cartas : SIMOES Catarina, « Para uma análise do conceito de "exótico" O Interesse Japonês na Cultura Europeia (1549-1598) », Université des sciences humaines de Lisbonne, 2012.

1. SHREVE Craig, *op. cit.*

2. GLORIS Thierry et ZARCONE Emiliano, *Kurusan, le samouraï noir*, Delcourt, quatre tomes sortis à ce jour entre 2021 et 2024.

capacités intellectuelles et physiques semblent également l'avoir démarqué, aux yeux des dirigeants du clan Oda.

Mais en réalité lorsqu'il débarque dans l'archipel, les Noirs suscitent la curiosité des locaux depuis déjà plusieurs décennies. Le premier témoignage formel est celui d'un marchand portugais, Jorge Alvarez, qui décrit l'engouement de la population : les Japonais « aiment voir des gens noirs, en particulier des Africains, et ils peuvent parcourir quinze lieues juste pour en voir et s'amuser avec eux pendant trois ou quatre jours[1] ». « En particulier des Africains » car les Japonais ont alors tendance à ne pas distinguer différentes populations à la peau très foncée : ils assimilent Africains et Javanais, notamment, à l'Inde, Sri Lanka compris.

L'historienne Fujita Midori[2] estime qu'au cours du XVIe siècle plusieurs centaines d'Africains ont résidé temporairement au Japon. Une partie d'entre eux sont des esclaves, accompagnant marchands et religieux européens. Mais d'autres remplissent toutes sortes de rôles : soldats, marins ou encore interprètes. Quelques situations encore plus originales font état de troubadours et d'artistes, quelques années après la mort de Nobunaga. Au début des années 1610, un capitaine espagnol, Sebastian Vizcaino, évoque la fascination des Japonais pour un joueur de tambours africain et ses accompagnateurs[3].

Il y a même aujourd'hui de vrais questionnements sur des contacts encore plus anciens, avant même l'arrivée des Européens au Japon. Plusieurs siècles de recherches et de circulation des connaissances ethnocentrés, principalement à l'initiative des Occidentaux, ont amené à ignorer et à ne

1. Cité dans LEUPP Gary P., *op. cit.*

2. Cité dans RUSSELL John, « Excluded Presence : Shoguns, Minstrels, Bodyguards, and Japan's Encounters with the Black Other », *Zinbun*, n° 40, 2007.

3. LEUPP Gary P., *op. cit.*

commencer à explorer que très tard d'autres sources asiatiques. Or, plusieurs chercheurs estiment qu'il est plus que probable que des Africains soient arrivés jusque dans l'archipel grâce à des marchands chinois ou arabes des siècles plus tôt. Ou qu'*a minima*, des voyageurs japonais aient pu en croiser dans les cours chinoises où de premiers échanges commerciaux et intellectuels remontent aux dynasties Tang (618-907) et Song (960-1279)[1].

Au début du XVIIe siècle, Richard Cocks, un commerçant anglais installé au Japon, tient un journal entre 1615 et 1622 dans lequel il évoque différents Africains. Le premier dont il parle, le 27 juin 1615, est messager d'Arima Harunobu, l'aîné du daimyo de la province entourant le port de Nagasaki, toujours largement fréquenté par les étrangers. Cet Africain circule en autonomie entre Kyoto et l'île de Kyūshū, ce qui laisse penser qu'il maîtrise suffisamment la langue et la culture pour évoluer au cœur de la société japonaise. « J'ai hébergé ce cafre dans la maison anglaise et lui ai donné viande et boisson, car il était le serviteur d'un si puissant maître », se félicite le Britannique. Au fil des pages, il évoque plusieurs Africains chargés de ce type de missions, qui viennent régulièrement lui transmettre les nouvelles de nobles japonais[2]. Ils semblent pleinement intégrés dans la société.

Dans d'autres cas, les hommes dont il parle sont des marins ou des esclaves opérant sur des navires portugais, espagnols ou hollandais. Simplement de passage, ils séjournent plus ou moins longtemps dans les principaux ports. Certains font régulièrement le voyage, depuis les grandes destinations commerciales de la région. En 1618,

1. RUSSELL John, *op. cit.* Certaines sources évoquées par cet auteur spéculent même sur des échanges encore plus anciens, y compris jusqu'à deux cents ans avant notre ère, dès la dynastie chinoise des Qin.

2. THOMPSON Edward Maunde, *Diary of Richard Cocks*, vol. 1, Cambridge University Press, 2010 [1883].

Cocks évoque un incident opposant une partie d'un tel équipage, des Africains, à des paysans. Plusieurs « cafres » et esclaves « ont débarqué une nuit et volé une vache, qu'ils ont tuée ; mais avant qu'ils ne puissent l'emporter sur leur bateau, le propriétaire les a rattrapés, accompagné de gens de la campagne, et les a appréhendés. Mais les Espagnols et les Portugais sont venus les extraire, ont échangé des mots et des coups, tuant deux ou trois Japonais[1] ». Lorsque les autorités s'en mêlent, les Européens décident de livrer les coupables… qui sont « coupés en pièces ».

Les Africains qui font partie des équipages européens ont les mêmes pratiques que leurs camarades blancs ou asiatiques, notamment en termes… de traite humaine. Des métissages autrement moins poétiques. « Ils quittent souvent le pays avec des esclaves japonaises ou des concubines, observe l'historien Gary P. Leupp. Ces femmes sont généralement vendues par des parents ou des maris indigents, ou par les tenanciers de bordels, aux étrangers. » Un contemporain portugais, le jésuite Luís Cerqueira, rapporte que les Japonais n'ont pas plus de problèmes à permettre ce type de commerce avec les Africains qu'avec les Européens. Tous ont en commun, selon lui, d'être une nouvelle infortune pour les malheureuses : « Même les lascars[2] et les marmitons[3] des Portugais achètent et emportent des esclaves japonaises. C'est pourquoi il arrive que beaucoup d'entre elles meurent pendant le voyage car elles sont entassées les unes sur les autres. Si leurs maîtres tombent malades (maîtres qui sont parfois des cafres et des nègres portugais), les esclaves ne sont pas soignées.

1. THOMPSON Edward Maunde, *Diary of Richard Cocks*, vol. 2, Cambridge University Press, 2010 [1883].

2. Des gujaratis, une ethnie que l'on trouve principalement à cette époque dans le nord-ouest de l'Inde.

3. Jeunes chargés de cuisine à bord des navires.

Ces marmitons donnent un exemple scandaleux en vivant dans la débauche avec les filles qu'ils ont achetées et qu'ils introduisent dans leurs cabines[1]. »

Lignées de samouraïs noirs

La quasi-totalité de ces voyageurs, quand bien même certains furent des mercenaires, n'ont pas participé aux conflits qui secouent le Japon de l'ère Sengoku. Il existe cependant au moins une autre exception que Yasuke. En avril 1584, deux des clans les mieux implantés sur la grande île australe de Kyūshū, les Arima et les Shimazu, attaquent leurs ennemis Ryūzōji. Lors de la bataille d'Okita-Nawate, un vassal des Arima converti au christianisme, Juan Zaemon, déploie sur l'un de ses navires deux canons portugais qui vont lui permettre d'infliger des pertes significatives aux Ryūzōji, sur la côte. À bord, faute d'artificiers compétents, ce sont des étrangers qui mettent en œuvre ces pièces d'artillerie. « En l'absence d'un tireur, un cafre d'Afrique chargeait les boulets de canon et un Malabar[2] allumait la bouche à feu[3] », rapporte le jésuite Luís Fróis.

L'historien Lúcio de Sousa référence dans un ouvrage d'autres exemples d'Africains qui pourraient avoir été des mercenaires impliqués dans des opérations militaires. L'un d'entre eux semble avoir été au service de Katō Kiyomasa, un vassal de Toyotomi Hideyoshi, lors de la campagne d'invasion de la Corée. En 1593, Katō mentionne dans un courrier un « Kurobou », terme utilisé par

1. Cité dans LEUPP Gary P., *op. cit.*
2. Indien originaire de la côte de Malabar, qui longe le sud-ouest du pays.
3. Cité dans TURNBULL Stephen, *The Lost Samurai. Japanese Mercenaries in South East Asia – 1593-1688*, Frontline Books, 2021.

les Japonais pour désigner les Africains. Celui-ci semble en charge de tâches logistiques et maritimes, en lien avec les activités marchandes de son maître. Dans ses courriers, le suzerain évoque des livraisons de poudre, nécessaires à la poursuite des offensives japonaises dans la péninsule. Installé dans la province de Higo, dans le centre de Kyūshū, l'Africain est marié et a des enfants, « ce qui signifie qu'il a probablement épousé une femme japonaise », note l'auteur[1].

« Il pourrait s'agir de Yasuke qui, loin de la cour de Nobunaga, serait simplement devenu connu sous ce nom, suggère Thomas Lockley[2]. Pour ce dernier, les jeux de vassalités et les distributions de territoires sous l'autorité d'Oda Nobunaga auraient pu permettre à Yasuke de passer au service de ce nouveau maître, avec l'aval des jésuites largement implantés dans cette île. Mais aucune preuve historique ne permet de l'affirmer. Si les Noirs sont relativement rares à cette époque, rien n'atteste que le Kurobou de Katō Kiyomasa ait été intégré dans la classe combattante au même niveau que Yasuke. Pour Lockley, il est particulièrement intéressant de noter que « la lettre de Katō mentionne spécifiquement qu'il doit être pris soin des femmes et des enfants de l'Africain pendant qu'il serait en voyage ». Quelles que soient les compétences et la position sociale exactes du concerné, le fait est que son maître lui prête suffisamment d'intérêt pour s'assurer du bien-être de ses proches. Il est, lui aussi, plus qu'un simple serviteur.

Progressivement, au cours du XVIIe siècle, le nouveau shogunat dirigé par Tokugawa Ieyasu et perpétué par ses héritiers ferme les portes aux étrangers. En même temps que l'interdiction des marchands de débarquer

1. DE SOUSA Lúcio, *op. cit.*
2. LOCKLEY Thomas et GIRARD Geoffrey, *op. cit.*

dans les ports et que la chasse aux missionnaires chrétiens, les autres voyageurs qui les accompagnaient, dont les Africains, se font rares. À partir des années 1640, les seuls que des Japonais croisent encore travaillent pour les Hollandais, seuls autorisés à faire du commerce avec l'archipel, dans l'île artificielle de Dejima, dans la baie de Nagasaki.

Beaucoup plus tard, en 1864, le shogunat envoie une mission diplomatique à Paris. Commandée par Ikeda Nagaoki, elle vise à obtenir le soutien de la France pour interdire l'accès au port de Yokohama aux étrangers[1]. Pour Tokyo, il s'agit de réduire la pression exercée par les cinq puissances signataires de ce que les Japonais appellent les traités Ansei, ou « traités inégaux[2] », qui ont imposé à l'archipel par la force de s'ouvrir au commerce : États-Unis, Empire britannique, Empire russe, Pays-Bas et Empire français. Faute de pouvoir continuer à fonctionner en autarcie, le shogunat cherche des alliés. Le contact avec la France est plutôt bon. Quelques années plus tard, lorsque la guerre de Boshin éclate, une poignée de militaires français sont présents aux côtés des samouraïs qui veulent maintenir le régime militaire, face à une révolution menée au nom de l'empereur. Si vous avez vu le film *Le Dernier Samouraï*, certains

1. Les Japonais n'obtiendront pas gain de cause. Mais ils profiteront dans les années qui suivent de coopérations industrielles avec la France et notamment de l'installation de l'arsenal de Yokosuka, qui permet au Japon de commencer à développer une marine militaire moderne.

2. Ce terme générique englobe les traités commerciaux imposés par les puissances impériales européennes aux Chinois, aux Coréens et aux Japonais pour s'autoriser des concessions dans différents ports, sans payer les justes niveaux de taxes. Ces traités ont été imposés par la force, au détriment des intérêts des pays hôtes. Ils furent l'objet d'importantes rancunes, parfois encore présentes dans la mémoire contemporaine.

aiment voir dans le personnage de Nathan Algren, incarné à l'écran par Tom Cruise, une inspiration d'un officier français : le capitaine Jules Brunet et ses adjoints encadrent les dernières troupes fidèles au shogun, depuis le Goryōkaku, un fort de style Vauban construit pour sécuriser le port de Hakodate[1], sur l'île de Hokkaidō, lors de leur baroud d'honneur en 1869[2].

Mais ce qui nous intéresse, dans cette délégation d'une trentaine de Japonais qui accompagnent Ikeda Nagaoki[3], c'est le profil d'un mystérieux samouraï. Cet homme ne nous a laissé qu'un portrait réalisé par le photographe français Jacques-Philippe Potteau, qui a immortalisé les visages de plusieurs des participants, au profit de la collection anthropologique du Muséum de Paris (voir page suivante). Il est présenté comme « un homme de 23 ans nommé Tamaki Mitsuya, membre de la délégation Ikeda de 1864 en France, employé comme domestique de l'un des envoyés adjoints[4] ». Subalterne de l'un des adjoints d'Ikeda Nagaoki, il porte un habit japonais traditionnel et les deux sabres symbolisant son appartenance à la classe des samouraïs. Ceux-ci sont particulièrement bien ouvragés. Le qualifier de « domestique » est abusif et reflète, peut-être, les préjugés raciaux français de cette époque. Car son visage laisse peu de doute : difficile de croire qu'il ne soit pas afro-descendant. Il est très certainement le fruit d'un métissage entre des Africains et des Japonais qui a donné naissance à au moins un autre samouraï

1. L'architecte japonais qui a réalisé ce fort, Takeda Ayasaburō, s'est inspiré des conceptions de fortifications typiques du français Vauban qu'il a trouvé dans un ouvrage d'architecture militaire... hollandais.

2. Voir chapitre 12.

3. ERICSON Mark D., « The Bakufu Looks Abroad. The 1865 Mission to France », *Monumenta Nipponica*, vol. 34, n° 4, 1979.

4. Collection du Pitt Rivers Museum d'Oxford, Royaume-Uni.

métis[1], un siècle et demi après que Yasuke s'est vu remettre des armes par Oda Nobunaga.

Portrait d'un Japonais de 23 ans nommé Tamaki Mitsuya, samouraï et membre de la mission Ikeda de 1864 en France, employé comme domestique de l'un des envoyés adjoints. Il est photographié portant une robe traditionnelle de kimono avec mon *(emblème de la famille) et porte des épées longues et courtes (*katana *et wakizashi).*

1. Au regard des traits de son visage, il est peu probable qu'il soit un descendant de Yasuke lui-même : plusieurs générations se sont écoulées et son héritage africain aurait été beaucoup plus atténué. Son ancêtre issu de ce continent est probablement plus récent. Rien ne permet à l'heure actuelle d'identifier plus précisément son parcours personnel.

11

Et si Yasuke devenait une icône gay ?

Nous venons de le voir, certains auteurs imaginent que Yasuke ait pu trouver l'amour au Japon. Certains considèrent même comme plausible la thèse d'une descendance, qui aurait pu continuer d'arpenter l'archipel, dans les rangs de la noblesse d'armes et sur les champs de bataille. Mais allez savoir pourquoi, moins nombreux sont ceux qui se laissent tenter à imaginer que notre samouraï africain ait pu folâtrer… avec d'autres hommes. Et notamment avec Oda Nobunaga, son suzerain.

Dans la bande dessinée *Kurosan*, Thierry Gloris au scénario et Emiliano Zarcone au dessin imaginent ainsi une scène des plus malaisantes. Yasuke est alors aux côtés de Tokugawa Ieyasu, le principal allié de Nobunaga. Au détour d'une sympathique discussion, le daimyo montre au samouraï africain une illustration de deux hommes se préparant à une joyeuse sodomie. « C'est le *wakashudo*, explique-t-il. La voie des jeunes hommes. Le plus âgé des deux enseigne au second la vertu, l'honnêteté et le sens du beau. Tu es fier et fort. Aimerais-tu être initié ? » Yasuke décline la proposition : « Malgré tout le respect que je te dois, Ieyasu, je crains que non. Je reste un barbare étranger[1]. » La scène

1. GLORIS Thierry et ZARCONE Emiliano, « Kaishakunin », troisième opus de la bande dessinée *Kurusan, le samouraï noir*, Delcourt, 2024.

est inspirée de la découverte par l'auteur de la promiscuité entre hommes dans les bains publics lors d'un voyage au Japon. Dans un éclat de rire, il se souvient de sa gêne : « Après une longue journée de marche, je me retrouve dans la grande salle de nettoyage. Je tâche d'imiter les Japonais. Je ne sais pas trop quoi faire. Eux sont à côté de moi en train de se frotter. Pour moi, c'était assez malaisant mais pour eux, c'était normal. » Cette découverte d'un autre rapport à la pudeur le met sur la piste d'une autre différence culturelle : la sexualité féodale, sur laquelle il commence à se documenter. Pourquoi son Yasuke ne passe-t-il pas à l'acte ? « En tant qu'auteur, je ne m'interdis rien. J'ai fait d'autres albums avec ce genre d'histoires. Mais là, j'étais déjà parti sur mon histoire avec la jeune Mariko… Je pense que je me serais perdu si j'avais ajouté cela[1]. »

Dans cette bande dessinée, Yasuke se comporte de manière assez familière avec plusieurs grands généraux et daimyos. Aurait-il pu refuser une telle proposition de la part d'un personnage aussi influent ? Rien ne laisse penser qu'il ait été en situation de se retrouver dans une telle intimité avec quelqu'un d'autre que son propre maître. Thomas Lockley est convaincu que si ce dernier avait été tenté, Yasuke n'aurait guère eu de marge de manœuvre. « Si Nobunaga avait tenté n'importe quelle sorte de relations sexuelles, il est probable que Yasuke n'aurait pas résisté. Il devait alors tout à son seigneur et était totalement en son pouvoir. Si cela était arrivé, personne ne peut dire ce que Yasuke en aurait pensé[2]. » En effet, si les rapports homosexuels sont un interdit absolu en Europe chrétienne, ils sont en réalité répandus dans de multiples autres cultures.

De quoi offrir de belles possibilités à Netflix, diffuseur potentiel de plusieurs projets en lien avec le samouraï

1. Entretien avec l'auteur le 9 septembre 2024.
2. LOCKLEY Thomas et GIRARD Geoffrey, *op. cit.*

africain. L'entreprise de streaming, soucieuse d'afficher des figures de diversité, bénéficie là d'un très bel objet pour avoir un personnage à la fois noir et homosexuel. Même pas besoin de forcer le trait et d'agiter le foulard rouge de ceux qui voient de grands méchants *woke*[1] partout… C'est parfaitement plausible dans le contexte culturel et historique du Japon de la fin du XVIe siècle ! Cette possibilité fait partie des aspects qui ont révolté les commentateurs les plus conservateurs à propos de l'annonce du futur jeu vidéo Assassin's Creed dont Yasuke est le héros[2]. Comme dans les précédents épisodes, les développeurs ont fait le choix de laisser au joueur la liberté d'opter pour des romances hétérosexuelles comme homosexuelles, selon ses envies.

Le goût des jeunes garçons

Dans le Japon des ères Sengoku et Edo, jusqu'à la fin du XIXe siècle, l'amour entre hommes est une chose fort commune. « Le comportement homosexuel était formellement organisé dans les institutions telles que les maisons de samouraïs, les monastères bouddhistes et les bordels masculins liés au théâtre kabuki, écrit l'historien Gary Leupp dans un ouvrage de référence sur le sujet[3]. Il s'agissait d'une caractéristique marquante de la culture dominante. »

---

1. Initialement lié aux luttes pour « éveiller » les consciences sur les discriminations dont sont victimes les Afro-Américains, principalement dans les années 1960, le terme *woke* s'est massivement répandu depuis la fin des années 2010 pour décrire toutes sortes d'approches de justice sociale, de lutte contre le racisme et de débats sur la manière de raconter l'histoire. Cette approche suscite aujourd'hui une forme d'hystérie assez généralisée, notamment chez les groupes conservateurs qui se mettent à voir des *woke* et du « wokisme » partout. Notamment lorsque l'on décrit une réalité historique qui bouscule leur perception du monde.

2. Voir chapitre 15.

3. LEUPP Gary, *Male Colors. The Construction of Homosexuality in Tokugawa Japan*, University of California Press, 1995.

Parler de relations homosexuelles ou de couples gay serait parfaitement inadapté au contexte. Les Japonais, à cette époque, disposent d'une grande variété de formules pour qualifier ce type de rapports. Le *wakashudō*, que l'on pourrait traduire par « la voie des jeunes garçons » et le *nanshoku*, l'« érotisme masculin », sont les plus répandues. Certains évoquent parfois aussi la « voie secrète » (*hidō*) ou la « belle voie » (*bidō*)[1]. Chaque fois, ces termes désignent une pratique à la fois sexuelle et sociale, qui est propre à une culture et à une période historique données. Attention donc de ne pas en tirer trop de conclusions anachroniques ! Ces pratiques ne sont d'ailleurs pas exclusives de relations sexuelles avec des femmes. Les différents partenaires répondent à des besoins, des situations… et des plaisirs différents.

Le goût pour les relations sexuelles entre hommes et le lien avec le monde des arts seraient historiquement héritées, au Japon, de pratiques chinoises datant au moins du VIe siècle avant notre ère. Gary Leupp observe que l'Empire du Milieu a longtemps été pour l'archipel une source d'inspiration dans de nombreux domaines. Il l'a probablement aussi été dans celui-ci. Il n'est pas rare, dans les récits antiques chinois, de croiser des scènes d'amour entre personnages de haut rang et de même sexe. Les auteurs y content les romances et les relations sensuelles entre des empereurs et de jeunes garçons, des camarades d'apprentissages dans leur jeunesse et même parfois des eunuques. Un phénomène comparable est observable dans la Corée de cette époque.

Au Japon, c'est d'abord dans les temples bouddhistes que l'on s'adonne aux ébats masculins, sans que cela soit ni caché ni mystérieux. Plusieurs contes datant du XIVe siècle ont par exemple été regroupés au sein d'un *Chigo monogatari*, des « Histoires de jeunes garçons » qui narrent les amourettes entre des bonzes et de jeunes hommes. Un paradoxe : les

1. LEUPP Gary, *op. cit.*

religieux devraient se concentrer sur la spiritualité, plutôt que de s'adonner aux plaisirs de la chair. Passer un peu de bon temps avec un partenaire masculin semble pourtant, alors, une incartade moins problématique qu'avec une femme. Margaret H. Child note cependant que ces récits, s'ils racontent des coups de cœur avec douceur, sensualité et poésie, ont aussi en général comme conclusion qu'il est plus sage de se concentrer sur l'essentiel : la religion[1].

Le Chigo no sōshi, le « Rouleau des acolytes », est une série de rouleaux peints datant du XIVe siècle qui montre et met en scène des récits de rapports entre hommes.

Dans les arts, ces représentations de liaisons entre hommes sont tantôt douces et poétiques, tout en nuances et en subtilités, et tantôt parfaitement explicites et concrètes. L'exemple du Rouleau des acolytes, le *Chigo no sōshi*, l'illustre parfaitement. Peint au XIVe siècle, il décrit avec humour et illustrations voluptueuses les frasques de moines

1. CHILDS Margaret H., « Chigo Monogatari. Love Stories or Buddhist Sermons ? », in *Monumenta Nipponica*, vol. 35, n° 2, 1980.

et d'acolytes à travers plusieurs contes, accompagnés de commentaires et de conseils pratiques. On peut notamment y voir des coïts ou encore un bonze en train de lubrifier l'anus de son partenaire, avant de passer à l'action.

Ces activités sont tout aussi répandues au sein de la classe guerrière, même si elles ont longtemps été moins documentées, probablement du fait des maigres effectifs de celle-ci. À mesure que les samouraïs se multiplient et prennent le pouvoir, les témoignages de leurs ébats se font également plus nombreux. Les historiens ne peuvent que formuler des hypothèses sur leurs motivations : éducation dans des institutions bouddhistes, vie dans un milieu strictement masculin, perte d'attrait de la gent féminine qui se voit progressivement priver de l'accès aux armes et aux postes à responsabilité à partir du XIVe siècle[1].

Ces relations peuvent être émotionnellement très fortes. Dans le récit des quarante-sept ronins[2,3], qui raconte comment un groupe de samouraïs manœuvre pendant des années pour venger la mort injuste de leur maître, la scène du suicide de ce dernier est intéressante. Prêt à s'ouvrir le ventre selon le rituel, il désespère d'un dernier moment partagé avec son principal serviteur. « Ne plus le voir dans cette vie, se lamente-t-il. Il est difficile de le quitter. Mais il n'y a rien à faire. Je ne peux attendre plus longtemps[4]. » Il n'a pas un mot pour son épouse, pourtant à ses côtés.

---

1. Auparavant, il était déjà rare qu'une femme accède à des responsabilités politiques ou militaires. Mais cela pouvait arriver. Au XIVe siècle, l'héritage par primogéniture s'impose : l'héritier est forcément l'aîné des garçons. Les filles ne sont désormais plus bonnes qu'à marier, pour structurer des alliances.

2. Guerriers sans maîtres.

3. La légende des quarante-sept ronins ou des quarante-sept samouraïs, connue au Japon sous le nom de *Chūshingura*, est un incontournable de la culture japonaise. Inspirée de faits réels ayant eu lieu au tout début du XVIIIe siècle, elle est transposée en spectacles de théâtre traditionnel (*kabuki*) et de marionnettes (*bunraku*), puis, plus tard, en romans et en films.

4. Cité dans LEUPP Gary, *op. cit.*

Gary Leupp observe que les relations entre hommes au Japon médiéval sont caractérisées par une domination hiérarchique. Dans les temples, le moine batifolait avec un novice. Chez les samouraïs, le suzerain prenait comme amant l'un de ses subalternes. Plus que d'amour au sens où nous l'entendons aujourd'hui, il s'agissait probablement plutôt d'érotisme et de plaisir physique. Un moyen aussi, peut-être, de s'assurer de sa fidélité en renforçant le lien à travers l'intimité physique, à un moment où les trahisons sont monnaie courante.

« L'amour des éphèbes reposait sur un déséquilibre d'âge et de statut social entre les deux partenaires, résument Philippe Pons et Pierre-François Souyri. Le plus âgé des deux était considéré comme “l'aîné” (*nenja*) tandis que l'autre était désigné comme “le jeune” (*wakashû*). L'aîné était “l'amant” qui faisait preuve d'amour (*nasake*) vis-à-vis du plus jeune et ce dernier devait donc rendre cet amour à son aîné en le chérissant et en se laissant posséder[1]. »

Le mignon de Nobunaga

Sur la période où Yasuke est présent au Japon, la quasi-totalité des grands daimyos sont connus pour avoir eu ce type de pratiques. On peut ainsi citer les trois unificateurs, Oda Nobunaga, Toyotomi Hideyoshi et Tokugawa Ieyasu. Mais aussi leurs deux grands ennemis sur le front est, Uesugi Kenshin et Takeda Shingen, décédé lorsque débarque le samouraï africain. Ils sont « *tous connus pour avoir eu des rapports sexuels avec de jeunes garçons* », liste Gary Leupp[2].

1. SOUYRI Pierre-François et PONS Philippe, *L'Esprit de plaisir. Une histoire de la sexualité et de l'érotisme au Japon (XVIIe-XXe siècle)*, Payot, 2020.

2. Pour les plus connaisseurs de la période, sa liste comporte bien d'autres grands noms tels : Hosokawa Masamoto, Hosokawa Takakuni, Hosokawa Fujitaka, Toyotomi Hidetsugu, Maeda Toshiie, Fukushima Masanori, Ogasawara Hidemasa et, bien plus tard mais son aspect légendaire mérite de l'évoquer : Miyamoto Musashi, le célèbre duelliste.

Takeda Shingen, qui donne tant de fil à retordre à Nobunaga et Ieyasu, est particulièrement intéressant en la matière car des documents ont survécu aux siècles, dans lesquels il s'engage auprès de son amant par écrit : « Puisque je veux devenir intime avec toi, à partir de maintenant, si tu as le moindre doute sur [ma fidélité], je veux que tu comprennes que je n'ai aucune volonté de te blesser. Si je devais un jour briser ces promesses, puisse la punition divine me frapper[1]. » Shingen est alors âgé de 22 ans et le destinataire de ce texte, Kōsaka Masanobu, de 16 ans. Il deviendra par la suite l'un de ses principaux généraux, certains autres vassaux grommelant que les récompenses reçues après les batailles étaient dues à sa proximité avec le daimyo plutôt qu'à ses prouesses de stratège.

Oda Nobunaga est connu pour avoir eu, en plus de son épouse officielle, plusieurs concubines. Ce sont d'ailleurs celles-ci qui furent les mères de ses différents enfants, ce qui ne pose aucun problème dans la société japonaise de ce temps. Il aurait également eu au moins un amant régulier, Mōri Ranmaru[2]. Celui-ci entre à son service en 1579, âgé de 14 ans. Il commence immédiatement à servir de coursier au profit de son maître, pour aller récompenser un vassal efficace à la guerre (1579), pour offrir des cadeaux à ses fils (1581) ou encore pour remettre des convocations (1582)[3]. Il est à la fois le messager de confiance et l'annonciateur de bonnes nouvelles. Jeroen Lamers le présente comme un « page » et un « éphèbe », qui fut « maître de cérémonies à Azuchi, recevant les invités, acceptant leurs cadeaux et leur transmettant les messages de Nobunaga[4] ». La mémoire japonaise retient que « sa beauté et ses talents

1. Cité dans LEUPP Gary, *op. cit.*

2. Malgré l'homonymie avec les Mōri qui menacent Nobunaga sur le front ouest, la famille de Mōri Ranmaru vient du centre du pays. Elle est vassale des Saitō, puis des Oda, après leur éradication en 1567.

3. ŌTA Gyūichi, *op. cit.*

4. LAMERS Jeroen, *op. cit.*

lui valurent les faveurs de son maître, qui lui permit de prendre pour nom personnel Nagasada avec le deuxième caractère du nom de Nobunaga[1] ». Le symbole d'un lien fort entre les deux hommes.

Sommes-nous certains qu'Oda Nobunaga et Mōri Ranmaru partagèrent des moments d'intimité à deux ? Les témoignages de l'époque sont pudiques mais le jeune garçon, cadet d'une trentaine d'années de son maître, est étonnamment souvent cité dans la chronique de Ōta Gyūichi pour un simple messager. Surtout, il est récompensé en 1582 d'un fief d'une taille plus que conséquente, dans la province de Mino, au centre du pays. Surtout, lors de la trahison finale, de l'attaque contre le Honnō-ji, c'est un dialogue entre Nobunaga et Ranmaru qui est rapporté, comme pour montrer que ce dernier fut à ses côtés jusqu'à la fin. C'est lui qui donne le nom du traître. Dans la liste des hommes du seigneur de guerre tombés à ses côtés, Ranmaru et ses deux frères figurent en tête.

Les mystères et les légendes qui entourent la fin d'Oda Nobunaga et les motivations à le trahir d'Akechi Mitsuhide s'inspirent également de la relation du suzerain avec Mōri Ranmaru. L'une de ces théories veut que la rumeur d'une perte de son fief par le renégat l'ait justement été au profit du jeune amant d'Oda Nobunaga. Ce qui l'aurait poussé à prendre les armes[2].

Une alternative à un monde hétéronormé ?

Lorsque les jésuites débarquent dans cet univers, les pratiques homosexuelles sont l'une des choses qui les révulsent

1. Collectif, « Mōri Ranmaru », entrée du *Dictionnaire historique du Japon*, vol. 14, 1988.
2. WATANABE Tsuneo et IWATA Junichi, *The Love of the Samurai. A Thousand Years of Japanese Homosexuality*, Gay Men's Press, 1994.

le plus. « Ils sont encore plus dissolus en ce qui concerne le péché qu'on ne peut nommer, déplore Alexandre Valignano. Ils en font si peu de cas que les enfants et les gens de leur entourage s'en vantent, en parlent publiquement et s'en font un honneur ; d'après l'enseignement de leurs bonzes, non seulement ils ne le tiennent pas pour péché, mais ils y voient une chose si naturelle et si vertueuse que ces bonzes se le réservent en quelque manière pour eux-mêmes[1]. » Les missionnaires s'appliqueront à convaincre leurs ouailles d'abandonner de telles pratiques.

La période Sengoku des guerres civiles reste dominée par les combats. Après la pacification, sous le règne des Tokugawa à partir de 1600, la société va se stabiliser. Les hommes de pouvoir, plutôt que de se rapprocher de cadets au sein de leurs gardes rapprochées, vont opter de plus en plus pour des maisons de plaisir dans lesquelles les jeunes garçons sont des artistes, de plus en plus efféminés dans leurs atours et de plus en plus enclins à monnayer leurs talents. La population japonaise, et en particulier la haute société, s'accorde une totale liberté en matière de plaisirs de la chair : relations sexuelles à plusieurs, avec des hommes et des femmes, recours à des objets pour se satisfaire en solitaire et même apparition du bondage.

À partir de 1859, alors que le Japon recommence à s'ouvrir sur l'étranger et que ses dirigeants plongent dans l'influence des mœurs et des cultures occidentales, les relations sexuelles entre hommes commencent à devenir un tabou. « À la fin du XIXe siècle, les élites japonaises ont commencé à partager l'idée que l'homosexualité[2] était "contre nature", certains réclamant sa criminalisation », écrit Gary Leupp[3]. Ce ne sera le cas qu'entre 1872 et 1881,

1. Cité dans PONS et SOUYRI, *op. cit.*

2. Plutôt que de parler de *nanshoku*, d'« érotisme masculin », ils se mettent à parler de *dōseiai*, d'« amour avec le même sexe ».

3. LEUPP Gary, *op. cit.*

mais les relations entre hommes passent du quotidien le plus affiché à des marges plus discrètes de la société. Aujourd'hui, les Japonais acceptent plutôt bien les minorités sexuelles, même si ces situations restent difficiles à faire accepter au sein des familles elles-mêmes. Des personnalités de haut niveau, y compris dans la sphère politique, annoncent de plus en plus ouvertement leur homosexualité. En 2019, Taiga Ishikawa était le premier homme ouvertement gay à être élu au Parlement. En 2023, l'acteur et star de la pop Shinjiro Atae a également permis de nourrir le débat en révélant son orientation sexuelle lors d'une rencontre avec son public. La Justice et l'administration restent cependant peu protectrices de ce type de couples : le Japon est le dernier pays du G7 à ne pas avoir adopté de loi permettant le mariage ou l'union entre personnes du même sexe.

Cette ouverture d'esprit japonaise sur le sujet n'a pas échappé, ailleurs, aux principaux concernés. En 1982, Jacky Fougeray, pionnier de la presse gay en France, lance un mensuel gratuit qu'il baptise… *Samouraï*. Un magazine franchement provocateur, qui va même jusqu'à revendiquer que « mieux vaut mourir du sida que d'ennui[1] ». Une attitude nihiliste, en pleine période de découverte de l'épidémie qui cause des ravages au sein de cette communauté, qui n'est pas sans rappeler l'enseignement d'une figure citée dans ses pages : Yukio Mishima. Cet écrivain japonais perce après-guerre avec un récit autobiographique de ses penchants homosexuels, qu'il est obligé de cacher. Le début d'une carrière explosive, au cours de laquelle il rate le Nobel de littérature à trois reprises. Amoureux de l'esthétique et des valeurs que l'on prête aux samouraïs, il attaque en 1970 avec plusieurs de ses fidèles l'École militaire des forces armées japonaises

1. Yagg.com, « Une histoire de la presse homosexuelle en France (2/3) : des "années 68" aux "années sida" », consulté sur gayglobe.net, 2018.

où il met en scène son suicide rituel, s'éventrant au sabre, assisté de son propre *kaishakunin*[1]. Parmi les aspects qui ont fasciné en Europe : son homosexualité.

Pourrait-on donc s'imaginer faire de Yasuke une icône pour la communauté gay ? Qu'il aurait fort logiquement eu des relations homosexuelles avec son maître, Oda Nobunaga, selon cette pratique si traditionnelle de l'époque du *nanshoku* ? Après tout, si l'on accepte qu'il devienne source d'inspiration et mythe des arts guerriers japonais pour toute une jeunesse, ne pourrait-il pas aussi devenir un emblème des jeunes homosexuels ? Notamment en Afrique, où ce sujet reste un tabou durement ancré dans les différentes cultures et où les hommes gays sont persécutés[2].

« Yasuke ne semble pas correspondre au moule du partenaire sexuel masculin idéal pour un homme comme Nobunaga, tempère l'historien Gary Leup. Il est très grand et très sombre à une époque et dans un lieu qui l'associe au travail sous le soleil, considéré comme peu attrayant par les hommes comme Nobunaga. Il est probablement moins séduisant pour ce seigneur de guerre qu'il n'est impressionnant lorsqu'il l'accompagne en public[3]. » Le réalisateur et acteur japonais Takeshi Kitano, monument du cinéma, ose cette audace dans son film *Kubi* sorti en 2023. Oda Nobunaga y est tyranique, pervers et dépravé. Systématiquement accompagné de Ranmaru et de Yasuke, il utilise les deux comme des jouets sexuels, selon sa convenance. Dans une scène, après avoir profité de son jeune page sans douceur, il lance à l'Africain : « Yasuke, à ton tour de me détendre ! »

---

1. Le manque d'entraînement fait que ce dernier ne parvient pas à décapiter son maître. Il s'y reprend à plusieurs reprises, sans succès, avant que l'un de ses camarades ne prenne le relai.

2. Amnesty International, « We are facing extinction: Escalating anti-LGBTI sentiment, the weaponization of law and their human rights implications in select African countries », 2024.

3. Entretien avec l'auteur par courriel le 7 avril 2024.

12

La légion des samouraïs étrangers

L'appartenance à la classe des samouraïs est un important enjeu de patrimoine et de représentations, au Japon. Tout au long de l'ère Edo (1603-1868), les autorités façonnent un imaginaire qui fait de la noblesse guerrière une élite nationale qui monopolise les pouvoirs et revendique les talents, depuis celui de manier les armes jusqu'à la poésie ou la cérémonie du thé. Admettre des étrangers au sein de cette communauté, c'est accepter que ce patrimoine puisse être partagé avec d'autres. Pire, alors que Toyotomi Hideyoshi et Tokugawa Ieyasu ont légiféré pour s'assurer que les titres soient désormais héréditaires, c'est rappeler que certains ont pu obtenir leur place au sein des cercles dirigeants par leurs réalisations, de leur vivant, et pas uniquement du fait de leur naissance. Après la révolution Meiji, en 1868, les guerriers sont progressivement privés du pouvoir. En théorie tout du moins : la plupart des hauts fonctionnaires et des ministres sont des fils de samouraïs. L'armée, qui plus est, joue un rôle majeur dans l'expansion et la domination des colonies. Les héritiers de la caste des samouraïs continuent d'affirmer la spécificité nationale de cet héritage. Un samouraï, c'est un guerrier japonais d'élite avec des valeurs uniques au monde. Une doctrine qui continue de s'affirmer aujourd'hui à travers la culture, du cinéma à la littérature.

Sauf que dans les faits, entre le XIIe et le XVIIe siècle, on ne se pose pas autant de questions. Le guerrier, c'est celui qui porte les armes et s'en sert, comme nous l'avons vu au chapitre 6. Ici et là, des archives ont même montré que parmi les *bushi*, on trouvait non seulement des Japonais de différentes couches de la société, certains modestes et d'autres issus de la plus haute noblesse, mais qu'en plus, des étrangers les avaient côtoyés. Yasuke est le premier dont le parcours est documenté avec suffisamment de certitudes pour affirmer qu'il a appartenu à cette communauté d'armes. Il fut suivi par d'autres, asiatiques et européens, dont les parcours sont assez différents de celui de l'Africain.

Avant l'arrivée de Yasuke, des étrangers voyageaient déjà au Japon. Des moines et des sages, notamment, arrivaient régulièrement depuis l'Inde et la Chine pour répandre leurs dogmes. De nombreux pirates coréens et chinois se mêlent aux rangs de leurs homologues, les *wakō* japonais. Il n'y a pas de raisons de penser qu'aucun d'entre eux n'a pu à un moment ou à un autre être intégré au sein de la population japonaise, y fonder une famille et potentiellement se mettre à servir un seigneur local, les armes à la main. En particulier sur les îles les plus excentrées, comme Tsushima, à portée de la Corée.

La question se pose également pour les peuples qui n'ont été intégrés que plus tard à la nation japonaise, notamment les Ryūkyū qui forment leur royaume au sud-ouest du Japon et les Aïnous sur Hokkaidō au nord, indépendants respectivement jusqu'en 1879 et 1869. Ces derniers, sont considérés jusqu'alors comme des étrangers par les Japonais. Mais ils sont si proches géographiquement que les populations ont des interactions en permanence. Certains représentants de ce peuple désigné comme inférieur ont probablement dû grossir les rangs des *bushi* japonais au fil des siècles. Mieux, les travaux de trois anthropologues publiés en 1989 soutiennent la thèse que les samouraïs sont des descendants des Aïnous. L'étude de squelettes et de restes biologiques de différents groupes de populations montrent en effet une plus grande proximité entre les samouraïs et les Jomon, groupe auquel appartiennent les Aïnous, qu'avec les Yayoi, population endémique qui peuple le gros de l'archipel jusqu'au IIIe siècle avant notre ère. Les samouraïs, dotés d'une pilosité plus marquée, de nez aux formes différentes, d'une peau plus pâle, seraient ainsi biologiquement plus proches des Aïnous[1]... que des populations originaires de la grande île de Honshū[2]. Mais revenons-en à nos samouraïs étrangers.

Les Coréens, des Japonais presque comme les autres

Le plus gros contingent de samouraïs venus d'un pays étranger est originaire du grand royaume de Joseon[3], l'ancêtre de la Corée actuelle. Ces hommes sont issus de la multitude de captifs que les Japonais ont ramenés de leurs campagnes sur la péninsule, entre 1592 et 1598. Les historiens estiment entre 20 000 et 100 000 le nombre de personnes que les armées de Toyotomi Hideyoshi ont ainsi réduites en servitude. Des hommes, des femmes, des enfants, parfois des familles entières. À la fin de la guerre,

1. Traditionnellement, les hommes aïnous se laissaient pousser une longue barbe. Ce trait distinctif peut encore être observé aujourd'hui à Hokkaidō chez les rares personnes qui veulent revendiquer ce patrimoine, largement effacé après la colonisation de l'île par Tokyo.

2. BRACE Charles Loring, BRACE M. L. et LEONARD William. R., « Reflections of the Face of Japan : A Multivariate Craniofacial and Odontometric Perspective », *American Journal of Physical Anthropology*, vol. 78, 1989.

3. Également orthographié Chosŏn.

à peine 7 500 d'entre eux seront rapatriés vers leurs terres d'origine. Quelques-uns ont également réussi à se sauver par leurs propres moyens, dans des proportions qui restent inconnues. Chez ceux qui sont restés au Japon, il est possible d'observer différentes formes de parcours. « Les prisonniers de guerre ont occupé une place particulière dans l'émergence d'un sentiment d'identité, analysent les historiens de la Corée JaHyun Kim Haboush et Kenneth R. Robinson. S'ils étaient des marginaux sans espoir, souvent soumis à la torture et à des menaces de mort, ils pouvaient être contraints de trahir leur pays d'origine et de prêter serment à leur nouvel État. Toutefois, certains d'entre eux ont supporté les menaces et la coercition et sont restés loyaux, cherchant même des occasions d'espionner pour le compte de leur pays d'origine. Pour leur pays d'origine, comme pour leur pays de captivité, les prisonniers de guerre étaient présentés comme un délicat problème de loyauté[1]. » Pour Toyotomi Hideyoshi, dont l'objectif est alors d'obliger le roi de Joseon à devenir un vassal, ces captifs sont aussi perçus comme des otages.

L'un des Coréens pour lesquels il y a le plus de traces historiques de son intégration à la classe des guerriers japonais s'appelle Wakita Naokata[2]. Il est kidnappé alors qu'il n'est qu'un enfant, pendant les campagnes menées par les armées de Hideyoshi Tokyotomi en Corée, en 1592. Il est ramené au Japon pour être offert comme présent à la femme du daimyo Ukita Hideie. Il est éduqué au sein du clan Maeda, l'une des familles les plus puissantes de cette époque, anciennement vassale d'Oda Nobunaga, avec les autres petits de la noblesse d'armes. À l'âge de 20 ans, en 1605, il est formellement adopté par les Wakita, une

1. JAHYUN Kim Haboush et ROBINSON Kenneth R., *A Korean War Captive in Japan, 1597-1600. The Writings of Kang Hang*, Columbia University Press, 2013.

2. Kim Yeo-cheol, de son nom coréen d'origine.

famille d'un rang inférieur à celle de ses ravisseurs. Il participe au siège d'Osaka visant à neutraliser l'héritier de Toyotomi Hideyoshi et ses derniers fidèles, dans les rangs des forces du shogun Tokugawa Ieyasu, en 1614 et 1615. Il est l'un des capitaines du contingent issu de la province de Kaga et obtient en récompense de son engagement au combat un poste de magistrat dans la ville de Kanazawa… accompagné d'un revenu plutôt important[1]. Wakita Naokata raconte notamment dans son autobiographie comment, malgré ses succès et sa bravoure dans la bataille, il fut victime des calomnies d'un autre officier plus âgé, plus influent. Ce dernier, Matsudaira Hoki, ne le cible pas tant parce qu'il a des origines étrangères que parce qu'il y a une concurrence dans la répartition des récompenses et qu'il veut s'arroger la plus belle part. Il s'attaque d'ailleurs en même temps à trois autres officiers de la même génération que Wakita Naokata, nés japonais. Ce dernier en tire un enseignement humble qu'il partage avec ses descendants dans ses mémoires, les enjoignant à la rectitude… et leur suggérant de bien construire leurs réseaux pour assurer leurs arrières.

Tout comme pour Yasuke, Wakita Naokata n'est pas qualifié de samouraï, le terme n'étant toujours pas démocratisé. Mais il n'y a aucun doute sur son appartenance à la classe guerrière. Adopté par une famille de *bushi*, il a participé à une importante campagne militaire. Son suzerain fait de lui son représentant au sein du domaine de Kaga, comme le raconte Naokata lui-même : « J'ai reçu autorité à agir en tant que représentant du seigneur Toshinaga, partout dans les Trois Provinces[2], parmi ceux de haute et de basse naissance, paysans, artisans et

1. NELSON David G., « The Autobiography of Wakita Kyūbei : Samurai Military Service and Recognition in Seventeenth-Century Japan », in *Studies on Asia*, vol. 1, 2016.

2. Les différents districts de Kaga.

marchands[1]. » Après 1615, il n'y a plus d'affrontements au Japon. Wakita Naokata, comme les autres samouraïs, s'occupe désormais autrement. Outre ses fonctions de magistrat, il se passionne pour l'art et la culture. Il devient un fin connaisseur du *Dit du Genji* et se taille une réputation d'expert en *renga*, un style de poésie où les participants complètent à tour de rôle les vers précédents. À la fin de sa vie, il se rase le crâne et se fait moine[2]. Rien n'indique que lui ou les autres Coréens adoptés soient victimes de discriminations.

Ses anciens compatriotes, capturés dans des conditions similaires, apparaissent ici et là dans des archives administratives japonaises. Akizuki Tanenobu, par exemple, a servi au sein du clan Chosokabe, originaire de l'île de Shikoku et donc plus éloigné du pouvoir central. Derrière ce nom, on soupçonne même qu'il y ait eu en réalité plusieurs personnes, membres d'une même famille coréenne, capturée par les Japonais et emportés dans l'archipel. Ils auraient servi leurs nouveaux maîtres au sein du château d'Akizuki, dont ils auraient adopté le nom. L'un de ces Akizuki Tanenobu est devenu par la suite un *rônin*, un samouraï sans maître. Il a temporairement erré, avant de se reconvertir… en marchand de tofu, un plat nouveau au Japon qui est alors particulièrement demandé. Capturé sur la fin de la guerre, Rinoie Motohiro est intégré au sein du clan Mōri. On ne sait pas grand-chose de sa vie, sinon qu'il eut une petite propriété à Katsuma et qu'il a suivi les enseignements d'un grand maître en arts martiaux, Yagyū Muneyoshi. À la mort de celui-ci, il reçut un katana et une lance *yari*. Kiyoshi Soga est récupéré, seul et en pleurs, par Hidenari Nakagawa en Corée, en 1597.

1. Cité dans NELSON David, « The Prose, Poetry, and Correspondence of a Korean-born Samurai: A Translation of the Family Narrative of Wakita Kyūbei », in *Studies on Asia*, vol. 7, 2022.

2. JAHYUN Kim Haboush et ROBINSON Kenneth R., *op. cit.*

Ce dernier adopte le garçonnet de 5 ans et le confie à l'un de ses vassaux. Il continuera de veiller sur lui par la suite et s'assurera qu'il ait une solde et un poste officiel. En tout, il existe des informations fiables sur une dizaine de Coréens enlevés et ensuite élevés parmi la caste des guerriers. Il est hautement probable que d'autres aient été adoptés par des samouraïs de plus bas rangs, trop heureux de s'assurer une descendance : l'adoption est parfaitement banale dans la société japonaise de l'époque où le lien du sang n'est pas un absolu.

Si ces hommes ont pleinement intégré la société japonaise, il faut garder à l'esprit que, contrairement à Yasuke, leurs communautés d'origine ont été sévèrement violentées par les armées de samouraïs. Les Japonais ont massivement massacré et violé dans la péninsule, coupant des têtes par milliers, pillant des villages. La seconde campagne, de 1597 à 1598, en particulier : Toyotomi Hideyoshi est alors frustré de l'échec de la précédente tentative d'invasion. Il ne s'agit plus tant de conquérir de nouveaux territoires que de se venger d'un ennemi que l'on veut faire souffrir. Pour les samouraïs d'origine coréenne, leur destin est probablement plus enviable que d'être simplement resté captifs ou orphelins. Mais leur épanouissement s'est fait dans les foyers de ceux qui avaient détruit leurs familles. Une voie qui peut perturber et questionner, si on l'observe avec nos yeux d'aujourd'hui. Mais une voie qui correspond à la réalité de nombreux Japonais de cette époque : les vainqueurs se saisissaient souvent de jeunes gens dans le camp des vaincus pour les prendre directement à leur service, dans leurs propres familles et armées.

Les Européens, conseillers des daimyos

La nomination d'Européens au rang de samouraï répond à une logique tout à fait différente de celle des Coréens, qui sont adoptés par des familles de la noblesse d'armes japonaise. Deux cas sont connus et documentés : le Hollandais Jan Joosten van Lodensteijn et l'Anglais William Adams, arrivés au Japon en 1600 à bord du *De Liefde*, un navire parti de Rotterdam en 1598. Tous deux sont nommés par Tokugawa Ieyasu pour faire office de conseillers, le fondateur du nouveau shogunat qui va monopoliser le pouvoir jusqu'à la fin du XIXe siècle, étant intéressé par les connaissances du monde pour l'un, et ses compétences en construction navale pour l'autre. Pour les Tokugawa, le fait d'avoir des serviteurs de deux nationalités différentes est également un moyen de développer des relations propices avec deux nations distincts, en conflit avec le Portugal et l'Espagne. Ils font ainsi d'une pierre deux coups.

L'histoire de ces deux hommes est d'abord celle d'un fiasco. Ils embarquent pour une expédition qui vise à aller faire du commerce pour une compagnie marchande hollandaise, la Voorcompagnie, ancêtre de la future Compagnie néerlandaise des Indes orientales. Cinq bateaux, armés par une centaine de marins, prennent le large en 1598. Le plan est alors d'atteindre le Japon en passant par le cap Horn, au sud de l'Amérique. Deux navires coulent pendant la traversée de l'océan Atlantique et un troisième ne parvient pas à franchir le détroit de Magellan. Seuls le *De Liefde* et le *Hoop* atteignent les côtes japonaises, en avril 1600. Il n'y a plus qu'une vingtaine d'hommes à bord, dont certains sont mourants. 18, seulement, survivront. Les autorités locales saisissent les deux bâtiments et, surtout, les 44 canons et les 500 armes à feu qui sont à bord. La plupart des survivants seront autorisés à repartir par Toyotomi Hideyoshi, qui est encore au pouvoir. Mais Ieyasu, qui se prépare à prendre l'ascendant au cours de la bataille décisive de Sekigahara en octobre de la même année, en garde deux à son service : Joosten et Adams, qui seront respectivement nommés par les locaux Yayōsu et Miura Anjin

Peu après son arrivée, Jan Joosten van Lodensteijn se voit accorder une résidence à Edo et une autre à Nagasaki, ainsi qu'un revenu lui permettant de faire vivre une cinquantaine de personnes. Il est alors âgé de 40 à 50 ans. Il est régulièrement convié à des audiences avec Tokugawa Ieyasu et son héritier, Hidetada. Les Hollandais comprennent rapidement que l'un des leurs a l'oreille du pouvoir japonais : « Il y a dans cette zone un Hollandais appelé Jan Joosten, né à Delft, écrit l'un de ses compatriotes, officier, dans un de ses rapports en 1617. Il a des audiences personnelles avec l'empereur (*shogun*) et ses ministres, qui lui accordent une grande confiance. Il nous est également très utile[1]. » Il opère en effet comme intermédiaire, pour développer le commerce entre son pays d'origine et son pays d'adoption. Les Tokugawa lui accordent d'ailleurs, à lui comme à son camarade anglais William Adams, un sceau rouge qui autorise ses navires à quitter le pays pour aller faire du commerce, partout à travers la région : Siam, Cochinchine, Cambodge, Tonkin[2]... Il se voit accorder le droit de porter les deux sabres indiquant son appartenance à la classe des samouraïs et certaines sources

1. Cité dans SEIICHI Iwao, « An Early Dutchman in Japan », *Japan Quaterly*, vol. 6, 1959.
2. *Ibid.*

le qualifient de *hatamoto*[1], membre de la garde rapprochée des Tokugawa[2].

La vie de William Adams est mieux connue grâce aux nombreuses lettres qu'il a écrites. Né en 1564 dans le Kent, il débute sa vie professionnelle comme apprenti dans un chantier naval. À 24 ans, il commence à opérer comme pilote de navires. C'est ainsi qu'il se retrouve à commander le *Richarde Dyffylde*, en 1588, au sein de l'expédition de la Voorcompagnie. Il bascule sur le *De Liefde* au cours de la traversée catastrophique. Adams aurait rapidement souhaité rentrer chez lui, pour retrouver sa femme et ses deux enfants. Les autorités japonaises lui interdisent de quitter le pays et lui réclament de former des artisans aux techniques de construction navale des Européens. Il contribue à la conception d'au moins deux navires de plus de cent tonnes. Au fil des années, il apprend la langue, épouse une Japonaise, donne naissance à deux nouveaux enfants, améliore sa situation et se taille un statut social. Ieyasu fait de lui l'un de ses nombreux *hatamoto* et le dote d'un revenu et d'un petit domaine personnel à proximité de la capitale naissante d'Edo[3]. Libéré de ses obligations en 1613, il décide de rester au Japon. À titre de comparaison, Adams obtient entre 150 et 250 koku, contre 1 500 pour le Coréen Wakita Naokata, à la même époque. Comme son camarade hollandais, il va servir d'intermédiaire dans le développement du commerce avec l'Angleterre[4]. Il est décrit par le marchand

1. Le terme et le concept sont déjà couramment utilisés par les daimyos, pour désigner leur cercle le plus restreint. Tokugawa Ieyasu l'institutionnalise pour en faire un vrai échelon hiérarchique, positionnant ses plus proches conseillers au-dessus du reste des samouraïs.

2. VAPORIS Constantine Nomikos, « Samurai, an Encyclopedia of Japan's Cultured Warriors », ABC-Clio, 2019.

3. La future Tokyo, où Tokugawa Ieyasu a déménagé la capitale.

4. Il demande à ses employeurs de verser une partie de son salaire à sa famille restée en Angleterre.

anglais Richard Cocks, comme par les jésuites – qui l'accusent d'être à l'origine des persécutions les visant –, comme l'Européen ayant développé les relations les plus fortes avec le shogun. Une assertion largement exagérée, selon l'historien Derek Massarella. En réalité, l'Anglais tombe largement dans l'oubli, avant d'être redécouvert à la fin du XIXe siècle par James Walters, surpris de croiser des tombes de compatriotes anglais au Japon[1]. William Adams devient progressivement le héros de récits qui vont nourrir le mythe. Un mythe très apprécié dans l'Angleterre du début du XXe siècle où l'on se réjouit que la Couronne ait pu avoir autant d'influence sur une terre aussi exotique et fascinante que le Japon féodal. Jusqu'au roman à succès *Shogun*, écrit par James Clavell en 1975, dont le narrateur John Blackthorne est directement inspiré de William Adams. Une épopée rajeunie par la série à succès diffusée par Disney+ en 2024. La légende de William Adams, oubliée un temps, puis redécouverte et portée par le monde de la culture, n'est pas sans rappeler celle, encore émergente, de Yasuke.

Lorsqu'ils débarquent au Japon, Joosten van Lodensteijn et Adams sont le premier équipage non portugais à faire ce voyage. C'est une nouvelle dynamique géopolitique qui vient s'ajouter à la situation déjà complexe de l'archipel : tous deux protestants, ils ont un regard particulièrement hostile sur les missionnaires jésuites, qui eux sont catholiques. Et ils décrivent à Tokugawa Ieyasu une Europe que cette tension religieuse met à feu et à sang. Il faut dire que les jésuites eux-mêmes avaient ouvert les hostilités envers les nouveaux arrivants. Lors du débarquement des survivants, ils les ont immédiatement dénoncés comme

1. MASSARELLA Derek, « William Adams/Miura Anjin: Man/Myth », Symposium : « William Adams and Early English Enterprise in Japan », 2000.

des brigands et des pirates. Deux autres navires hollandais arrivent neuf ans après l'arrivée agitée du *De Liefde* et du *Hoop*. Ils vont commencer à développer des relations commerciales avec le Japon, remplaçant progressivement leurs concurrents portugais. Jusqu'à devenir la seule nation autorisée à faire du commerce avec l'archipel, après 1637.

Il n'y a ensuite plus de samouraïs étrangers pendant le reste de l'ère Tokugawa, marquée par sa fermeture sur le monde. Puis, à l'aune de la révolution Meiji et de la nouvelle guerre civile qui agite le changement de régime, avec la fin de la dictature militaire et la renaissance de l'empire, une poignée d'Européens participent aux combats. Parmi eux, on trouve deux frères prussiens, Edward et Henry Schnell, qui approvisionnent en armes le daimyo de Nagaoka. Ils ont pu se frayer un chemin jusqu'au Japon en travaillant pour des marchands hollandais. Sur place, ils travaillent également comme instructeurs dans le domaine d'Aizu, dans la préfecture de Fukushima. Henry se voit attribuer une résidence dans la ville d'Aizuwakamatsu, un nom japonais et le droit de porter les deux sabres, symbole distinctif de l'appartenance à la caste des samouraïs. À la fin de la guerre, en 1869, il quitte l'archipel avec son épouse japonaise et une vingtaine de samouraïs déchus pour s'installer en Californie où ils fondent une colonie fermière, espérant développer une production de thé et de soie. C'est la première fois que des Japonais s'installent durablement à l'étranger. Et c'est un échec : la colonie fait rapidement faillite. En 1871, Schnell annonce retourner au Japon chercher des financements. Il disparaît sans laisser de traces. Les autres colons finissent par se disperser[1].

1. MÉTRAUX Daniel A., *The Wakamatsu Tea and Silk Colony Farm and the Creation of Japanese America*, Rowman & Littlefield, 2019.

Et enfin, il y a les Français. Ils ne furent jamais dotés des attributs officiels des samouraïs, institutionnalisés à leur époque. Pourtant, ils participèrent, eux, à une vraie mission militaire et furent engagés au combat. Entre 1867 et 1868, Napoléon III répond à une demande du shogun Yoshinobu Tokugawa et envoie un groupe de dix-sept militaires commandés par le capitaine Jules Chanoine pour former les troupes du shogunat, à l'aide d'experts du combat d'infanterie, de cavalerie et d'artillerie. Les cadres du régime Tokugawa commencent alors à s'interroger sur le choix qui a été fait jusque-là de ne s'appuyer que sur les Français pour ce conseil militaire, face aux autres Occidentaux, perçus comme de potentiels envahisseurs. Trop tard, pour changer de stratégie. Lorsque la guerre du Boshin éclate, en janvier 1868, opposant les révolutionnaires qui veulent restaurer l'autorité impériale aux troupes du shogun, la mission française évacue, mais cinq de ses membres décident de poursuivre leur mission aux côtés des forces shogunales. Le lieutenant Jules Brunet, les sergents François Bouffier, Jean Marlin, Arthur Fortant et le caporal André Cazeneuve, décident de rejoindre ce qu'il reste d'hommes fidèles aux Tokugawa, dans le nord. Mais l'armée impériale ne cesse de progresser. Ils participent au baroud d'honneur qui se tient dans la forteresse de Hakodate, en mai 1869 et qui voit s'effondrer les partisans de l'ancien régime, largement dominés en nombre. Ils capitulent. Les Français évacuent de justesse par la mer et sont rapatriés[1]. Officiellement, le lieutenant Brunet et ses hommes sont accusés en France d'ingérences dans les affaires d'un autre pays. Napoléon III félicite son homologue japonais d'avoir rétabli l'ordre. Dans les faits, les Français qui ont combattu avec les hommes du shogun

1. MEDZINI Meron, *French Policy in Japan During the Closing Years of the Tokugawa Regime*, Harvard University Asia Center, 1971.

ne seront jamais inquiétés, au contraire. Après une brève mise à l'écart, Brunet terminera même sa carrière avec le grade de général de division.

Les membres de la mission française au Japon, en 1867. Au centre, le capitaine Jules Chanoine, qui la commande. Le deuxième homme assis en partant de la droite est le lieutenant Jules Brunet, qui prend la tête du groupe resté combattre aux côtés des fidèles du shogunat.

13

La résurrection anti-impérialiste du samouraï africain

Yasuke semble avoir longtemps disparu de la conscience des Japonais. Après la publication du journal de Matsudaira Ietada[1], plus aucun écrit n'évoque la brève apparition du samouraï africain dans les cercles du pouvoir du Japon féodal. Quelques peintures et des ornements de poteries mettent en scène des hommes noirs, sans que l'on puisse être certains qu'il s'agisse de notre samouraï. Le Japon poursuit son existence dans l'isolement de l'ère Edo, sous le régime des shogun Tokugawa, jusqu'en 1868. Tous les contacts avec l'extérieur sont coupés, à l'exception d'un comptoir commercial accordé aux Hollandais. Les étrangers n'ont plus le droit de pénétrer dans l'archipel. Jusqu'à ce que la révolution de Meiji entraîne un changement de pouvoir et ne donne naissance au renouveau d'un Japon impérial qui va s'armer, développer un esprit nationaliste radical et des volontés de conquêtes qui le mèneront jusque dans la Guerre de la Grande Asie orientale[2]. L'archipel finit terrassé par l'offensive dantesque des États-Unis en 1945 et le tir de deux bombes nucléaires,

1. Voir chapitre 2.
2. *Daitōa Sensō*, la Guerre de la Grande Asie orientale, est le nom utilisé pour qualifier la Seconde Guerre mondiale par le gouvernement impérial, pendant le conflit. Depuis, les Japonais ont largement adopté le terme employé par les Américains : la guerre du Pacifique.

qui poussent l'empereur à capituler et qui traumatise durablement l'esprit guerrier des Japonais. Les troupes de Washington occupent le pays jusqu'en 1952, et jusqu'en 1972 pour les îles Ryūkyū, à mi-chemin entre le Japon et Taïwan. 50 000 militaires sont toujours présents aujourd'hui dans le pays, avec l'accord de Tokyo, pour contribuer à garantir sa sécurité.

Pourtant, en 1968, le samouraï africain apparaît dans les librairies, aussi étonnant que cela puisse paraître quatre siècles plus tard. Kurusu Yoshio, un auteur jeunesse né en 1916, y raconte l'histoire de Yasuke dans une nouvelle d'une grosse centaine de pages qui lui est totalement dédiée. Il appelle son récit *Kurosuke*, mélange phonétique de la couleur noire et du nom Yasuke, qui peut se traduire par « le valet noir[1] ». C'est son troisième ouvrage et il remporte un petit succès à l'époque : il est récompensé du prix de l'Association japonaise de littérature jeunesse.

Kurusu Yoshio conte les aventures de Yasuke en décrivant notamment sa terre d'origine : « Il y a de nombreux pays en Afrique. Celui de Yasuke est un pays du lion. » Une formule un peu poétique qui reste difficile à décrypter. Elle porte en elle l'imaginaire de Japonais qui connaissent très peu l'Afrique, son histoire, sa géographie ou ses peuples. Le récit est celui d'une rencontre entre différentes cultures. Les Japonais sont rassurés car il boit du saké. Il joue de la flute et divertit les gens. L'ambiance est chaleureuse envers un homme dont tous les personnages semblent saluer le potentiel, caressant même l'idée qu'il puisse lui-même devenir daimyo un jour. Le moment venu, il prend les armes pour défendre Oda Nobunaga puis son fils face aux hommes d'Akechi Mitsuhide lors

1. Mot à mot, l'« aide noir » ou l'« assistant noir ».

de la tragique nuit du 20 juin 1582. Lorsque Yasuke se précipite dans la mêlée, il scande le nom de saint Jacques, « *Santiago !* » en portugais. Difficile pour lui de manier le coupant katana : « C'est la première fois qu'il se bat au Japon. En Afrique, il s'éloignerait pour jeter des lances et des pierres sur ses ennemis, suggère le narrateur, pas toujours très fin sur sa description de ce continent et de ses habitants. Ici, c'est au corps à corps que l'on terrasse l'ennemi. »

Cette histoire a exercé une vraie influence sur la manière dont Yasuke est perçu de nos jours. L'idée qu'il soit appelé « Monsieur Noir », *Kurosuke* ou *Kurosan*, vient de ce texte. Aucune archive historique ne mentionne rien de tel. Surtout, l'auteur partage une réflexion plus large sur ce qu'il retient du parcours de ce samouraï, en imaginant une scène de conclusion dans une salle de classe contemporaine[1] : « Le continent africain peut être dessiné comme si vous teniez une règle, pour tracer les frontières entre les différents pays. Chacun de ces rectangles et carrés contient les visages d'empereurs européens, de marchands potelés, de généraux barbus. Mais la carte actuelle de l'Afrique ne ressemble pas à cela. Les enfants ont colorié les nombreux pays indépendants avec des crayons de couleur, ce qui donne l'impression d'un jardin fleuri. Quelque part, il doit y avoir le pays du lion de l'époque de Kurosuke. »

1. Probablement inspirée d'un souvenir personnel, Kurusu Yoshio ayant été enseignant, notamment pendant la guerre.

Extrait du Kurosuke *de Kurusu Yoshio dans lequel Yasuke combat courageusement…*

… avant d'être capturé par les hommes d'Akechi Mitsuhide.

L'anti-impérialisme pacifiste

Qu'est-ce qui a pu pousser un auteur jeunesse à s'intéresser au personnage de Yasuke, à la fin des années 1960 ? Cette période est une bascule politique et socioculturelle : les Japonais nés après la guerre deviennent progressivement la majorité de l'électorat. Cette nouvelle génération baigne dans des courants d'idées nouvelles, contradictoires, qui s'inspirent, notamment dans leurs oppositions, de rapports de force globaux. Nous sommes alors en pleine guerre froide et l'archipel cherche comment se positionner. Un contexte qui va permettre l'émergence d'idées d'extrême gauche… mais aussi d'extrême droite. « La jeunesse japonaise des années 1960 et 1970 est profondément influencée par un courant d'idées transnationales et de gens qui constituent une convergence historique unique de pan-asianisme, de maoïsme, de nationalisme noir, d'anti-impérialisme, d'anti-communisme, de néofascisme et d'ultra-nationalisme », résume l'historien Christopher Gerteis[1]. Pris dans un maelstrom d'idéologies parfois antinomiques, tous ont en commun de haïr l'idée que le Japon puisse être occupé, voire colonisé.

Dans ce contexte, quelques intellectuels commencent à s'intéresser à ce qui peut se passer sur le continent africain et, plus largement, à ce que vivent les communautés afro-descendantes en Europe et en Amérique du Nord. En 1954, Nukina Yoshitaka, un universitaire né en 1911, spécialiste de la littérature américaine, découvre l'une des rares traductions en japonais d'un auteur noir : *The Negro*, de W. E. B. Du Bois[2]. Ce dernier est un

1. GERTEIS Christopher, *Mobilizing Japanese Youth. The Cold War and the Making of the Sixties Generation*, Cornell University Press, 2021.
2. DU BOIS W. E. B., *The Negro*, Henry Holt & Company, 1915.

militant de la première heure des droits civiques aux États-Unis et prône un panafricanisme visant à l'indépendance des peuples du continent. Il a ceci de particulier qu'il a visité l'Allemagne et le Japon dans les années 1930. Il est séduit par le régime nazi qu'il voit comme un adversaire naturel des grands empires coloniaux, mais surtout par le Japon impérial émergent, qui lui offre avec sa victoire contre la Russie, sur laquelle nous reviendrons plus loin, la preuve qu'un peuple de couleur peut triompher militairement d'un peuple blanc[1].

Nukina s'entoure d'une poignée d'autres intellectuels et fonde le *Kokujin Kenyo no Kai*, l'Association des études noires, qui regroupe à la fois des universitaires et de simples citoyens curieux. Ils traduisent des textes aux inspirations politiques variées. Surtout, ils se passionnent pour le Mouvement américain des droits civiques, qui vient de démarrer en 1954. Partout à travers ce pays, les Noirs se mobilisent et dénoncent la ségrégation. Les Japonais se trouvent un point commun avec les Afro-Américains : ils se sentent victimes des États-Unis. Nukina Yoshita a connu la faim et la précarité après la guerre et a côtoyé quotidiennement les vétérans et les orphelins, victimes des bombardements américains[2].

Ce qui intéresse ces intellectuels de gauche des années 1960, ce sont les Afro-Américains, qui s'opposent à leur gouvernement. « La conscience de l'Afrique, au Japon, arrive tard, explique l'historien des idées Yuichiro Onishi. Sur le magazine du Kokujin Kenyo no Kai, c'est longtemps une carte des États-Unis qui est affichée, avant qu'ils ne pensent à mettre celle de l'Afrique. Lorsque la décolonisation commence, ils y cherchent des modèles alternatifs de

1. YUICHIRO Onishi, *Transpacific Antiracism. Afro-Asian solidarity in 20th Century – Black America, Japan and Okinawa*, NYU Press, 2014.
2. *Ibid.*

révolution[1]. » Dans leurs esprits, l'Afrique reste presque aussi mystérieuse et méconnue qu'à l'époque de Yasuke. On l'imagine et on la pense surtout à travers ce que l'on comprend des témoignages rapportés par des étrangers. Rares sont les Japonais à visiter ce continent et à rencontrer ses peuples.

Pour autant, l'émergence de ces courants de pensée n'induit pas une approche autocritique. Les Japonais peinent à questionner leur propre rapport à la colonisation de peuples exogènes. « La critique de l'impérialisme est très tournée vers l'antiaméricanisme, observe Yuichiro Onishi. Mais pas tellement vers leur propre histoire, à Hokkaidō et à Okinawa. La prise de conscience des indigènes est très récente[2]. » Encore aujourd'hui, il est compliqué au Japon d'interroger la manière dont ces deux territoires ont été intégrés au pays. Hokkaidō, la grande île du nord, ne devient japonaise qu'en 1869. Le peuple local, les Aïnous, se voit massivement envahi par des colons et doit renoncer à sa culture. Dix ans plus tard, même chose à l'autre extrémité de l'archipel, à Okinawa, annexé en 1879. Des efforts sont entrepris aujourd'hui pour protéger les héritages de ces peuples, mais les populations elles-mêmes ne sont pas parvenues à préserver grand-chose. Restent des musées et des événements folkloriques. Poliment, on évite d'y suggérer que le Japon a fait sur ces terres la même chose que les Européens en Afrique.

Un héritage impérialiste

On remarque que cette perception d'une convergence des luttes entre les Japonais et les peuples africains

1. Entretien avec l'auteur le 19 avril 2024.
2. *Ibid.*

opprimés n'est pas apparue après la Seconde Guerre mondiale et l'occupation américaine. Elle n'est pas non plus apparue au sein d'une gauche progressiste qui rêvait d'un monde pacifique. Elle a émergé dès le début du XXe siècle, alors que le Japon impérial était en train de devenir une puissance militaire et industrielle régionale. Une puissance qui avait alors des ambitions de conquêtes, au détriment de ses voisins les plus proches. Tout comme du temps de Toyotomi Hideyoshi, le successeur de Nobunaga qui échoua à deux reprises dans ses campagnes en Corée, l'empire du Japon décide de s'installer durablement sur le continent pour vassaliser Coréens et Chinois.

En 1894, des mouvements sociaux en Corée servent à justifier une intervention, au prétexte de protéger les réseaux commerciaux. Les troupes japonaises occupent Séoul. L'année suivante, Paris, Berlin et Moscou s'accordent sur ce que l'on appelle la Triple Intervention : ils interdisent à Tokyo de progresser plus loin dans les terres, sous menace de représailles. Les empires européens sont omniprésents dans la région et limitent les capacités de manœuvre du Japon : France en Indochine, Espagne aux Philippines, Pays-Bas en Indonésie, Empire britannique en Inde ou encore Russie en Sibérie. Cette dernière, notamment, conteste au Japon la suprématie sur plusieurs groupes d'îles, Sakhaline et les Kouriles, qui changent à plusieurs reprises de propriétaires selon les périodes.

En 1904, le Japon réclame de la Russie qu'elle lui cède le contrôle de la Mandchourie, un vaste territoire situé entre la Chine et la Corée. Tokyo déclenche finalement une vaste offensive militaire dans la foulée et prend le contrôle de Port-Arthur, un point clef sur la côte. Moscou est alors à la tête de ce que le monde considère comme l'une des plus puissantes armées, notamment sur le plan maritime. Sa flotte vient se positionner dans le détroit de

Tsushima, pour couper les lignes de ravitaillement des Japonais. Elle est confiante : jusqu'ici, les Japonais ont perdu 40 000 hommes pour n'obtenir que de très modestes prises. Mais c'est la surprise : la flotte russe est littéralement dominée par la marine impériale japonaise. La quasi-totalité de ses navires sont coulés ou détruits. Cela représente une trentaine de bateaux perdus et plus de 4 000 militaires tués, contre à peine trois navires et une centaine d'hommes du côté des Japonais. C'est un choc : pour la première fois, un empire européen est défait, largement, par les armes. Tokyo va se servir de ce symbole pour justifier sa politique expansionniste et chercher des alliés, partout à travers le monde en se présentant comme un modèle de résistance face à l'impérialisme des Blancs.

Cette victoire écrasante va effectivement inspirer de nombreux indépendantistes à travers le monde. W. E. B. Du Bois, dont nous parlions plus tôt, y voit la possibilité de terrasser les Blancs par la force. Dans un registre très différent, Gandhi, connu pour son adhésion à la résistance pacifique, affiche son admiration devant la capacité des Japonais à prendre l'ascendant sur une puissance impériale européenne. Dans l'archipel, percevoir le monde comme une lutte entre des races est une approche nouvelle, inspirée notamment de la lecture des travaux de Charles Darwin à la fin du XIXe siècle. Les Japonais se voient désormais comme des « Jaunes » et s'opposent aux « Blancs », qu'ils accusent de vouloir dominer l'Asie. Certains intellectuels, comme Kitazawa Shinjiro par exemple, en arrivent à défendre l'idée d'une « solidarité avec les peuples colorés du monde ». Suivant cette logique, le Japon « porte la charge des peuples de couleur » et se doit de détruire le « racisme blanc »[1].

1. TSUJIUCHI Makoto, « Historical context of black stupides in Japan », *Hitotsubashi Journal of Social Studies*, n° 30, 1998.

Le Japon impérial ne développe de vraies relations qu'avec un seul pays africain : l'Éthiopie. C'est alors l'un des deux seuls à être indépendants sur ce continent, avec le Liberia. À la fin du XIXe siècle, l'empereur local Menelik II est même parvenu à augmenter significativement la taille de son territoire. Dès le début du XXe siècle, Tokyo propose à l'Empire éthiopien de lui fournir des armes, pour faire face à la menace italienne qui contrôle une bonne partie de la Corne de l'Afrique, en échange d'approvisionnements réguliers en matières premières, notamment du coton et la location de terres agricoles. En 1927, les deux pays signent un Traité d'amitié et de commerce. Au début des années 1930, une ambassade éthiopienne visite longuement le Japon pour étudier comment s'en inspirer, afin de se développer avec autant de succès. L'amitié entre les deux pays est telle que des rumeurs circulent sur un possible mariage entre les deux familles impériales.

Ce Japon impérial qui s'intéresse aux peuples opprimés par les Occidentaux n'est pourtant rien d'autre qu'une puissance colonialiste supplémentaire. L'ampleur des massacres et des crimes commis égale largement ce qu'ont pu faire les Européens. À la fin des années 1930, les conquêtes en Chine sont le volet le plus connu de cette politique : à Nankin, on estime qu'au moins 200 000 civils ont été massacrés en quelques semaines, en 1937. Plusieurs dizaines de milliers d'enfants et de femmes sont violés. Ces dernières sont régulièrement torturées à mort après. Les prisonniers de guerre sont massivement exécutés. Des officiers japonais s'amusent à faire des concours de têtes coupés, que la presse de l'archipel décrit avec jubilation. Des années 1930 jusqu'à la fin de la Seconde Guerre mondiale, les forces armées japonaises réduisent en esclavage sexuel des dizaines de milliers de malheureuses, les « femmes de confort », partout à travers l'Asie et principalement en Chine et en Corée[1]. Des horreurs que les Japonais restent majoritairement peu enclins à dénoncer, encore aujourd'hui.

Mémoire courte

Même après toutes les horreurs de la Seconde Guerre mondiale, les Japonais continuent d'entretenir cette lecture ambiguë de l'histoire. À Tokyo, dans le musée du Yūshūkan, rattaché à l'autel du Yasukuni qui honore ceux qui ont donné leur vie pour l'empereur, une exposition décrit la construction martiale de l'archipel, de l'héritage des samouraïs à la capitulation de 1945. Outre que les crimes commis par les armées japonaises sont largement passés sous silence, un curieux tableau continue d'expliquer, jusqu'à aujourd'hui, que le Japon a servi d'exemple aux pays colonisés par les Européens : « La victoire du Japon dans la guerre russo-japonaise a inspiré d'autres peuples oppressés [...] De nombreux futurs dirigeants de mouvements indépendantistes ont visité le Japon comme un modèle d'indépendance et de modernisation. [...] Ce n'est pas avant que le Japon ait remporté d'éclatantes victoires dans les débuts de la Guerre de la Grande Asie orientale, que l'idée d'indépendance est devenue de l'univers du possible. Une fois que ce désir d'indépendance a été attisé sous l'occupation japonaise,

1. Historiens et officiels continuent de polémiquer sur l'ampleur du phénomène. Les Japonais estimaient recruter des volontaires, pour remplir des bordels destinés à contrôler les frustrations de leurs soldats. Mais rapidement, ils n'ont plus trouvé assez de candidates et ont commencé à kidnapper ou à piéger des femmes qui se sont retrouvées forcées de se prostituer. À l'inverse, certains pays cherchent aujourd'hui à grossir au maximum les statistiques pour des raisons politiques. C'est en particulier le cas de la Chine.

elle ne s'est plus jamais estompée, même lorsque le Japon fut finalement défait[1]. »

L'exposition permanente du Yūshūkan laisse entendre que les indépendances asiatiques, mais aussi africaines, furent inspirées par le Japon impérial.

Un discours parfaitement négationniste, totalement admis dans ce temple de la droite nationaliste japonaise,

1. Visite de l'auteur en novembre 2023.

régulièrement visité par des Premiers ministres en exercice. Un discours qui fait de la décolonisation de l'Afrique, dans les années 1960, une suite naturelle de la politique impérialiste japonaise. Comme si l'État d'Israël, en 1948, s'était inspiré de l'archipel nippon pour se construire. Comme si Mahatma Gandhi, présenté comme l'un des héritiers de cet indépendantisme japonais, avait puisé sa conviction de la pertinence de la désobéissance civile dans les massacres de masses commis par les troupes japonaises en Asie. Comme si l'Algérie ou le Mali avaient eu besoin de cet exemple japonais de 1905 pour réclamer leur indépendance jusqu'à l'obtenir, en 1962 et en 1960.

La preuve qu'il faut se méfier : derrière des récits sympathiques et apparemment positifs, peuvent se cacher des idéologies prédatrices. Des façades qui peuvent parfois piéger de bonnes volontés, qui ne perçoivent pas les subtilités de cultures et de modes de pensée qu'elles ne maîtrisent pas. Étonnamment, la carte des indépendances prétendues inspirées par le Japon du Yūshūkan ne mentionne pas le Mozambique, dont on estime qu'il pourrait être la terre d'origine de Yasuke. Ses habitants, soutenus par l'Union soviétique, y ont combattu les Portugais à partir de 1964, parvenant à les chasser pour de bon en 1975. Le pays du lion du samouraï africain, pour reprendre l'expression de Kurusu Yoshio, souffrira encore de la guerre civile pendant quinze ans. Il reste aujourd'hui largement ravagé par les actions de plusieurs groupes armés. Mais le Japon est-il encore vraiment une source d'inspiration, sur ce continent ?

14

Le Japonais des Africains

« Grand léopard, maintenant que je suis un homme, quelle sera ma première mission ? Je suis à vos ordres, père. Peut-être pourrais-je intégrer le groupe parti punir ces pourritures Butua ? Ou je pourrais protéger l'or du roi sur la route de Sofala ? » C'est un jeune Yasuke bien différent de ce que l'on a pris l'habitude de voir dans les fictions nées en Occident et au Japon, que proposent Loyiso Mkhize et Fidel Namisi, les auteurs sud-africains du comics *La Voix du papillon*[1]. La majeure partie des récits se concentre sur son ascension d'esclave à samouraï, au Japon, et de son passage du service des jésuites à celui d'Oda Nobunaga. Ici, ce sont ses origines qui sont racontées, dans un scénario où il fut un combattant de l'empire Monomotapa[2], aussi appelé empire du Grand Zimbabwe, un royaume guerrier frontalier de la région que les Portugais appelaient le Mozambique au XVIe siècle. L'histoire dans l'histoire de Yasuke.

« Comment fait-on pour décoloniser un narratif ? s'interroge Mandla Dube, réalisateur sud-africain qui participe à ce projet de comics. Il faut raconter ses

1. MKHIZE Loyiso et NAMISI Fidel, *Way of the Butterfly*, vol. 1, Pambli Media, mars 2024.

2. Les auteurs utilisent plutôt le nom « Mutapa », plus courant en anglais.

origines. C'est un sujet qui est largement ignoré. C'est notre responsabilité à nous, conteurs d'histoires africains, de le faire. Pas à Hollywood. Il est important que les conteurs d'histoires africains puissent offrir des histoires auxquelles les Africains puissent s'identifier[1]. » Lui-même se passionne pour Yasuke depuis des années. Producteur de plusieurs films diffusés sur Netflix, il a fait financer une première phase d'écriture d'un film sur le samouraï africain par la plateforme. Même si, pour l'instant, celle-ci ne semble pas souhaiter aller plus loin, le Sud-Africain voit grand pour faire de ce héros une icône reconnue de l'imaginaire africain. Il envisage même des jeux vidéo ou des mangas. Le tout avec un focus très local, qui valorise l'histoire martiale, les arts guerriers et les armes de son continent.

Pour l'équipe à la création de la « Voie du papillon », l'enjeu n'est plus de dire si Yasuke a été hissé au statut de samouraï par Oda Nobunaga ou même s'il était un esclave. Il s'agit de raconter comme « bien avant cela, il était déjà un guerrier chevronné, l'égal de n'importe quel samouraï[2] ». Ils ne cherchent plus à explorer comment un Africain a pu accéder à l'entourage du daimyo le plus puissant de l'ère Sengoku au Japon, mais quel genre de guerrier il a pu être chez lui, dans son propre pays. Cet empire Monomotapa est au cours de la seconde moitié du XVIe siècle pris dans de premiers affrontements violents avec les Portugais, de plus en plus implantés sur la côte et qui lorgnent ses réserves d'or.

Mandla Dube n'imagine pas la rencontre entre Nobunaga et Yasuke comme une ascension sociale, mais comme un dialogue d'égal à égal entre deux hommes d'épée, issus de continents différents, qui se reconnaissent comme des

---

1. Entretien avec l'auteur le 4 juin 2024.
2. Site de présentation du comics : yasuke-wayofthebutterfly.com

pairs. « Yasuke venait, lui aussi, d'un territoire avec un empereur, souligne le cinéaste. Ils ont en commun d'être des guerriers sur des territoires qui ont besoin d'être unifiés. Tous les deux appartiennent à des pays qui sont producteurs d'or et de poésie[1]. »

Une envie africaine de Japon...

Que ce soit à Johannesburg en Afrique du Sud, à Nairobi au Kenya ou à Dakar au Sénégal, il est aujourd'hui possible de se régaler de sushis, d'aller dans un restaurant *teppanyaki*[2] ou d'apprécier des *rāmen*[3] sur le pouce. Dans ces grandes capitales africaines, l'engouement pour la cuisine japonaise émerge progressivement dans les années 1990, dans des établissements luxueux appréciés des plus riches. Puis, comme partout ailleurs dans le monde, il se popularise. Pour le meilleur comme pour le pire : qualité variable, restaurants tenus par des Chinois, recettes qui n'ont rien de japonais tels les très américains *california rolls*[4]. Reste que désormais, tous ces plats sont parfaitement identifiés par les jeunes générations urbaines du continent[5].

---

1. Au XVIe siècle, les Japonais exploitent effectivement quelques mines, sans que ce soit un commerce fondamental pour l'archipel. Mais les Européens croient alors pouvoir trouver des quantités phénoménales d'or et d'argent.

2. Restaurants proposant une cuisson sur plaques chauffantes avec un cuisinier qui prépare les aliments de façon souvent assez spectaculaire. On y mélange généralement des aliments japonais et occidentaux et si le style est né dans l'archipel, c'est surtout aux États-Unis et dans les grandes capitales occidentales qu'il s'est développé.

3. Plat de nouilles en bouillon, arrivé de Chine et grand classique de fast-food au Japon.

4. Comme son nom l'indique, cette recette vient de Californie. Elle est très répandue dans les restaurants de sushis en Occident. Notons d'ailleurs qu'au Japon on ne mange pas des sushis si souvent que cela...

5. « Sushi and The City », Forbes Woman Africa, octobre 2014.

Mais la cuisine, ce n'est pas qu'une histoire d'amour pour les bons petits plats. C'est aussi une industrie et une économie globalisée. Ceux qui préféreront manger leurs sushis directement au Japon auront peut-être la surprise de se régaler d'un poisson produit en Afrique. Dans le tout petit pays de Lesotho, enclavé au milieu de l'Afrique du Sud, l'entreprise Highlands Trout profite de conditions géographiques idéales pour élever une truite arc-en-ciel qui a séduit la chaîne de supermarchés nippons Japan Co Ltd, qui distribue ses produits dans près de quatre mille points de vente. Une activité originale qui perdure depuis une dizaine d'années[1].

Tout comme les Français, les Africains sont de plus en plus nombreux à aimer et consommer des produits japonais, ou à pratiquer des activités venues de l'archipel. Depuis sa fédération de judo née à Dakar en 1961, qui organise désormais des tournois à l'échelle du continent, dominés par des champions d'Afrique du Nord ; jusqu'à une poignée de lutteurs qui ont décidé de se lancer dans le sumo. Ce sport très peu pratiqué hors de l'archipel a même vu débarquer au milieu des années 2010 un Africain, l'Égyptien Osunaarashi Kintarō, qui poursuit un temps sa carrière dans une écurie du pays[2].

Le continent voit également émerger de premiers *mangaka* locaux. La bande dessinée et le dessin animé japonais sont arrivés en Afrique par l'intermédiaire des chaînes câblées européennes et nord-américaines, dans les années 1990. Les associations qui offrent des livres aux

---

1. Voir dépêche Reuters du 23 octobre 2014 et les nombreux articles publiés sur cette entreprise et son activité d'exportation.

2. VAULERIN Arnaud, « Osunaarashi. Mou baraque », *Libération*, 6 mars 2015. De son vrai nom Abdelrahman Shalan, Osunaarashi Kintarō doit mettre fin à sa carrière en 2018 après des scandales judiciaires, du fait d'une conduite sans permis. Les lutteurs au Japon n'ayant pas le droit de conduire.

bibliothèques des zones plus rurales s'appuient de plus en plus sur les mangas, faciles à lire[1]. La jeune génération des 20 à 40 ans a baigné dans cette culture. Certains d'entre eux rêvent désormais de concevoir leurs propres histoires et, pourquoi pas, de les confronter au public japonais[2]. Un objectif qui reste difficile à atteindre, faute d'infrastructures pour produire et diffuser efficacement leurs productions, même si Internet peut offrir de nouvelles façons de partager son œuvre.

Pour ces jeunes Africains, partir explorer le Japon est probablement encore plus complexe que pour leurs camarades européens ou américains. Outre le coût exorbitant d'un voyage dans l'archipel, la langue représente un barrage colossal. Les autorités japonaises en sont conscientes et cherchent à développer des ponts entre le continent africain et leur pays, dans l'idée d'étendre son influence diplomatique, de capter des opportunités commerciales et d'éviter que la Chine n'y prenne trop l'ascendant. Notamment en invitant des étudiants à venir dans leurs universités. En 1983, le gouvernement japonais lance un programme pour faire venir 100 000 étudiants étrangers. Celui-ci est précisé en 2013 avec une décision du Premier ministre Shinzo Abe de faire un effort particulier sur les jeunes africains, qu'il souhaite intégrer directement dans les entreprises par l'intermédiaire de stages : « L'initiative Abe a été lancée en tant que stratégie commerciale pour l'Afrique qui rassemble les secteurs public et privé, reconnaissant que le développement des ressources humaines et les échanges entre les peuples sont des problèmes pour les entreprises japonaises qui se développent en Afrique,

1. MEYERFELD Bruno, « "Mangafrica" : le manga fait ses premiers pas en Afrique », *Le Monde Afrique*, 23 janvier 2015.

2. MUIGAI Njoroge & UWONKUNDA Victoria, « Manga artist from Kenya on his passion for Japanese Comics », BBC, 5 août 2021. Le dessinateur présenté dans ce reportage est depuis parti vivre au Japon.

analysent Sakuma Akane et Kawaguchi Jun. Les étudiants africains sont positionnés comme des “pilotes” qui contribuent au développement industriel du Japon et de l’Afrique[1]. »

Un effort qui reste difficile : plus de 90 % des étudiants internationaux au Japon restent originaires d’Asie. En 2018, le nombre d’Africains n’était que de 2 380[2]. Moins d’un étudiant étranger sur 100. L’étude de Sakuma et Kawaguchi montre que 80 % des étudiants africains ont choisi le Japon par goût pour ce pays, devant les opportunités d’emploi et la compétitivité de ses universités. Les auteurs relèvent ainsi une vraie différence entre l’attractivité des études au Japon et celle des autres pays, où les facilités linguistiques et administratives sont d’importants moteurs. Ces jeunes espèrent profiter de la réputation du Japon dans les nouvelles technologies et d’un environnement d’apprentissage sécurisé[3].

Les Japonais veulent développer leurs relations avec les 54 pays du continent africain depuis la mise en place de la Conférence internationale pour le développement en Afrique de Tokyo (TICAD) en 1993. Au-delà des échanges culturels, l’archipel est conscient de la richesse en ressources de cette région. Les Japonais craignent que les Russes et les Chinois, avec lesquels ils ont de très importants contentieux géopolitiques, ne monopolisent les soutiens africains. De plus en plus, à Tokyo, on réfléchit à de vraies stratégies pour avoir des relais favorables dans ces pays, pour en faire des alliés sur la scène diplomatique

1. SAKUMA Akane et KAWAGUCHI Jun, « A study of African International Students in Japan: Analyzing the Process of Their Destination Choice », Actes de la coopération internationale en matière d’éducation, vol. 22, 2019.

2. Contre 92 000 étudiants venus d’Afrique subsaharienne en France en 2021-2022 (Campus France).

3. SAKUMA Akane et KAWAGUCHI Jun, *op. cit.*

et économique. Le gouvernement est conscient du retard : avec 5,7 milliards d'euros d'investissements, le Japon n'entre même pas dans le top dix, loin derrière le Royaume-Uni, la France, les Pays-Bas, les États-Unis ou encore la Chine. C'est même moins que la Suisse ou Singapour[1]. Il convient d'y ajouter l'aide gouvernementale, notamment en faveur de la paix et du développement, qui s'élève en 2021 à 2,2 milliards d'euros[2].

Un peu plus de quatre siècles après Oda Nobunaga, les dirigeants Japonais estiment qu'ils ont besoin de s'assurer la fidélité de jeunes Africains talentueux, qu'ils auront formés dans leurs universités ou à travers des investissements dans leurs projets, pour être leurs relais et leurs messagers sur le continent. Ils sont conscients que ces hommes et ces femmes sont le seul moyen de comprendre et d'accéder à un terrain qu'ils estiment intéressant à développer et à protéger, dans le cadre d'un bénéfice mutuel. Leurs jeunes apprentis profitent d'un système universitaire pointu, des opportunités d'emploi d'entreprises solides et de bailleurs dont la santé financière reste parmi les plus attractives au monde. En échange ils apportent leur connaissance de leurs pays d'origine.

… et un besoin de figures inspirantes

En Afrique, on se montre de plus en plus demandeurs, comme le proposent Mandla Dube et les auteurs du comics

---

1. SHIRATO Keiichi, « Japan's Strategic Interests in the Global South », CEIS, mai 2024.

2. Chiffres OCDE. L'aide japonaise est proche de l'aide française en part du PIB (0,44 et 0,5 %), mais du coup beaucoup plus élevée en somme nette. Mais les 18 milliards d'euros consacrés par le Japon à cette enveloppe sont d'abord utilisés en Asie.

La Voix du papillon, de héros locaux. Des figures inspirantes qui peuvent prendre des formes diverses : grands dirigeants historiques, femmes au parcours exceptionnels, entrepreneurs *made in Africa* et personnages ayant eu des chemins originaux, croisant d'autres grands pans de l'histoire globale. L'Organisation des Nations unies pour l'éducation, la science et la culture (Unesco) a porté de son côté un ambitieux projet à travers la rédaction d'une *Histoire générale de l'Afrique*[1], en onze volumes, édités entre 1964 et 1999, exploités depuis à travers de nombreux matériels pédagogiques.

Sur le plan historique, parmi les personnages cités de manière récurrente, il y a Sundiata Keita, surnommé le « Lion du Mali », qui fut le fondateur de l'empire du Mali au XIIIe siècle. Les récits des griots racontent à l'époque que c'est dans cette région que l'on trouve les plus grandes richesses : de l'or, du sel, du poisson, du bétail, des armes… qui attirent toutes les caravanes marchandes. La grande réussite de Sundiata Keita est d'être parvenu à unir, sous son règne, de nombreux peuples qui se contentaient jusque-là d'être voisins, sinon ennemis, sur les territoires de l'actuel Mali, du Sénégal, de la Gambie, de la Guinée, de la Mauritanie, du Burkina Faso et du Niger. Il appuie ses conquêtes sur une armée solide, confiée à des généraux de confiance[2]. Également cité régulièrement en exemple de l'ampleur des royaumes africains, Askia Mohammed le Grand, empereur songhaï des XVe et XVIe siècles, qui étendit son territoire tout le long du fleuve Niger. Grand organisateur de l'administration, il mit en place une armée professionnelle, composée d'esclaves et

1. Consultable sur la page https://www.unesco.org/fr/general-history-africa

2. PARKER Funmi, « African Heroe: Replacing a Lost History for Youths of the African Diaspora », université de Houston.

développa l'industrie minière[1]. Ces deux dirigeants furent aussi influents à leur époque et dans leur région qu'un Jules César ou un Napoléon en Europe. Comme eux, ils enrichirent considérablement leurs pays. Comme eux, ils semèrent de multiples guerres et étouffèrent toute forme d'opposition.

Et puis il y a des femmes, si souvent oubliées au cours des siècles derniers et aujourd'hui davantage mises en exergue comme un pan aussi essentiel de notre patrimoine historique. L'Afrique compte son lot de reines mémorables. La plus connue, qui inspire au même titre que Yasuke le monde de la culture depuis quelques années, est Nzinga Mbande (ou Njinga Mbandi), reine du Ndongo, sur les terres de l'actuel Angola. Née en 1581, elle prit le pouvoir à son frère, héritier naturel. La mémoire retient qu'elle s'opposa aux conquêtes portugaises, préservant son peuple de la traite. Elle omet souvent de préciser qu'elle participa aussi au commerce d'esclaves capturés dans des territoires voisins. Nzinga Mbande parlait le portugais, sut s'allier avec les Hollandais contre les Ibères, fut aussi bien diplomate que cheffe de guerre et se convertit au christianisme pour chercher des soutiens chez les missionnaires[2]. En remontant plus encore dans le temps, nous pouvons citer la célèbre reine de Saba, personnage mythique pour les trois grandes religions monothéistes. Personnage également considéré comme à l'origine de l'empire d'Éthiopie[3], selon une tradition portée par le *Kebra Nagast*, un récit traditionnel et épique, compilé au XIVe siècle. À la tête

1. HALE Thomas A., *The Epic of Askia Mohammed*, Indiana University Press, 1996.

2. HEYWOOD Linda Marinda, *Njinga, histoire d'une reine guerrière (1582-1663)*, La Découverte, 2018.

3. ADAMU Mussa Mamman, « The Legend of Queen Sheba, the Solomonic Dynasty and Ethiopian History : an Analysis », *African Research Review*, vol. 3, 2009.

d'un royaume s'étendant du sud de l'Arabie à toute une partie de la corne de l'Afrique, elle aurait donné naissance à l'empereur originel d'Éthiopie, Menelik Ier. Les Éthiopiens appellent leur reine de Saba Makeda.

Il existe également de nombreux aventuriers qui, comme Yasuke, traversèrent le monde pour se retrouver aux premières loges de grands bouleversements historiques dans d'autres civilisations. Pour poursuivre sur la reine Makeda, ses caravanes marchandes, qui sont à la fois un patrimoine antique arabe et éthiopien, traversèrent le Moyen-Orient et l'Asie, suivant les mêmes routes que les armées d'un Alexandre le Grand, par exemple. Dans les régions qui font office de carrefour géographique, il n'est pas difficile de trouver des profils africains intégrés dans d'autres cultures. Au XVe siècle, le roi de Castille disposait d'une garde complète de chevaliers maures, originaires d'Afrique du Nord[1]. Bien avant, les Romains mobilisèrent dans leurs rangs des auxiliaires numides, venus du Sahel. Plus proche de nous, au XVIIIe siècle, le parcours d'Abraham Hannibal est relativement bien connu et documenté : esclave potentiellement issu d'une famille noble d'Afrique, il est acheté sur ordre du tsar Pierre le Grand à Constantinople. Le dirigeant russe veut en faire un homme de lettres et le fait former en France. Il sera longtemps son secrétaire particulier avant de se consacrer de plus en plus à l'architecture militaire, terminant sa carrière au grade de général en chef d'armée[2].

Pourquoi cette impression si persistante dans nos imaginaires que les Africains n'auraient pas eu, eux aussi, leurs empires et leurs héros, leurs voyageurs et leurs parcours hors du commun ? C'est en grande partie parce

1. ECHEVARRIA Ana, *Knights on the Frontier: The Moorish Guard of the Kings of Castile (1410-1467)*, Brill, 2009.

2. COCKS Frances Somers, *The Moor of St Petersburg: In the Footsteps of a Black Russian*, Goldhawk Press, 2005.

que les empires européens ont, pendant près de cinq siècles, travaillé à effacer ce patrimoine. Convaincus qu'ils étaient de leur propre supériorité, ils se sont appliqués, en même temps qu'ils réduisaient des peuples entiers en esclavage, à imposer leur propre imaginaire : celui de la civilisation face aux sauvages. « L'un des plus tragiques héritages de l'esclavage passé de l'Afrique et du colonialisme européen est la propension qu'ont eue les anciens savants occidentaux à rationaliser leur "mission civilisatrice" en dévaluant les héritages intellectuels de l'Afrique et en positionnant le continent en dehors des grands courants du développement intellectuel de l'humanité », résume l'historienne Constance Hilliard[1]. Elle observe notamment que les Européens ont eu tendance à réduire le patrimoine intellectuel africain à du folklore, de la superstition ou de la religion. Toutes les grandes cultures ont pourtant fait de même, que ce soit dans les grands récits épiques de la Grèce et de la Rome antiques, à mi-chemin entre témoignages historiques et légendes ; ou que ce soit les Japonais, pour qui le *Dit du Genji* et le *Dit des Heike*[2], sont à la fois des fresques mythiques et un véritable terrain d'étude historique. Constance Hilliard nous rappelle que, du nord au sud et de l'est à l'ouest, les différentes cultures africaines ont eu leur lot de penseurs, de conteurs, d'architectes, de poètes, de philosophes, d'historiens. Tout comme Yasuke nous rappelle que l'Afrique, comme l'Europe et l'Asie, a son aventurier devenu samouraï, trouvant sa place dans cette histoire qui nous fascine tant aujourd'hui des âges guerriers du Japon féodal. Ni plus, ni moins.

---

1. HILLIARD Constance B., *Intellectual Traditions of Pre-Colonial Africa*, McGraw-Hill, 1998.

2. *Genji Monogatari* (XIe siècle) et *Heike Monogatari* (XIIe siècle). Pour les amateurs de beaux livres, nous recommandons la très belle édition chez Diane de Sellier.

Les Noirs au Japon ? Point trop n'en faut

Mais les Japonais sont-ils accueillants, envers ces Africains ou ces Afro-descendants qui pourraient se passionner pour leur culture et nourrir des rêves de mangas et de samouraïs ? Du temps de Yasuke, nous l'avons vu dans les chapitres précédents, la perception des Noirs par les Japonais est plutôt positive. Il n'existe alors aucun stéréotype négatif sur les Africains. Au contraire, pour un daimyo, en avoir au sein de sa cour est un signe de prestige. Progressivement, les contacts avec les Européens vont faire émerger un sentiment de supériorité chez les Japonais. Ils observent dès le XVIe siècle que les Blancs considèrent les Noirs comme des inférieurs. De premiers discours méprisants commencent à apparaître. En 1788, par exemple, un spécialiste des études hollandaises, Otsuki Gentaku, décrit les Noirs présents sur les bateaux européens comme « une sorte de singes ». Des stéréotypes qu'il associe à tous les gens ayant la peau plus sombre, puisqu'il considère aussi bien les Africains que les Malais comme étant forcément pauvres[1]. Un phénomène qui s'amplifie avec l'arrivée des Américains, en 1853. « La description des Africains comme des sous-hommes par des Blancs qui, de toute évidence, disposaient de technologies et d'une puissance militaire bien supérieures à celles dont disposaient les Japonais a inévitablement influencé l'opinion des Japonais sur la race », observe l'historien Garry P. Leupp[2].

La première loi qui va formellement définir qui est Japonais et qui ne l'est pas date de 1899. Elle liste comme Japonais « les enfants légitimes de pères japonais ; les

1. LEUPP Gary P., *op. cit.*
2. *Ibid.*

enfants illégitimes de mères japonaises ; les enfants nés de mères japonaises et de pères apatrides ; les enfants illégitimes de mères étrangères et de pères japonais les reconnaissant[1] ». Jusque-là, de nombreux « étrangers », notamment les minorités annexées de Hokkaidō et des îles Ryūkyū, mais aussi des gens d'origine européenne ne parlant pas le japonais[2], obtenaient la nationalité selon les mouvements de frontière de l'État. Désormais, la nationalité s'obtient donc par le sang. Pendant des décennies, cette approche distingue les citoyens et les sous-citoyens issus des colonies, dont la Corée et Taïwan. Après la guerre, il faudra des décennies de combat politique pour que les personnes originaires de ces territoires, qui vivaient, parfois depuis toujours, dans l'archipel nippon, se voient reconnaître la nationalité. La ratification des Conventions de Genève en 1981, qui contient des articles sur les apatrides, met fin à cette situation pour de bon. L'obtention de la nationalité, aujourd'hui, reste très difficile à obtenir pour les étrangers qui résident au Japon, même depuis longtemps. Cette décision, qui réclame une parfaite maîtrise de la langue et de la culture, implique de plus de renoncer à son ancien passeport.

C'est à la fin de la Seconde Guerre mondiale que les Japonais vont être massivement confrontés à des Noirs. L'armée américaine, qui occupe l'archipel, mobilise de nombreux Afro-Américains. Et à cette époque, elle pratique encore la ségrégation : les Noirs sont regroupés entre eux, dans des unités non mixtes. L'essentiel de l'encadrement, au-delà des échelons des sous-officiers et des officiers subalternes, est blanc. Pour la population japonaise, c'est

1. MORRIS-SUZUKI Tessa, « Beyond Racism : Semi-Citizenship and Marginality in Modern Japan », *Japanese Studies*, vol. 35, 2015.

2. Des Européens, dont des Français, vivaient sur les îles Bonin, désormais appelées Ogasawara, et furent naturalisés lors de l'annexion en 1875. Elles étaient jusque-là revendiquées par l'Angleterre.

une prise de conscience d'un point commun entre les Noirs et les Japonais : ils sont dominés par cet adversaire commun[1]. Au fil des années, les militaires noirs, comme leurs camarades blancs, vont nouer régulièrement des liens personnels, sentimentaux, plus ou moins durables, avec des femmes japonaises. Pour ceux qui veulent construire une famille, c'est un véritable parcours du combattant. D'un côté, ils sont confrontés au conservatisme japonais, qui méprise le choix de ces femmes de se lier à des étrangers, qui plus est des occupants. De l'autre, lorsqu'ils décident de rentrer aux États-Unis, les épouses japonaises sont touchées par un double déclassement : elles sont à la fois des étrangères, dépourvues de droits, et des femmes d'hommes noirs, sous-citoyens dans leur propre pays[2].

Et aujourd'hui ? La plupart des Japonais ne vont jamais chercher à ennuyer un inconnu et ont tendance à garder pour eux leurs éventuels sentiments hostiles. Une minorité bruyante qui se fait appeler l'« association des citoyens contre les privilèges spéciaux des Coréens du Japon », raccourci en *zaitokukai*, multiplie depuis 2006 les manifestations ouvertement racistes. Ce mouvement d'extrême droite nationaliste se préoccupe d'abord de limiter les droits des personnes originaires de Corée, de Taïwan ou de Chine, cherchant à nier les crimes commis historiquement par le Japon[3]. Mais ils sont par extension hostiles à tous les étrangers, Européens et Africains compris.

La situation est particulièrement compliquée pour les personnes métisses, dont un parent est africain ou afro-descendant et l'autre japonais. Ce type d'enfants témoigne

1. Voir chapitre précédent.

2. OKADA Yasuhiro, « Race, masculinity, and military occupation : African American Soldiers encounters with the Japanese at camp Gifu, 1947-1951 », *The Journal of African American History*, vol. 96, 2011.

3. PARK Sara, « Inventing aliens : immigration control, "xenophobia" and racism in Japan », *Race & Class*, vol. 58, 2017.

souvent de discriminations et de harcèlements à l'école, où les petits Japonais ne sont pas habitués à croiser des camarades à la couleur de peau différente. Cette réalité a émergé fortement dans le débat public lors de l'élection d'Aisha Harumi Tochigi comme Miss Univers Japon, en 2020. La jeune femme, née d'une mère japonaise et d'un père ghanéen, a secoué les idées reçues de ses compatriotes et a plaidé pour les droits des minorités[1]. Malgré son talent et son triomphe, elle a été violemment confrontée au racisme, une partie du public estimant qu'il n'était pas légitime qu'une métisse représente le Japon. Encore aujourd'hui, malgré la mondialisation et le nombre de voyageurs qui visitent l'archipel, elle raconte l'étonnement lorsque des gens faisaient face à son père : « Pour certains Japonais qu'il rencontrait, c'était la première fois qu'ils croisaient un étranger[2]. » Comme si le temps s'était arrêté, depuis le temps de Yasuke.

---

1. Elle est également très engagée en faveur des droits des femmes, un autre sujet de société très compliqué au Japon.

2. DENYER Simon, « Being Black in Japan : Biracial Japanese talk about discrimination and identity », *Washington Post*, 24 décembre 2020.

15

Quota : le Noir de service ?

Le 15 mai 2024, le géant du jeu vidéo Ubisoft se retrouve au milieu d'un colossal *shitstorm*. Littéralement, une « tempête de merde ». L'éditeur de l'incontournable licence Assassin's Creed vient d'annoncer les deux héros de son prochain opus, baptisé *Shadows*, se déroulant dans le Japon de la fin du XVIe siècle : une *shinobi* de la province d'Iga nommée Naoe et un samouraï noir : Yasuke. Immédiatement et malgré le fait que la rumeur persistante ait déjà plus ou moins limité le suspense sur ce dernier personnage depuis plusieurs mois, la toile s'enflamme de polémiques et d'accusations. Ubisoft chercherait à faire du *blackwashing* en imposant aux joueurs un personnage noir dans un univers d'Asiatiques[1]. Pire, imposer un samouraï africain dans un univers historique japonais relèverait de l'appropriation culturelle[2]. Le trailer annonçant le jeu sur la plateforme en ligne YouTube, malgré une qualité visuelle et une ambiance irréprochables, subit des raids enragés. Jamais une bande-annonce de la série n'a été aussi regardée… et dépréciée : des centaines de milliers d'Internautes laissent une critique négative et des

1. LEE Chantelle, « Assassin's Creed Fans Slam Decision to Include Black Samurai in Feudal Japan Story », *Time Magazine*, 16 mai 2024.

2. Le concept d'appropriation culturelle est pourtant lié à un contexte de domination, qui ne s'applique donc pas aux Africains au Japon.

dizaines de milliers de commentaires s'accumulent, majoritairement très hostiles[1].

L'une des plus remarquées est celle d'Elon Musk, le patron du réseau social X (ex-Twitter), fabricant des voitures électriques Tesla et des fusées SpaceX, qui dénonce le choix du samouraï noir en déclarant sommairement : « *DEI kills art*[2] ». Le dirigeant, soutien affiché de Donald Trump, militant ouvertement pour des idées conservatrices, s'agace régulièrement sur sa plateforme des politiques d'inclusion des minorités, dont la DEI. Nous y reviendrons un peu plus loin. En France, le Youtubeur réactionnaire Psyhodelik, avide de faire son beurre sur la moindre polémique à la mode, l'affirme dans l'une de ses vidéos : « Maintenant, on est obligés de mettre des personnages noirs n'importe comment, juste pour faire du quota[3]. » Très sûr de lui, il dénonce l'esthétique du Yasuke d'Ubisoft : « Même si c'est une figure historique, il n'a jamais porté ce genre d'armures qui étaient réservées aux très très gros empereurs et aux très très gros chefs de guerre. C'était juste un porteur de sabre. » Et d'accuser les scénaristes de faire preuve de « racisme ». Même reproche chez le Raptor Dissident, ex-Youtubeur, devenu podcasteur, vendeur de protéines et de coaching sportif, apprécié pour la violence de ses propos : « Je me mets à la place des Renois, ils n'ont rien demandé. Ce sont des putains d'obèses blanches de chez Ubisoft qui décident

1. Le 28 mai 2024, après douze jours de présence en ligne, le trailer publié sur la chaîne principale d'Ubisoft sur YouTube cumule 8,1 millions de vues, 281 000 « pouces bleus » (positifs) et 699 000 « pouces rouges » (négatifs).

2. « La DEI (diversité, équité et intégration) tue l'art. » Réponse le 24 mai 2024 à un message de l'influenceur malaisien Ian Miles Cheong, qui dénonce un jeu woke avec un protagoniste noir et gay. Ian Miles Cheong est connu pour multiplier les vidéos virales, sur des thèmes réactionnaires.

3. PSYHODELIK, « Le trailer de Assassin's Creed Shadows fait le bad buzz avec son samouraï noir », YouTube, 16 mai 2024.

de ça en consultant des historiennes japonaises[1] spécialisées sur les relations homosexuelles au Japon féodal[2]. » Les deux ont en commun, en plus de leur élégance, de ne pas connaître grand-chose à l'histoire médiévale du Japon, au personnage ou au contexte dans lequel il a évolué. Comme beaucoup des professionnels de l'indignation. Peu importent les faits, seuls comptent les clics.

L'affrontement idéologique se poursuit sur l'encyclopédie en ligne Wikipédia. De quelques modifications mineures ici et là sur la page anglophone dédiée à Yasuke, on passe à des dizaines par jour depuis l'annonce d'Ubisoft. L'essentiel du débat porte sur la manière de qualifier l'Africain. Pour les uns, il ne doit être présenté que comme un serviteur. Pour les autres, il convient de maintenir ce qui faisait consensus jusqu'ici : il est un samouraï[3]. « Le véritable Yasuke était au mieux un serviteur et non un samouraï à part entière et le fait que cela soit même ouvert au débat montre à quel point l'élite mondiale nous tient tous par les gonades avec son escroquerie de guerre culturelle », s'emporte un éditeur anonyme, dénonçant « les impérialistes culturels de ce site Web » cherchant à « imposer le noircissement raciste de l'histoire japonaise par Ubisoft ». « Un serviteur peut être considéré comme une forme de samouraï, riposte "Theozilla", l'un de ceux qui tentent de préserver la page. Cet ajout n'a été fait que parce que des joueurs racistes se sont mis en colère. [...] Surtout que le Wikipédia en langue japonaise liste Yasuke dans la catégorie des samouraïs nés à l'étranger[4]. »

---

1. Il fait ici référence à Sachi Schmidt-Hori, consultante sur le jeu, autrice de travaux de recherche et d'un livre sur les amours entre hommes dans le Japon médiéval.

2. OUSLIMANI Ismaïl, « Raptor Dissident », « Yasuke a réellement existé ! », podcast « 10 000 pas », n° 25, 19 mai 2024.

3. Voir chapitre 6.

4. Cette page, non traduite en français, fait également l'objet de raids en anglais et en japonais. Le 29 mai 2024, Yasuke avait disparu de la

La page dédiée à Yasuke, en anglais, est visitée jusque-là quelques milliers de fois par jour. Le 17 mai 2024, elle culmine à 343 000 lecteurs. Des débats similaires ont lieu sur les pages en français et en japonais. Dans ces trois langues, les contestataires obtiennent gain de cause : Yasuke n'est plus présenté comme un samouraï mais comme un « serviteur » (*retainer*, sur la page anglophone), un « servant » (page francophone), voir un « garde du corps » et un « esclave » (護衛[1] et 奴隷, sur la page en japonais)[2].

Tous ces gens très énervés et peu renseignés, voire pas du tout, sur ce que fut réellement Yasuke, semblent peiner à voir que le personnage de Yasuke puisse fasciner. Il est de plus intéressant que la plupart parviennent à reprocher aux scénaristes de ne pas avoir choisi un héros japonais… Alors que le binôme de Yasuke est, justement, une Japonaise. Le problème semble bien être la présence d'un Noir, plus que l'absence d'un héros local, certains assumant d'inclure la jeune héroïne dans leur critique de l'oppression des hommes blancs. Feignant d'être amateurs de cet univers, ils oublient à quel point la licence Assassin's Creed joue, depuis toujours, sur la diversité de personnages voyageant à travers le monde pour poursuivre leur quête. Son premier héros était Altaïr Ibn-La'Ahad, un Syrien, en 2007. Suivirent Ezio Auditore da Firenze, un Florentin, en 2009 ; Aveline de Grandpré, la première femme, venue de Louisiane, en 2012 ; ou encore Adewalé, un esclave devenu pirate, dans une extension en 2013[3].

---

page en japonais mais était maintenu sur la page anglophone, malgré les efforts pour l'en effacer.

1. « Garde » ou « escorte », que l'on traduirait plutôt en français ici par « garde du corps » et en anglais par « bodyguard » ou « escort ».

2. Pages consultées pour la dernière fois le 18 mai 2024. Il sera intéressant d'observer l'évolution de cet affrontement lexical.

3. MEREUR Thomas, *Les Secrets d'Assassin's Creed. De 2007 à 2014 : l'envol*, Third Éditions, 2023.

Dans l'archipel aussi, la levée de boucliers est massive. Un mouvement comparable se développe avec des Internautes en colère qui s'improvisent historiens. Une pétition a été lancée, pour demander l'annulation du jeu[1]. Son auteur, un simple Internaute du nom de Shimizu Toru, reproche à Ubisoft un manque d'exactitude historique, assurant que les samouraïs appartiennent à un rang supérieur de la noblesse. Impossible que Yasuke en fasse partie, même s'il cite… William Adams, confirmant le statut de samouraï de ce premier Européen. Pourquoi lui et pas Yasuke ? Mystère. L'Africain a même le droit à une bonne quinzaine de chansons qui lui sont dédiées, dénonçant une manipulation historique[2]. Les auteurs insistent toujours pour expliquer que la couleur de peau de Yasuke n'est pas le problème, malgré des paroles conservatrices et souvent hostiles à la diversité, notamment homosexuelle[3]. De nombreux Japonais, suivis par des plaignants du monde entier, ont également pris pour cible Thomas Lockley, l'auteur des deux principaux ouvrages sur Yasuke, en japonais et en anglais. Ils lui reprochent d'avoir alimenté plusieurs pages Wikipédia en citant son propre travail[4] et

1. Postée sur Change.org, elle semblait majoritairement soutenue par des Japonais, même si de nombreux étrangers ont également participé. Elle atteignait les 97 000 signatures le 26 juillet 2024.

2. *Yasuke ya nai kai* (« N'est-ce pas Yasuke ? »), la plus populaire, avait dépassé les deux millions de vues sur YouTube au 29 juillet 2024, en à peine trois semaines de présence en ligne. Elle a été réalisée à l'aide d'une intelligence artificielle.

3. Une première rumeur insistante a circulé lors de l'annonce du jeu pour expliquer que le personnage de Yasuke serait ouvertement gay. Plus logiquement, comme dans la plupart des jeux récents d'Ubisoft, le joueur devrait avoir le choix entre des relations variées pour chacun des deux personnages.

4. Une pratique qui peut susciter la discussion mais qui est assez répandue, l'encyclopédie en ligne s'appuyant sur l'anonymat. Un auteur qui souhaite donner de la visibilité à son travail ne peut pas simplement soumettre son ouvrage ou son article à un comité de lecture. Il ne peut que faire lui-même la modification, qui sera corrigée par d'autres éditeurs

de relayer des informations qu'ils estiment fausses sur ce personnage. De nouveau, ils lancent une pétition, pour demander qu'il soit licencié de son université et privé de sa nationalité japonaise. Lui aussi a d'ailleurs eu le droit à une chanson publiée sur YouTube pour l'injurier et l'humilier. L'historien, sidéré par la violence de ces vagues de harcèlement, évoque des menaces de mort et a été forcé de fermer ses réseaux sociaux[1]. L'accumulation d'erreurs du côté d'Ubisoft entraîne autant de drames : un visuel du jeu utilise sans en avoir les droits une œuvre japonaise[2], une vidéo destinée au public japonais sous-titrée en chinois, un *goodie* représentant un katana très, très inspiré d'un sabre du célèbre manga One Piece… et un prix prohibitif pour les éditions collector du jeu. Bref, autant d'aspects qui auraient pu n'être que de simples bourdes, mais qui ne pardonnent pas à l'échelle d'un studio comme Ubisoft. Surtout dans un tel contexte de crise.

TanomuzeEdita, un vidéaste japonais, a multiplié les vidéos sur le sujet. Elles font exploser son audience, limitée jusque-là à quelques dizaines de milliers de spectateurs. « Yasuke n'était pas un samouraï, même si quelques personnes disent qu'il l'était, elles ont toutes été démenties, explique-t-il. Nous en avons débattu en ligne, avec de nombreux historiens et le consensus est qu'il n'est pas un samouraï. » Quand on lui demande de préciser des sources, il esquive en prétextant ne pas avoir le temps de développer. Sa profession ? « Je préfère garder cela confidentiel. Je dirais youtubeur pour l'instant. » Son expertise

---

si elle était fallacieuse. Lockley se voit également reprocher d'avoir surinterprété de nombreux aspects historiques dans des interviews qu'il a données dans plusieurs médias.

1. Échange par mail avec l'auteur le 17 juillet 2024.

2. Il s'agit d'une bannière des Fusiliers de Sekigahara… une association de reconstitution historique.

en histoire ? « Nous l'étudions tous de l'âge de 6 à 15 ans. » Le jeune homme trouve cela suffisant pour donner ses leçons sur différentes plateformes sociales. Il consacre plusieurs dizaines d'épisodes à Yasuke, avant de rebasculer sur d'autres angoisses, une fois le filon épuisé, se plaignant des étrangers et des minorités sexuelles[1].

Les joueurs japonais en colère ont même obtenu la mobilisation d'un député, Hamada Satoshi, du parti pour la protection du peuple de la NHK, de droite populiste[2]. Ce dernier monte au créneau fin juillet 2024 pour réclamer du gouvernement une réaction. Simple coup de com' : ultra minoritaire, ce parti n'a aucune influence réelle sur le débat politique national. Plusieurs ministères ont tout de même été contraints de réagir… *a minima*. Aux Affaires étrangères, on estime ne pas être concerné : « Il s'agit d'un jeu, pas de diplomatie. » À l'Économie, on « s'abstient de commenter un jeu en particulier ». À la Culture, on explique qu'il n'y a de mesures que si le jeu contrevenait à l'ordre public et à la morale[3]. La campagne a pris une telle ampleur qu'Ubisoft Japon a tout de même été obligé de réagir. Rappelant la nature de son travail et invoquant la liberté de création, le studio a été obligé de s'exprimer publiquement : « Nous souhaitons une fois de plus nous excuser d'avoir suscité l'inquiétude du public japonais. […] Nous poursuivons nos efforts pour nous

1. Échange sur le réseau X avec l'auteur le 26 juillet 2024.

2. Historiquement créé sur l'opposition à la redevance télévisée, ce parti profite aujourd'hui de la méfiance envers les médias de masse. Une approche populiste qui ne lui a pas permis de s'imposer à ce stade. Son groupe au Parlement compte seulement deux membres.

3. SHIPEI Okuhara, « Le ministère de l'Éducation, de la Culture, des Sports, de la Science et de la Technologie répond à la réponse de Satoshi Hamada au jeu français sur le samouraï noir "Yasuke : 'Si cela viole l'ordre public et les bonnes mœurs, nous réagirons avec prudence.'" », *The Sankei Shimbun*, 24 juillet 2024.

améliorer. [...] Nous vous demandons sincèrement de vous abstenir de toute critique à l'égard de ceux qui ont coopéré avec nous, que ce soit à l'intérieur ou à l'extérieur de l'entreprise[1]. »

Il est difficile d'affirmer que le scandale n'est pas lié à la couleur de peau de Yasuke. Il n'y avait pas eu un tel scandale en 2003 pour la sortie du *Dernier Samouraï* d'Edward Zwick, avec Tom Cruise incarnant un personnage très inspiré du groupe de Français ayant combattu avec le shogunat à la fin du XIXe siècle. Question d'époque ? En février 2024, à peine trois mois plus tôt, aucune insurrection non plus des internautes en colère pour dénoncer la présence de John Blacktorne, un Anglais, dans la série *Shōgun*[2], produite par Disney. Ce studio, souvent pointé du doigt par les réactionnaires pour sa volonté de diversifier les personnages de son catalogue, ne pose donc aucun problème lorsqu'une histoire intègre un étranger au Japon féodal… tant qu'il est blanc.

« Nous avons été un peu surpris, concède Jonathan Dumont, directeur créatif d'Assassin's Creed Shadows chez Ubisoft Québec, lorsqu'on l'interroge sur l'impact sur ses équipes de ces polémiques. Nous ne nous attendions pas à des réactions aussi polarisantes. Mais nous avons aussi beaucoup de retours positifs. L'équipe a été fascinée par Yasuke. Il pose tellement de questions. Il y a des suppositions, des fragments. Mais comment mettre les pièces du puzzle autour[3] ? » Pour les scénaristes du jeu, intrigués par l'originalité de Yasuke, celui-ci a également l'avantage d'être un étranger. Sa découverte du Japon est un moyen de guider le joueur dans un univers et une culture souvent

1. Communication d'Ubisoft Japon datée du 23 juillet 2024.
2. Série elle-même adaptée du roman éponyme de James Clavell, sorti en 1975, dont le narrateur John Blacktorne est inspiré du personnage historique William Adams.
3. Entretien avec l'auteur le 28 mai 2024.

méconnus, sans lourdeur pédagogique. Une vraie évolution pour la licence : s'il était habituel dans ces jeux de croiser des personnages historiques, de Napoléon à Léonard de Vinci en passant par Barbe Noire, c'est la première fois que le joueur va en incarner un.

Yasuke, une aubaine pour les politiques de diversité

Sur le plan académique, la représentation de la diversité dans le jeu vidéo reste un sujet relativement peu abordé. « Pourquoi les études sur le jeu n'ont-elles pas, jusqu'à une floraison récente de cette thématique, creusé les questions d'identité et de représentation ? s'interrogent Jennifer Malkowski et Treaandrea M. Russworm en introduction d'un ouvrage collectif sur le sujet. Compte tenu du penchant des universitaires pour la critique, l'offre inépuisable de "mauvais exemples" que les jeux vidéo proposent en matière d'identité, rend d'autant plus surprenant que les universitaires n'aient pas exploré ce terrain de manière plus approfondie. » Les deux autrices pointent dans ce domaine « l'une des formes de médias les moins progressistes, en matière de représentations, alors que c'est l'une des plus récentes[1] ».

La représentation de la diversité, qu'elle soit de genre, de couleur de peau ou d'orientation sexuelle est de plus en plus prise en compte dans les médias en général et dans le jeu vidéo en particulier. Il y a deux raisons principales à cela. La première, c'est un enjeu éthique de lutte contre les stéréotypes négatifs qui peuvent contribuer à

1. MALKOWSKI Jennifer et RUSSWORM Treaandrea M. (dir.), *Gaming Representation, Race, Gender and Sexuality in Video Games*, Indiana University Press, 2017.

une image de soi dégradée chez les publics concernés. La seconde, c'est un enjeu économique : les femmes, les Noirs, les Hispaniques, les LGBT, les personnes en situation de handicap, sont aussi des consommateurs. Et ils sont de plus en plus nombreux à jouer, entre autres consommations médiatiques.

L'une des portes d'entrée vers cette quête de diversification passe par les ressources humaines. Dans une étude de satisfaction réalisée auprès de ses membres, l'Association internationale des développeurs de jeux (IGDA) relève que 68 % des répondants sont blancs. 78 % si on ajoute les métis, s'identifiant comme en partie blancs. Les Noirs ne sont que 5 %, derrière les hispaniques à 10 %. Moins de 1 % d'entre eux travaillent en Afrique, contre 51 % en Amérique du Nord et 35 % en Europe. Ils identifient trois freins à une plus grande diversification des profils dans leur industrie : un biais chez les décideurs (39 %), un encadrement et des ressources humaines trop homogènes (32 %), de l'indifférence envers ces questions (22 %)[1].

Le premier réflexe de développeurs majoritairement masculins et blancs est de se diriger vers des personnages qui leur parlent à eux. En France, l'association Game Impact, qui regroupe professionnels du secteur, chercheurs et joueurs, milite pour de meilleures pratiques dans le jeu vidéo. Dans un guide dédié, elle formule quelques recommandations. Il s'agit par exemple de lutter contre l'hyper sexualisation des personnages féminins ou encore de ne pas résumer un personnage LGBT à son orientation sexuelle. Car justement, il ne s'agit pas de faire des quotas. Sur la question de l'identité et de l'histoire, les auteurs écrivent : « Les personnages non blancs sont très peu

---

1. International Game Developers Association (IGDA), « Developer Satisfaction Survey 2021, Diversity in the Game Industry Report », 2022.

présents dans les jeux vidéo. Lorsqu'ils le sont, ils occupent souvent des rôles secondaires et sont rarement jouables. Enfin, ils sont souvent coincés dans les mêmes schémas narratifs. Les statistiques ne permettent pas toujours de débusquer le problème : jusqu'aux années 2000, les chiffres montraient l'existence de personnages noirs et hispaniques… mais ils se trouvaient presque uniquement dans les jeux de sport ! Par la suite, cette situation a changé, mais grâce à la popularité des jeux situés dans un univers street/urbain : les personnages non blancs y sont alors réduits à des rôles de voleurs, de dealers, de gangsters, de terroristes, ce qui contribue à perpétuer les stéréotypes[1]. »

Pour tenter de résorber ce problème de représentativité, tant chez les développeurs que dans les personnages de leurs œuvres, l'industrie du jeu vidéo pousse à l'adoption de politiques dites « DEI », pour « diversité, équité et intégration »[2]. Aux États-Unis, une personne sur deux travaille dans une entreprise mettant en œuvre ce type de politique, tous secteurs confondus[3]. Et de plus en plus de conservateurs se mobilisent pour dénoncer ces outils, qu'ils résument abusivement à de simples mises en place de quotas, qu'ils considèrent comme racistes, puisque luttant contre les discriminations en discriminant d'autres groupes. En l'occurrence, les hommes blancs[4]. Cette démarche a émergé aux États-Unis, s'inspirant des luttes pour les droits des minorités depuis les années 1960, avant de se structurer beaucoup plus significativement à la fin

1. GAME IMPACT, « Représenter la diversité. Guide pour l'écriture de personnages variés, inclusifs, et respectueux des minorités », 2021.

2. *Diversity, Equity and Inclusion*, en anglais.

3. MINKIN Rachel, « Diversity, Equity and Inclusion in the Workplace », Pew Research Center, 2023.

4. ELLIS Nicquel Terry, « What is DEI and why is it dividing America ? », CNN, 11 mars 2024.

des années 2010. Elle suscite aujourd'hui d'intenses débats. L'idée générale est de responsabiliser l'ensemble des acteurs. Pour accompagner une meilleure intégration de la diversité dans la société, il faut que tout le monde s'y mette : éducation, entreprises privées, médias. Mais ces politiques sont avant tout des logiques de gestion interne, plus qu'une réelle ligne éditoriale.

En effet, il s'agit également de questionner ce que nous allons retrouver dans nos médias. Au cinéma, par exemple, la problématique reste toujours aussi importante. Longtemps, les minorités n'ont eu que des rôles secondaires, souvent stéréotypés. Une vraie évolution de la tendance s'est engagée à partir de 2017 aux États-Unis[1]. En 2022, à peine 21,3 % des acteurs et actrices incarnant des premiers rôles sont issus de minorités, alors qu'ils représentent 43,1 % de la population américaine, dont près de 15 % de Noirs. Les Noirs occupent 8 % de ces premiers rôles dans les salles obscures et 13,1 % des productions sur les plateformes de streaming. Pour les seconds rôles, on grimpe à 14,8 et 16,2 %. La part des réalisateurs noirs chute à 5,6 % au cinéma et 9 % sur les plateformes. Les scénaristes, qui n'ont souvent leur chance que si le réalisateur est lui-même issu d'une minorité, sont respectivement 2,2 % et 7 % de Noirs[2]. À la télévision, c'est un peu moins catastrophique. En 2021, les acteurs et actrices issus de minorités ne représentent cependant toujours que 32,6 % des premiers rôles[3].

1. Les États-Unis autorisent les statistiques raciales, ce qui facilite la réalisation de telles études quantitatives. Il est plus complexe d'avoir des données comparables en France. Rien n'indique que la tendance à l'absence de représentativité des minorités n'y soit pas tout aussi présente.

2. RAMON Ana-Christina, TRAN Michael & HUNT Darnell, « Hollywood Diversity », Rapport 2023 partie 1 : les films.

3. RAMON Ana-Christina, TRAN Michael & HUNT Darnell, « Hollywood Diversity », Rapport 2023 partie 2 : la télévision.

L'époque a donc ceci de particulier depuis le milieu des années 2010 qu'il y a un vrai effort, dans plusieurs grandes industries du divertissement, pour mettre en avant la diversité. Yasuke, un personnage africain au parcours exceptionnel, dans un univers fascinant, n'est-il pas, dès lors, une superbe opportunité de mettre des Noirs en valeur ? Paradoxalement, pas forcément. Quand bien même les créateurs lui donnent le beau rôle, le fait est qu'il n'y a pas beaucoup de place pour de la diversité dans le reste du casting : des Européens blancs et des guerriers japonais. Le tout avec finalement assez peu de femmes parmi les personnages les plus connus et les plus évoqués par les archives historiques, même si la licence créative peut ici ouvrir pas mal de pistes.

L'inclusivité, pour quoi faire ?

L'inclusivité, un moyen de faire de l'argent ? Chercheurs et analystes continuent de débattre du sujet. Plusieurs études du cabinet de conseil international McKinsey se montrent particulièrement optimistes sur les effets économiques positifs de ces efforts. L'une d'elles estime que si l'industrie du cinéma résolvait ces disparités, aussi bien dans les équipes de professionnels que dans les scénarios, c'est un marché potentiel de 10 milliards de dollars qui pourrait se dégager auprès de publics jusqu'ici trop négligés. « Les barrières qui sapent l'équité dans le développement, le financement, le marketing et la distribution des contenus représentent un coût substantiel pour l'industrie cinématographique et télévisuelle », notent les auteurs[1].

1. DUNN Jonathan, LYN Sheldon, ONYEADOR Nony et ZEGEYE Ammanuel, « Black representation in film and TV : The challenges and impact of increasing diversity », McKinsey, 2021.

Plus que l'aspect financier, de nombreuses organisations internationales défendent un enjeu éthique, culturel et éducatif. Avoir des figures positives auxquelles s'identifier est crucial pour la jeunesse, en particulier la plus défavorisée. « Être en capacité de voir et de se référer à des modèles est important pour stimuler les aspirations et les ambitions des enfants », résume une étude du Fonds des Nations unies pour l'enfance (UNICEF) sur la représentativité dans les jeux vidéo.

Les jeux et les productions audiovisuelles traitant de thématiques historiques sont parmi celles qui catalysent le plus les tensions entre pro- et anti-politiques de représentativité. Régulièrement, des scandales éclatent pour débattre de la juste place de telle ou telle minorité dans une période et un contexte historiques spécifiques. En cela, Yasuke peut aider les créateurs qui veulent traiter du Japon féodal et, plus spécifiquement, de l'ère Sengoku, en y ajoutant une pointe de diversité.

Bien avant Ubisoft, l'un des géants du jeu vidéo au Japon, Koei, avait déjà commencé à intégrer ce personnage dans plusieurs de ses licences. Simple figurant dans la série de jeux de stratégie Nobunaga Sphere of Influence, qui catalogue des milliers de personnages historiques ; il apparaît comme un boss de fin de niveau, défendant un méchant Nobunaga ressuscité dans Nioh 1 et 2 ; puis comme l'un des combattants du dernier opus de la licence Samurai Warriors[1], sorti en 2021. Dans ce dernier, Yasuke est présenté à Tokugawa Ieyasu par Oda Nobunaga comme son nouveau bras droit lors de la campagne contre les Takeda. Dans la dernière bataille de la campagne de Nobunaga, probablement l'une des plus importantes pour

1. Koei Tecmo revendique plus de 1 million de ventes sur les cinq derniers opus de Sphere of Influence ; 7 millions de copies des deux Nioh ; et 7,7 millions de copies vendues des différents épisodes de Samuraï Warriors depuis 1997.

les joueurs japonais, c'est Yasuke qui annonce la rébellion d'Akechi Mitsuhide à son maître. Une séquence cachée, déblocable, montre Yasuke promettant à Nobunaga de l'emmener en voyage sur ses terres d'origine.

Koei a-t-il fait ce choix pour tenter de capter de nouveaux marchés pour ses licences adorées dans l'archipel, mais relativement méconnues en Europe et en Amérique du Nord ? Jouer Yasuke dans un Samurai Warriors peut-il attirer des clients afro-descendants ? Ce serait beaucoup de travail pour une simple niche : en réalité, les développeurs de ce jeu ont toujours cherché un maximum de diversité dans leurs personnages. Au Japon, cela ne choque habituellement pas. Au contraire, les studios et les joueurs y trouvent autant d'opportunités de démultiplier les mécaniques de jeux et les rebondissements scénaristiques. On y croise des hommes, des femmes, de tous les âges et de toutes les formes. D'autres personnages secondaires de l'histoire, comme le *shinobi* Momochi Sandayu ou Oichi, la sœur cadette de Nobunaga, se retrouvent ici en première ligne sur le champ de bataille à casser des têtes par milliers. La diversité des *designs* s'étend d'ailleurs aux styles de combat et aux armes, toutes moins réalistes les unes que les autres. Le Yasuke de cet univers, par exemple, se bat avec des gants en fer.

Assassin's Creed Shadows est le premier gros jeu vidéo à mettre Yasuke dans la position du héros, du premier rôle. Partagé avec une femme japonaise, mais il est de fait au premier plan. Un quota ? C'est, nous le disions plus haut, ignorer l'ADN de cette franchise qui est au départ une refonte du bon vieux Prince of Persia visant à donner plus de profondeur à ce personnage oriental. Si Ubisoft a retenu Yasuke, ce n'est pas parce qu'il est le Noir de service. C'est parce qu'il est le bon personnage, à la bonne époque, pour raconter une super histoire.

« Ce qui m'a attiré, explique Jonathan Dumont, c'est qu'il n'est ni portugais, ni japonais. Il est pris entre deux mondes. Il a des atouts physiques, comme le relève la chronique d'Oda. Mais il doit aussi avoir une certaine finesse, une personnalité remarquable, pour parvenir à se distinguer. C'est un point de départ intéressant. Quand on fait un jeu, nous cherchons des archétypes, pour que les gens puissent comprendre. Il y en a deux qui sont clairs : le shinobi, discret, pour s'infiltrer ; et le samouraï, pour le combat. Nous avons d'abord envisagé de mettre les deux sur un même personnage mais cela ne fonctionnait pas. Nous avons donc opté pour deux personnages. Il complète bien notre première protagoniste. Ensuite, nous cherchions un personnage qui englobe les problématiques de cette époque : l'arrivée des Portugais et la méritocratie d'Oda Nobunaga. Les personnages dont on ne sait pas ce qui leur est arrivé, la petite histoire cachée dans la grande histoire, le point de vue de gens qui ne font pas partie des dominants et des vainqueurs, c'est parfait pour Assassin's Creed[1]. »

1. Entretien avec l'auteur le 28 mai 2024.

Conclusion

Le sens de la vie d'un homme

Dans le récent intérêt autour du personnage de Yasuke, la série animée diffusée sur Netflix à partir de 2021 est probablement le premier projet d'envergure internationale destiné au grand public. Les amateurs de samouraïs et de mangas se sont enthousiasmés en voyant le trailer, qui a suscité un vrai engouement dans les mois précédant la sortie. Puis vint le choc. Cette série commence par le souvenir de l'attaque du Honnō-ji. Le temple est mille fois plus grand que dans la réalité. Des hordes de samouraïs s'affrontent dans les flammes, tentant de survivre entre les tirs de lasers de magiciens et de robots géants. « L'armée des ténèbres approche, mon maître, s'inquiète l'Africain, dont le calme contraste avec celui du seigneur de guerre japonais. Mais il est encore temps de nous enfuir. » Un Yasuke en armure complète tente de convaincre un Oda Nobunaga complètement bourré de partir. Alors qu'il picole son saké à même le pichet, ce dernier n'a qu'une préoccupation : sauver Ranmaru[1]. L'allusion à son idylle masculine est subtile, discrète. Elle atteste de la superficialité du tyran. Tant pis pour sa mémoire, son héritier ou son royaume. Il n'aura que cette

1. Voir chapitre 11 et la relation charnelle que l'on prête à Oda Nobunaga et son page, Mōri Ranmaru.

brève dernière lubie égoïste tandis que ses fidèles se font massacrer. Il décide de se suicider comme ça, parce que c'est une évidence. Et il se fait assister de Yasuke. Logique.

L'histoire en elle-même se déroule une vingtaine d'années plus tard. Yasuke est devenu bateleur dans la campagne japonaise et personne ne sait qu'il fut samouraï. Tout juste les passants semblent-ils remarquer qu'il est noir. Au fil des épisodes, des aventures sans queue ni tête et des combats opposant le samouraï africain à une mercenaire russe, des robots, un prêtre vaudou ou encore un évêque démoniaque, se succèdent. Quoi de plus normal, finalement, que la présence d'un Africain soit le cadet des soucis des braves gens de ce curieux univers.

En France, les critiques sont catastrophiques. « Je n'ai jamais rien vu de plus incompréhensible. » « Je m'attendais à un truc minimum “réaliste” dans le sens où on ne détruit pas complètement l'Histoire. Le contexte historique après la mort de Nobunaga est hyper riche, ça aurait été trop difficile de faire un peu moins ridicule ? » « Désastreux. Je m'attendais à un animé réaliste dans le japon féodal avec des combats au sabre retraçant l'histoire de Yasuke qui est une histoire vraie et on se retrouve avec des combats de méca géants[1] ? » La série est notée 2,6/5 par le public sur le site Allociné.

Le producteur américain, LeSean Thomas, a décrit au magazine en ligne Wired ce qu'il a tenté de faire avec cette série. L'article explique : « “Les anime sont aujourd'hui encore surtout des sushis”, dit-il. Tout le monde sait ce que c'est : un plat spécifiquement japonais. Mais tout le monde ne peut pas faire des sushis. “Vous seriez sceptique à propos d'un restaurant de sushis sans

1. Les commentaires cités ici sont extraits de la page dédiée à la série sur le site Allociné.

un chef japonais", dit-il. Son but était que Yasuke soit quelque chose de moins spécifique. Le premier animé de quelqu'un, peut-être. Comme un *california roll*[1]. » Une explication tout aussi capillotractée que le scénario : les Japonais mangent rarement de sushis et les *california rolls* sont une invention américaine. Ce qui explique peut-être le tollé contre ce projet.

Ce n'est pourtant pas le seul à être aussi tordu. En 2023, Amazon Prime diffuse *Yasuke : Descendents*, un film dans lequel s'affrontent les réincarnations de Yasuke et d'Akechi Mitsuhide. Outre les aberrations historiques, le scénariste faisant de l'Africain un général de Nobunaga, la qualité globale de la production est pour le moins moyenne. C'est aussi mal écrit que piteusement interprété. Les décors sont aussi pauvres que les chorégraphies des combats sont gênantes. Heureusement, le géant du streaming ne l'a pas intégré à son catalogue français : vous ne ratez rien.

Subir des nanards pareils est probablement un dommage collatéral incontournable lorsqu'un personnage prend une telle envergure. Des créateurs avec des budgets modestes vont chercher le petit morceau de Yasuke oublié par les plus gros, qu'ils pourraient utiliser pour s'exprimer aussi. En se targuant d'une simple mention « inspiré de faits réels », des artistes peuvent proposer n'importe quelle interprétation, y compris les plus farfelues, au public. Le risque, c'est que ce dernier ne sache plus ce qui est vrai et ce qui ne l'est pas. Ce qui caractérise, réellement, la spécificité du parcours du samouraï africain. Ce que nous savons réellement et ce que nous inventons, au fil des répétitions et des anachronismes. Tout cela a-t-il encore du sens ?

---

1. D'ANASTASIO Cécilia, « Netflix's Yasuke Is an Action-Packed Step Forward for Anime », Wired, 2021.

La licence créative fait que chacun peut donner celui qui lui convient à la vie de Yasuke. Nous l'avons vu, au fil de cet ouvrage. L'anomalie historique, l'exception sociologique, que représente le samouraï africain, peut servir à raconter bien des légendes et à défendre bien des causes. Il est un trop joli symbole pour ne pas être massivement exploité. Les uns pour défendre la résilience des victimes de l'esclavage. Les autres pour vanter les prouesses martiales oubliées des grands royaumes africains. Il y a ceux qui dénonceront les transgressions des jésuites. Et puis ceux qui n'y trouveront qu'un prétexte pour raconter la grandeur des samouraïs, l'art de s'ouvrir le ventre avec volupté ou ce que l'arrivée des arquebuses a changé à leur façon de se faire la guerre. De tout cela, la plupart n'ont que quelques fantasmes un peu en surface de ce que l'on connaît réellement de tous ces sujets. Pour le reste, ils laissent joyeusement s'envoler leur imagination. Et après tout, pourquoi pas ? Ils ne font pas plus de mal que les passionnés qui se réjouissent de récits épiques, rarement justes sur le plan historique, sur Vercingétorix, Jeanne d'Arc ou Napoléon. Au pire, les curieux iront acheter un bouquin dans leur librairie préférée pour approfondir.

Il est déjà fascinant de savoir qu'un Africain a pu, en 1579, se retrouver dans un archipel nippon que les Européens commençaient à peine à explorer. Dans son parcours, qui restera probablement aussi mystérieux pour toujours, il est parvenu jusqu'aux côtés d'Oda Nobunaga. Alors que le Japon est en train de se transformer, cet homme a côtoyé l'un de ses principaux artisans, assistant à des moments clefs de l'histoire de ce pays. Sans que l'on sache quel était son niveau de compétence ou d'expérience, il n'y a pas le moindre doute sur le fait que Yasuke fut un homme d'armes. Des stratèges et des guerriers d'exception ont alors choisi de le côtoyer. Simple lubie ? Respect entre pairs ? L'histoire ne tranche pas. Ce périple reste en tout cas suffisamment hors du commun pour justifier que l'on s'y intéresse. Surtout à une époque où nous sommes de plus en plus nombreux à questionner nos stéréotypes et notre regard sur l'histoire globale de notre monde.

Et puis il y aura des foules, toujours plus nombreuses, d'esprits gris qui assèneront de manière péremptoire que, non, Yasuke n'a jamais été un samouraï. Sans avoir épluché les archives des jésuites ou les chroniques de Nobunaga, ils vous répéteront qu'un samouraï, c'est japonais, ça porte deux sabres et ça meurt en s'ouvrant le ventre, si possible en rédigeant un haïku[1] d'un air inspiré, avec des pétales de cerisiers emportant leur âme vers l'au-delà. Ils ne connaissent pas grand-chose du destin ou des motivations de ceux qui façonnèrent l'histoire du Japon dans le sang et les larmes de cette si chaotique période Sengoku des provinces en guerre. Ils croient, avec une si confortable certitude : un Africain ne peut pas être samouraï. Mais vous, vous le savez, désormais : un Africain peut rejoindre les rangs de l'élite guerrière japonaise, à sa manière. Autant que des Coréens, autant qu'un Anglais ou un Hollandais, autant qu'un Prussien. Et ça, aucun négationniste, aussi acharné soit-il à répandre sa haine, son mépris et son ignorance, ne pourra l'enlever à cet homme au parcours exceptionnel. Vous trouvez perturbant, encore, de le nommer samouraï ? Je ne crois pas que cela soit si important. Qualifiez-le de guerrier, de *bushi*, de proche de Nobunaga. Ce n'est probablement ni le plus intéressant, ni le plus important.

---

1. Des poèmes typiques japonais, dont on aime imaginer que les samouraïs les plus distingués en rédigeaient au crépuscule de leur vie, inspirés par leur dernier souffle.

Chacun son Yasuke

« J'ai tenté d'atteindre l'esprit de Yasuke, philosophe, un peu rêveur, le réalisateur sud-africain Mandla Dube. Je lui ai demandé de m'autoriser à raconter son histoire, en promettant de le faire de la manière la plus honorable qui soit, après cinq cents ans à taire sa voix[1]. » « J'ai envie de croire qu'il a accédé à une forme de liberté, espère le chef cuisinier Mory Sacko. Qu'il est passé de tâches d'entretien à ce statut de samouraï. Oui, je crois que c'est une forme de liberté[2]. » « Mon travail, c'est de préserver une image de l'Afrique, des figures que l'on ne connaît pas, explique Anthony Azewoh, peintre nigérian auteur d'une toile populaire sur Yasuke. C'est important car cela fait partie de notre histoire, qui a été en grande partie détruite[3]. »

Chacun d'entre eux propose une vision du samouraï africain qui lui est propre. Au-delà de ce que l'on connaît de Yasuke, ils puisent dans leurs propres parcours, dans leurs propres préoccupations, dans leurs propres combats. Le Yasuke de LeSean Thomas diffusé sur Netflix, d'ailleurs, n'est peut-être pas aussi dingue que cela. Il reprend même parfaitement les codes déconstructivistes les plus radicaux de la culture japonaise contemporaine. Si Nintendo a pu nous proposer une rencontre entre Oda Nobunaga et les Pokémon, pourquoi le producteur américain n'aurait-il pas le droit d'imaginer une bataille opposant le samouraï africain à un prêtre vaudou et des robots ?

Après tout, pourquoi pas ?

Vous croiserez probablement, ces prochains jours, ces prochains mois, ces prochaines années, de plus en plus

1. Entretien avec l'auteur le 4 juin 2024.
2. Entretien avec l'auteur le 22 mai 2024.
3. Entretien avec l'auteur le 6 juin 2024.

de gens qui auront entendu parler de Yasuke. Ils vous diront peut-être que, eux, ils savent. Ce qu'il était et ce qu'il n'était pas. Ne soyez pas péremptoire. Restez curieux et ouvert. Discutez de ce que les uns et les autres retiennent de ce récit. Questionnez ce que vous-mêmes, vous en tirez. Songez à tout ce que cela nous inspire, aux uns et aux autres. Réfléchissez au prochain bouquin qui vous permettra de poursuivre la réflexion.

Moi-même, finalement, j'en ai abusé au fil de ces pages. Mon Yasuke à moi est un Yasuke de journaliste. Il est aussi flou que les preuves sont maigres, introuvables. Il est un objet d'enquête vers lequel on tend, que l'on poursuit, sans jamais pouvoir affirmer qu'on l'a totalement découvert. Il est sujet à une multitude d'interprétations, de nuances, dont on accepte qu'elles se côtoient, sans jamais s'exclure les unes et les autres. Il est un témoignage. Il est un prétexte, pour vous entraîner dans ces univers qui me fascinent et me passionnent, le Japon de la période Sengoku, les samouraïs, leurs pratiques de la guerre, leur courage et leurs lâchetés, leurs gloires et leurs horreurs, tout le patrimoine d'un archipel et d'un peuple à la culture aussi riche qu'impénétrable. Vous seriez vous, sans cela, intéressé à Oda Nobunaga ou à Akechi Mitsuhide ? Aux martyrs chrétiens ou à la gauche japonaise des années 1960 ? À l'histoire de si nombreux métissages aussi méconnus qu'improbables ?

Je suis redevable envers cet homme. Nous n'avons rien en commun. Je ne suis ni un guerrier, ni un chrétien, je ne suis pas plus Japonais qu'Africain. Mais au-delà de son étonnant parcours de vie, il m'aura permis, plusieurs siècles après sa mort, de passer quelques années passionnantes à vagabonder d'une biographie à un ouvrage de sociologie, entre quelques pages de bandes dessinées et beaucoup trop d'heures à la manette de ma Playstation.

Je ne peux que lui être reconnaissant de cette belle aventure.

Maintenant que vous comprenez à quel point nous en savons à la fois tant et si peu sur le samouraï africain, vous pouvez laisser s'emballer votre inspiration et votre imagination, pour tenter de saisir un sens à sa vie. Elles sont les mieux placées pour vous laisser rencontrer votre Yasuke. Son histoire ne fait que commencer. Et la vôtre aussi. Bon voyage.

Remerciements

Merci à Thomas Lockley, qui fut un véritable *sensei* sur la voie de Yasuke lors de nos premiers échanges il y a maintenant dix ans et qui, malgré son expertise du personnage, m'a accueilli si gentiment à Tokyo pour philosopher sur les samouraïs, africains ou non, en déambulant bières à la main dans les rues de la capitale japonaise. Et de ce mot encourageant : « Toi, tu es un vrai auteur de Yasuke. »

Merci à Marie-Laure Nolet, mon éditrice, d'avoir cru en ce projet. Dans les maisons d'édition, il ne paraissait pas évident de raconter l'histoire de ce personnage et la naissance de son mythe.

Merci à Nobuhiro Watsuki, qui m'a transmis le virus de cette passion du Japon et de son histoire, avec son personnage Rurōni Kenshin, qui fut si important dans la construction de ma propre mythologie.

Merci à tous ceux qui ont accepté de répondre à mes questions pour la réalisation de cet ouvrage. Que ce soit pour mieux comprendre l'environnement de Yasuke ou pour partager la relation intime qu'ils avaient avec ce personnage si fascinant.

Merci à mes camarades de Longshot, qui sont à mes côtés pour partager leur énergie et leurs idées dans les moments de doute ou de perte de foi.

Merci aux Écossais, aux Japonais, et à tous ceux qui ont encore la patience de les partager avec moi.

Merci à L. et C. de supporter les longues heures passées plongé dans des archives, à creuser, à écrire et à rabâcher tel un vieux fou les découvertes du moment. Leur patience est une fondation solide sur laquelle construire mes projets.

« Savoir pour servir. »

ANNEXES

Annexe 1

Les archives témoignant de l'existence de Yasuke

Sont regroupées ici les seules réelles preuves connues de l'existence de Yasuke. Tout le reste n'est que réflexion et interprétation historiques et culturelles. De quoi inciter à l'humilité ceux qui se montreraient trop péremptoires sur le destin de cet homme.

- Courrier de Luís Fróis, missionnaire jésuite, daté du 14 avril 1581 :

« En quittant la ville de Sacáy, il y avait une infinité de gens dans les rues qui attendaient de voir l'extraordinaire stature du père Visiteur, et la couleur du cafre qui était avec nous. Il y avait tant de monde, et tant de nobles, que bien que Sacáy soit très ouverte, en raison de la foule, nous ne pouvions passer sans renverser quelques tentes dans les rues étroites. Un grand nombre de gens s'est réuni devant notre foyer pour voir le cafre, créant un tel tumulte que des gens ont été blessés et certains ont presque été tués par des projections de pierres. Malgré la présence de nombreux gardes à la porte, il était difficile d'empêcher les gens de la défoncer. Ils ont tous dit que si nous le montrions pour de l'argent, nous gagnerions facilement entre 8 000 et 10 000 cruzados en peu de temps. Nobunaga l'a fait chercher, alors le père Organtino lui a amené. Avec beaucoup d'agitation, ne pouvant croire que c'était sa couleur naturelle et non un trucage, il le fait déshabiller au-dessus de la ceinture. Les fils de Nobunaga sont appelés et tout le monde était très content. Un neveu de Nobunaga, alors commandant d'Osaka, l'a aussi vu et était tellement heureux qu'il lui a donné 10 000 pièces. »

- Entrée du Shinchō kōki, la chronique d'Oda Nobunaga rédigée par Gyūichi Ōta, datée du 27 mars 1581 :

« Le 23e jour du 2e mois, un serviteur noir est venu des pays chrétiens. Il a l'air d'avoir environ 26 ou 27 ans et tout son corps est noir comme un bœuf. Il a une solide carrure et une bonne conduite. Son immense force surpasse celle de dix hommes. Le chrétien l'a amené avec lui pour présenter ses hommages à Nobunaga. Évidemment, c'est du fait de la puissance de Nobunaga et de sa gloire que des choses dont nous n'avions jamais entendu parler, des trésors des Trois Pays et des curiosités de ce type peuvent ainsi être vues. Une bénédiction. »

- Entrée complémentaire d'une version non publiée du *Shinchō kōki* décrivant cette même scène, en possession de la Fondation Maeda Ikukokukai :

« L'homme noir appelé Yasuke s'est vu offrir un traitement, une résidence privée, etc., ainsi qu'un sabre court avec un fourreau décoré. Il est parfois vu dans le rôle de porteur d'armes. »

- Entrée du missionnaire jésuite français François Solier dans son *Histoire ecclésiastique des îles et royaumes du Japon*. Son propos se base sur des faits rapportés par d'autres, dont on ne sait si les détails qu'il donne sont des informations complémentaires ou des déformations :

« Le père Alexandre s'achemina vers Meaco, pour y voir Nobunanga et le remercier des faveurs qu'il faisait continuellement à la chrétienté et à nos pères, qui prêchaient en les royaumes. Or le père Alexandre a amené avec lui des Indes un valet maure aussi noir que sont les Éthiopiens de la Guinée, mais natif du Mozambique, et de ceux qu'on nomme proprement Cafres, habitant vers le Cap de Bonne-Espérance. Soudain qu'il fut arrivé chez nous, toute la ville courut pour le voir. Le père Organtino le mena à Nobunanga, qui lui fit une grande fête et ne pouvait croire que cette couleur fût naturelle, ainsi tenant qu'on l'aurait fait ainsi peindre pour le plaisir. Mais après l'avoir fait dépouiller tout nu jusqu'à la ceinture, et mieux examiné le tout, il reconnut la vérité, puis assigna un jour au père Valignano pour l'entretenir. »

- Courrier de Lorenço Mexia, missionnaire jésuite, daté du 8 octobre 1581 :

« Le père lui amena [le Visiteur à Nobunaga] un cafre, lequel, n'ayant jamais été vu à Miáco, stupéfia tout le monde. Il y avait une foule innombrable de gens venus le voir, et Nobunaga lui-même a été surpris et a cru qu'il était peint, ne pouvant croire qu'il était noir de naissance. Il le voit de temps en temps et il connaît un peu de japonais. Il ne se lasse donc jamais de parler avec lui. Il était fort et connaissait des tours donc Nobunaga était très heureux. Il est désormais son puissant protecteur et laisse tout le monde voir qu'il l'accompagne. Les gens disent que Nobunaga pourrait faire de lui un *tòno*. »

- Ietada Matsudaira, vassal de Tokugawa Ieyasu, allié d'Oda Nobunaga, dans son journal en mai 1582 :

« Il pleut. Sa Seigneurie lui a donné un traitement. Ils disent que les chrétiens lui ont présenté. Il a l'homme noir avec lui. Son corps est noir comme de l'encre et il fait 6,2 pieds de haut. Ils disent que son nom est Yasuke. »

- Courrier de Luís Fróis, missionnaire jésuite, daté du 5 novembre 1582 :

« Le Cafre que le Visiteur a donné à Nobunaga à sa demande, après sa mort, s'est rendu à la résidence de son fils et s'est battu là pendant un long moment, mais quand un des vassaux d'Akechi s'est approché et lui a demandé de déposer son katana, il l'a donné. Les vassaux ont demandé à Akechi quoi faire du Cafre. Il a dit que le Cafre était un animal et ne savait rien, qu'il n'était pas japonais. Et donc de ne pas le tuer et de le remettre à l'église du père d'Inde. Cela nous a un peu soulagés. »

Annexe 2

Une icône de pop culture

Près de trois siècles et demi après la dernière mention historique de son existence, Yasuke réapparaît dans l'univers de la culture. D'abord épisodiquement, souvent comme personnage secondaire, puis de plus en plus comme héros de sa propre aventure. La créativité des artistes lui donne une multitude de visages, plus ou moins fidèles à l'histoire, plus ou moins étonnants. Longtemps, il n'apparaît que dans des créations japonaises, avant de devenir une icône de pop culture beaucoup plus internationale.

Voici une liste des principales œuvres ayant mentionné son existence.

LITTÉRATURE

• ***Kuro-suke***, nouvelle pour enfants de Kurusu Yoshio, 1968, Japon

Longue nouvelle incluse dans un recueil destiné à la jeunesse. Elle raconte le parcours d'un Yasuke christianisé, sur un ton sympathique et positif, portant une vision optimiste de l'Afrique. Elle est récompensée du prix de l'Association japonaise des auteurs jeunesse en 1969. Les illustrations sont de Mita Genjiro.

• ***Kuronbo***, Shūsaku Endō, 1971, Japon

Nouvelle satirique de Shūsaku Endō, auteur ayant fait ses études en France. Il écrit principalement sur sa foi catholique et sur son expérience en tant qu'étranger à Lyon. Il est connu pour son roman *Silence*, paru en 1963, dans lequel il raconte la conversion et le martyr des premiers chrétiens japonais. Il fut adapté au cinéma par Martin Scorsese en 2007. Son Kuronbo porte un regard particulièrement sombre sur l'Africain, présenté comme simplet et objet d'amusement pour Nobunaga. Il est intéressant de noter que « Kuronbo » est un terme offensant pour qualifier les Noirs.

• ***Momoyama beat Tribe***, Sumiki Amano, 2008, Japon

Cette nouvelle raconte l'histoire de quatre jeunes gens qui tentent de s'en sortir dans la vie, quelques années après l'incident du Honnō-ji. Tous musiciens, ils s'unissent pour monter un groupe qui doit leur permettre de financer leurs rêves. Yasuke est l'un d'entre eux et cherche à rentrer chez lui. Il officie au tambour, un instrument souvent rattaché aux cérémonies shinto. Le livre a remporté un prix de la nouvelle organisé par l'entreprise Subaru. Il est adapté avec succès au théâtre en 2017, avec une mise en scène de Makoto Ozeki.

- ***L'homme qui voulut être roi***, Jun Ito, 2013, Japon

Recueil de nouvelles autour de personnages ayant côtoyé Oda Nobunaga. L'une d'entre elles est consacrée à Yasuke, présenté comme un esclave noir. Sur la couverture, il est figuré sous la forme d'un homme immense au torse nu, collier de dents autour du cou, grosses lèvres.

- ***Yasuke***, Serge Bilé, 2018, France

Premier ouvrage en français dédié à Yasuke, écrit par le journaliste franco-ivoirien Serge Bilé, qui consacre son œuvre à raconter les parcours de Noirs dont la vie a été atypique. Il voit le samouraï comme l'un d'entre eux. La cohérence historique est souvent mise de côté au profit des interprétations de l'auteur. Serge Bilé est depuis consulté dans de nombreux projets de personnes intéressées par le parcours de Yasuke, qui le voient comme un expert sur le sujet.

• ***Samouraï africain : l'histoire vraie de Yasuke, le légendaire guerrier africain dans le Japon féodal***, Thomas Lockley et Geoffrey Girard, 2019, Royaume-Uni/Japon

Thomas Lockley est l'auteur qui a le plus creusé l'histoire de Yasuke au monde. Britannique naturalisé au Japon, enseignant à la Nihon University, il avait d'abord publié un article académique en 2016 et un ouvrage en japonais en 2017. Son livre en anglais est rédigé dans un style d'histoire narrative, qui fait alterner faits historiques et scènes de récit fictionnel, avec l'objectif de toucher un public plus large, au risque de soulever des critiques chez les puristes. Il est invité à donner de nombreuses conférences, au Japon et à l'international. Lors de la sortie du jeu Assassin's Creed Shadows en 2024, Lockley fait l'objet de campagnes de harcèlement massives d'Internautes lui reprochant d'être à l'origine d'un faux mythe.

• ***The African Samurai***, Craig Shreve, 2023, Canada

Nouvelle du romancier canadien Craig Shreve, qui raconte le parcours de Yasuke en tâchant de coller aux faits historiques. L'auteur s'est appliqué, par exemple, à ne pas avoir trop de combats dans son récit. Les droits à la traduction en français ont été achetés par Fayard et une option a été payée par l'équipe de production du projet de série d'Omar Sy.

◆ ◆

BANDES DESSINÉES ET MANGAS

• ***Hyouge Mono***, Yoshihiro Yamada, 2005-2017 (25 tomes), Japon

Récit de fiction autour d'Oda Nobunaga. Yasuke apparaît dans les tomes 10 à 15. Il est le témoin d'un complot : c'est Toyotomi Hideyoshi qui cause la mort d'Oda

Nobunaga. Ce manga a été adapté en anime, dont les 39 épisodes ont été diffusés entre 2011 et 2012 par la NHK.

• ***Cyborg 009***, la fin de Nobunaga, Junya Arai, 2010, Japon

Cyborg 009 est un manga à succès des années 1960 à 1980, créé par Shōtarō Ishinomori, également adapté en anime à la télévision. En 2010, l'éditeur Shōgakukan crée un prix hommage à cette série. Dans la catégorie manga, la dessinatrice Junya Arai l'emporte avec un scénario dans lequel l'un des cyborgs, l'Amérindien Geronimo, voyage jusqu'à l'époque de Nobunaga, où il joue le rôle de Yasuke.

• ***Sengoku Yatagarasu***, Hirokazu Kobayashi, 2010-2012, Japon

Manga en six opus, consacré à l'histoire de la rébellon des Saika (saika-ikki), dans la province de Kii, qui ont combattu Nobunaga. Le récit n'est pas toujours cohérent sur le plan historique. Yasuke apparaît dans une bataille à laquelle il participe. Touché par la vaillance de son adversaire, baptisé Fujikichiro, il se rend et passe à son service.

• ***Yasuke***, Frédéric Marais, 2015, France

Album illustré d'une quinzaine de planches racontant l'histoire de Yasuke, jeune esclave qui fuit son village à proximité du Kilimandjaro, pour partir à l'aventure. Il remporte le prix Sorcières en 2016, récompensant des œuvres de littérature jeunesse.

• ***L'homme qui tua Nobunaga***, Akechi Kenzaburō, 2016 (8 tomes), Japon

Transcription en manga du travail d'Akechi Kenzaburō pour réhabiliter la mémoire de son ancêtre, Akechi Mitsuhide. Traduit en France par Delcourt, en 2021, avec le sous-titre « L'Histoire du samouraï noir », assez trompeuse : Yasuke apparaît brièvement dans plusieurs tomes, mais comme l'un des témoins des événements.

• ***Kurusan, le samouraï noir***, Thierry Gloris et Emiliano Zarcone, 2021 – en cours (3 tomes publiés, quatrième et dernier à paraître), Japon

Bande dessinée française, en cours de publication, racontant le parcours de Yasuke. Le scénariste prend quelques largeurs avec l'histoire pour permettre d'exposer son personnage à des scènes plus palpitantes. Gloris est un habitué des univers historiques, fictionnels comme réalistes. Il a été approché par Omar Sy pour un projet sur Yasuke avec Netflix France, finalement abandonné au profit de Netflix US.

• ***Hitomi***, HS Tak et Isabella Mazzanti, 2022, États-Unis

Paru en France en 2024 chez Urban Comics, après avoir été porté par le géant américain Image Comics. Une dizaine d'années après la mort de Nobunaga, Yasuke est un vétéran fatigué, qui cherche péniblement à financer son retour en Afrique. Le personnage principal, Hitomi, est une jeune fille qui cherche à se venger du samouraï noir qui a massacré sa famille lorsqu'elle était petite.

• ***Yasuke : Way of the Butterfly***, Loyiso Mkhize et Fidel Namisi, 2024, Afrique du Sud

Comics dont le premier volume est paru en Afrique du Sud. Il raconte l'histoire d'un jeune Yasuke, guerrier du royaume du Mutapa (appelé en général empire du Monomotapa en France), au cœur du Mozambique et du Zimbabwe actuels. Sous l'influence des producteurs Floyd Webb (États-Unis) et Mandla Dube (Afrique du Sud), les auteurs Loyiso Mkhize et Fidel Namisi articulent leur récit autour d'un Yasuke qui n'est pas un esclave, mais un guerrier et un aventurier.

◆ ◆

JEUX VIDÉO

• ***Vasara 2***, développé par Visco, 2001, Japon

Jeu sorti en salle d'arcade de type shoot'em up. Aux commandes d'un vaisseau qui tire dans tous les sens, le joueur affronte les armées de la période Sengoku, en version chars et hélicoptères. Dans le monde de Nobunaga, Yasuke est l'un des boss. Il a le crâne rasé, pilote un bombardier et porte des lunettes de soleil.

• ***Nobunaga's Ambition***, développé et édité par KOEI Tecmo, 2013 et +, Japon

Nobunaga's Ambition est une licence de jeux japonais de stratégie avec un côté narratif très important, autour de l'histoire d'Oda Nobunaga. Réaliste sur le plan historique, cette série mobilise un nombre impressionnant de personnages et d'événements ayant existé. Yasuke est intégré au catalogue de plusieurs centaines de noms au moins à partir de l'opus *Sphere of Influence*, sorti en 2013. Il revient ensuite régulièrement.

• ***Nioh***, développé par Team Ninja et édité par KOEI Tecmo, 2017 et 2020, Japon

Jeu d'action mettant en scène un William Adams fictif, inspiré du samouraï anglais. Il affronte un mélange de démons, de monstres et de personnages historiques, dont un Nobunaga ressuscité par magie. Deux opus sont sortis avec chaque fois Yasuke comme boss à terrasser. Il est appelé « samouraï d'obsidienne ».

• ***Guilty Gear Strive***, développé par Arc System Works et édité par Bandai Namco, 2021, Japon

Célèbre licence de jeux de baston japonais. En 2180, des hybrides humains, armes, robots, s'affrontent. Dans l'opus Strive, sorti en 2021, l'un des personnages est un Nigérian aux yeux bleus baptisé Nagoriyuki. Dans l'histoire, il fait référence à son maître, Kazusanosuke, l'un des patronymes d'Oda Nobunaga. Le directeur général de la licence, Daisuke Ishiwatari, dit s'être inspiré d'un personnage historique. Les fans font le lien avec Yasuke.

• ***Samuraï Warriors 5***, développé par Omega Force et édité par Koei Tecmo, 2021

Samuraï Warriors est une célèbre licence de *hack'n slash*, un style de jeu dans lequel on incarne un personnage qui en massacre d'autres par poignées. Défouloir assez classique au Japon, celui-ci met en scène l'histoire d'Oda Nobunaga et de Akechi Mitsuhide, tantôt les meilleurs amis du monde et tantôt les pires ennemis. Le cinquième opus, sorti en 2021, fait de Yasuke l'un des personnages jouables, intégré dans la principale campagne comme lieutenant de Nobunaga. Le joueur est donc obligé de le jouer, contrairement à d'autres personnages optionnels. Il se bat avec des gants ferrés.

• ***Yasuke Black Ronin: War Game***, Sankofa Games, 2021

Petit jeu mobile, très basique, de combat tactique. Il n'a été téléchargé qu'une petite dizaine de milliers de fois.

• ***Assassin's Creed Shadows***, développé par Ubisoft Québec, sortie annoncée en novembre 2024, France/ Canada

Ce nouvel opus de la célèbre licence met en scène deux personnages : une shinobi japonaise, Naoe, et un samouraï africain, Yasuke. C'est la première fois que le joueur peut incarner un personnage qui a réellement existé. La confirmation de la place du samouraï africain à l'été 2024 génère des tensions inédites autour de la licence et du personnage.

• ***Kurosan Yasuke***, projet de jeu mobile en développement porté par MyGeekTalents, France

Jeu de type « diablo like », ou action RPG, mettant en scène « un Africain capturé et vendu comme esclave, dont le destin le conduit à devenir un samouraï dans le tumultueux Japon féodal ».

◆ ◆

CINÉMA ET SÉRIES

• ***Nobunaga, roi de Zipangu***, NHK, 1992, Japon

Feuilleton historique dédié à la vie d'Oda Nobunaga, diffusé en 1992 par la télévision publique japonaise NHK. Yasuke y figure et s'échappe du Honnō-ji pour aller prévenir Nobutada de la trahison de Mitsuhide. Dans sa fuite, il massacre un combattant ennemi à mains nues. À l'exception de son nom, Sotelo, tout correspond à l'histoire de Yasuke.

• ***Hideyoshi***, NHK, 1996, Japon

Le feuilleton historique de la NHK de 1996 est dédié au personnage de Toyotomi Hideyoshi. Yasuke apparaît sous les traits de l'acteur ghanéen Samuel Pop Aning. Il est présenté comme étant ami avec Hideyoshi et meurt dans l'attaque du Honnō-ji.

• ***Gunshi Kanbei***, NHK, 2014, Japon

Après presque vingt ans d'absence, Yasuke réapparaît dans cette série de la NHK consacrée à Kuroda Yoshitaka, l'un des stratèges de Hideyoshi. Il est cette fois interprété par le comédien et kickboxeur ivoirien Bernard Ackah mais n'apparaît que très brièvement, comme compagnon de Nobunaga.

• ***Touken Ranbu***, Toho, 2016, Japon

Touken Ranbu est un célèbre jeu vidéo japonais sur navigateur et mobile dans lequel le joueur collectionne des armes historiques qu'il va transformer en jeunes hommes élégants pour mener des batailles. L'objectif est d'empêcher que le cours de l'histoire ne soit changé. En 2016, Yasuke apparaît dans une adaptation de ce jeu en animé par le studio Toho. Yasuke n'apparaît pas dans le jeu originel.

• ***Titre inconnu***, projet de film avec Chadwick Boseman, 2019, États-Unis

En 2019, un premier projet de film à Hollywood est annoncé. Il est notamment porté par la promesse de Chadwick Boseman, acteur incarnant Black Panther dans la licence à succès de Marvel, pour incarner le samouraï africain. Picturestart, Michael De Luca Productions, Solipsist Films et Xception Content sont prévus à la production tandis que Doug Miro, qui a travaillé sur le film *Prince of Persia* et la série *Narcos*, est au scénario. Il n'y a plus aucune nouvelle de ce projet depuis le décès de Boseman d'un cancer en 2020.

• ***Yasuke***, Netflix, 2021, États-Unis

Série animée portée par LeSean Thomas pour la plateforme de streaming Netflix. Elle raconte les aventures de Yasuke des années après la chute d'Oda Nobunaga, dans une ambiance fantastique mêlant combats de samouraïs, de robots et de sorciers. Le DJ et rappeur californien Flying Lotus a réalisé la bande originale. Il a été adapté au Japon en manga en 2021 par Toshifumi Okunishi.

• ***Titre inconnu***, projet de film avec Omar Sy, États-Unis

Le magazine américain *The Hollywood Reporter* a révélé en septembre 2022 que l'acteur français Omar Sy et le réalisateur américain Nick Jones Jr. portaient un projet de série courte sur Yasuke, en cinq épisodes, pour Netflix. Jones a expliqué avoir découvert ce personnage lorsqu'il était déployé au Japon alors qu'il servait dans le corps des marines. De très gros producteurs sont impliqués, dont Significant Productions de Forest Whitaker et Nina Yang Bongiovi, ainsi que 21 Laps de ShawnLevy et Josh Barry. Une option a été payée pour verrouiller les droits sur le roman de Craig Shreve. Aucune date de sortie n'est annoncée.

• ***Yasuke : Descendents***, Calvert David Miles, 2023, États-Unis

Dans ce film, les réincarnations de Yasuke et d'Akechi Mitsuhide poursuivent le combat de leurs ancêtres dans l'Amérique d'aujourd'hui. Diffusé sur la plateforme Amazon Prime, il n'a pas marqué les esprits, du fait d'une réalisation et d'un jeu d'acteurs modestes.

• ***Kubi***, réalisé par Takeshi Kitano, 2023, Japon

Tiré de son roman du même nom, paru en 2019, Takeshi Kitano a sorti son film *Kubi* fin 2023, après six ans d'absence des salles obscures. Le célèbre artiste multicartes japonais y incarne également Tokotomi Hideyoshi, dans cette narration de l'ère Sengoku et de l'incident du Honnō-ji. Yasuke, incarné par l'acteur japonais d'origine afro-américaine Jun Soejima, est ici souffre-douleur et jouet sexuel d'un Oda Nobunaga complètement pervers et déjanté. Dans le Honnō-ji, celui-ci suggère le suicide à Mōri Ranmaru, puis à l'Africain, qui refuse en l'abattant et en l'insultant avant de prendre la fuite. Le film avait été présenté en avant-première à Cannes en mai 2023. Il dépeint des samouraïs violents, lâches, avides de pouvoir dans un mélange de batailles épiques et de brutalité réaliste.

• ***Titre inconnu***, Blitz Bazawule, date de sortie non connue, États-Unis/Ghana

Le magazine américain Variety a révélé en avril 2024 un autre projet de film porté par le réalisateur ghanéen Blitz Bazawule, avec la titanesque Warner Bros à la production. Celui-ci prendrait ses distances avec l'histoire pour tendre vers du grand spectacle sur le mode d'un 300 ou d'un Mad Max Fury Road. Mais les détails scénaristiques sont à ce jour inconnus.

◆ ◆

AUTRES ARTS

• ***No Man's Land***, sculpture de Nicola Roos, 2015, Afrique du Sud

Plasticienne sud-africaine, Nicola Roos, commence ce projet au cours de ses études en école d'art. Elle s'inspire de Yasuke pour décrire l'interculturalité. L'artiste a également été sollicitée par le studio Ubisoft pour réaliser des armures et tenues en taille réelle pour le lancement du jeu Assassin's Creed Shadows.

• ***Yasuke, l'esclave samouraï***, exposition de peinture, 2018, Cameroun

Présentation à Yaoundé, au Cameroun, de planches dessinées par l'artiste Raimi Sewado. Le style est pour le moins amateur mais l'événement a été l'occasion de rencontres autour de l'histoire du Japon, du personnage et des relations entre le Cameroun et l'archipel.

• ***Yasuke***, album du groupe IAM, 2019, France

Le neuvième album d'IAM, sorti en 2019, est baptisé *Yasuke*. Dans le morceau éponyme comme dans le reste de l'album, les références au samouraï africain sont très majoritairement indirectes. Le groupe de rap marseillais poursuit plutôt ici le développement de son univers, marqué par l'esthétique du Japon féodal et de la pop culture depuis ses débuts.

• ***Yasuke Kurosan***, danse contemporaine, 2020, France

Performance de danse contemporaine créée par le chorégraphe français Smaïl Kanouté.

• ***MoSuke***, restaurant, 2020, France

Restaurant gastronomique ouvert à Paris par le jeune chef Mory Sacko en 2020. Le Français d'origine sénégalo-malienne, connu pour avoir participé à l'émission Top Chef, cherchait un symbole illustrant son projet d'une cuisine à la croisée des gastronomies française, japonaise et africaine. Il a choisi de mélanger son nom à celui de Yasuke. Il obtient sa première étoile au Michelin en quelques mois seulement.

• ***Yasuke***, Anthony Azekwoh, 2020, Nigeria

Cette peinture de l'artiste nigérian est devenue l'un des visages les plus courants du samouraï africain sur Internet. Il en a également fait une sculpture. L'originale a été vendue pour près de 3 000 dollars. Une version retravaillée a été utilisée pour la couverture du présent ouvrage.

• ***Eesah Yasuke***, France

Venue du nord de la France, la jeune rappeuse a choisi son nom d'artiste en associant à une déformation de son prénom, Isaïah, celui du samouraï africain.

• ***Yasuke : The Black Samuraï***, JoAnn M. Hunter, États-Unis, 2026

Le magazine américain Variety a annoncé un projet de comédie musicale à Broadway, pour la saison 2026-2027, sur le samouraï africain. JoAnn M. Hunter, danseuse, comédienne et metteuse en scène à Broadway, est née au Japon, d'une mère japonaise.

Déclaration d'intérêt

Je n'ai aucun intérêt contraire à l'exercice objectif de mon métier. Depuis que je suis entré dans la vie active, à la fin de mes études, entre 2010 et 2011, j'ai toujours été journaliste professionnel, tirant l'essentiel de mes revenus de cette activité. Je suis titulaire de la carte professionnelle des journalistes. Le détail de mes activités est consultable en permanence sur mon site personnel, aisément accessible depuis n'importe quel moteur de recherche.

Au cours de cette longue enquête, j'ai eu les activités suivantes :

Journalisme

J'ai collaboré comme journaliste rémunéré à la pige (indépendant) avec les médias suivants : *Le Monde diplomatique*, *La Vie*, RFI, Slate, Pays Émergents, Atlantico, Défense et Sécurité internationale (DSI), Society, African Business, Nexus, Défense Citoyenne, TTU, TVE (Espagne), iTélé, Al Jazeera (Qatar), Vice, *Revue militaire suisse*, Sept, Bruxelles2, *Têtu*, *Valeurs actuelles*, *Marianne*, Welcome to the Jungle, Euractiv, Nouvelles d'Arménie, Opérationnels – SLDS, TV5 Monde, Lumni, *L'Express*,

Major Corp, Air & Cosmos, *Le Canard enchaîné*, *Le Monde* – Pixels, *Capital*, L'Informé, *Marines et forces navales*, *Guerres & Histoire*.

Enseignement

J'ai enseigné le journalisme, les médias et la géopolitique dans les établissements suivants : Centre universitaire d'enseignement du journalisme (CUEJ), Institut pratique du journalisme (IPJ), Institut de journalisme Bordeaux Aquitaine (IJBA), CIFAP, Institut supérieur des médias (ISCPA), 3A Paris, université catholique de Lille, université catholique d'Angers, École de guerre (encadrement de mémoires, conférences).

Autres

Il m'est arrivé d'animer des conférences, de participer à des prestations de media training ou d'événementiel, au profit des organismes suivants : Crisotech, Aero 3A, Starburst. J'ai été réserviste dans l'armée de terre jusqu'en 2018, sans jamais travailler pour des services de renseignement ou de communication.

Je n'ai aucun mandat électif, politique ou associatif, hors syndicats et associations professionnelles de journalistes. Je fais partie du bureau de l'Association des journalistes de défense (AJD) (2022-2026). Je n'ai aucun intérêt capitalistique ou financier lié à mes sujets. Ma compagne n'a pas d'activité professionnelle en lien avec mon métier et mes sujets.

Table

Annexes

Crédits iconographiques

p. 37 : © Alvin Lee ; p. 51 : © Gallica/Bibliothèque nationale de France ; p. 58 : © Musée de la ville de Sakai/domaine public/Wikimédia ; p. 59 : © alamy ; p. 75 : © Musée de la ville de Sakai/domaine public/Wikimédia ; p. 188 : © Bridgeman ; p. 193 : © The Trustees of the British Museum ; p. 214 : © Émile Gsell/Gallica/Bibliothèque nationale de France ; p. 218 : © Kurusu Yoshio, *Kurusoke*, 1968 (édition japonaise) ; p. 226 : © Yūshūkan/Romain Mielcarek ; p. 279, haut : © Jun Ito, *L'homme qui voulut être roi*, 2013 (édition japonaise) ; bas : © Owen Publishing ; p. 280 : © Sphere ; p. 281 : © Kōdansha ; p. 282 : © Éditions Les Fourmis rouges ; p. 284 : © Panini cómics ; p. 285 : © comic-con ; p. 286-287-288 : © KOEI Tecmo ; p. 289 : © Ubisoft ; p. 290 : © MyGeekTalents ; p. 292 : © Netflix/LeSean Thomas/studio MAPPA/Takeshi Koike ; p. 293 : © Takeshi Kitano ; p. 295 : © Anthony Azekwoh

Malgré les soins apportés à la rédaction des crédits, des erreurs ou omissions peuvent apparaître. L'éditeur reste à la disposition des photographes, des personnes représentées ou de leurs ayants droit en ce qui concerne d'éventuelles sources iconographiques non identifiées.

Pour en savoir plus
sur les Éditions Plon
(catalogue, auteurs, vidéos, actualités…),
vous pouvez consulter
www.plon.fr
www.lisez.com

et nous suivre sur les réseaux sociaux

Editions Plon

@EditionsPlon

@editionsplon

Pour plus d'information :

www.lisez.com

Imprimé sur du papier issu de forêts gérées durablement.

CET OUVRAGE A ÉTÉ ACHEVÉ D'IMPRIMER SUR ROTO-PAGE
PAR L'IMPRIMERIE FLOCH À MAYENNE EN OCTOBRE 2024

N° d'impression : 105663
Imprimé en France